derecho

La administración de justicia en la Unión Europea y el Mercosur

Un análisis para su fortalecimiento

Carlos Molina del Pozo
Calogero Pizzolo
(coordinadores)

eudeba

La administración de justicia en la Unión Europea y el Mercosur : un análisis para su fortalecimiento / dirigido por Carlos Molina del Pozo y Calogero Pizzolo. - 1a ed. - Buenos Aires : Eudeba, 2011.
264 p. ; 23x16 cm. - (Derecho)

ISBN 978-950-23-1859-2

1. Derecho. I. Molina del Pozo, Carlos, dir. II. Pizzolo, Calogero, dir.
CDD 340

Eudeba
Universidad de Buenos Aires

1º edición: septiembre de 2011

Av. Rivadavia 1571/73 (1033) Ciudad de Buenos Aires
Tel: 4383-8025 / Fax: 4383-2202
www.eudeba.com.ar

Diseño de tapa: *Silvina Simondet*
Edición y corrección de originales: *Lic. Micaela Finkielsztoyn*

Impreso en la Argentina
Hecho el depósito que establece la ley 11.723

Índice

Capítulo I

Los tribunales arbitrales *ad hoc* en el Mercosur

Agustín Fabbricatore*

I. Introducción

En un proceso de integración, los Estados parte necesitan un sistema de solución de controversias por el cual la conducta de quienes procedan irresponsablemente sea sancionada frente a un incumplimiento de sus obligaciones, una violación del tratado fundacional o derecho emanado por los órganos instituidos por la integración, o bien permita asegurar una interpretación uniforme de las reglas jurídicas de la integración y un control de legalidad de los órganos comunes.[1]

El derecho de la integración, encarado de un modo general, se presenta como la rama especial que estudia el fenómeno de los procesos y esquemas jurídicos de integración. En él se pueden encontrar los elementos necesarios para discernir la naturaleza especial del orden jurídico, de sus normas y de sus órganos; es, asimismo, el que en un modo particular regula las normas y principios de alcance regional.[2]

En este derecho se enmarca el Mercosur, un ambicioso proceso de integración económica entre la Argentina, Brasil, Paraguay y Uruguay cuyo principal objetivo es mejorar las economías de los cuatro países miembros a través del crecimiento y la armonización de sus mercados, haciéndolos así más eficientes y competitivos. Pero, a la vez, es algo más que un simple marco de cooperación económica. Constituye el cuarto mayor poder comercial, detrás de Estados Unidos, la Unión Europea y Japón; se extiende en un área

* Abogado. Jefe de Trabajos Prácticos de la materia "Derecho de la Integración" en la Facultad de Derecho de la UBA.

1 . Pizzolo, C.: Derecho e integración regional, EDIAR, Buenos Aires, 2010, p. 906.

2 . Ruiz Diaz Labrano, R.: *Mercosur, integración y derecho,* Intercontinental, 1998, p. 485.

de 12 millones de kilómetros cuadrados (el 70% total de América del Sur), y cuenta con una población de más de 200 millones de habitantes. Su PBI es cercano a un trillón de dólares, lo que representa el 80% del PBI de Sudamérica.[3]

Antes de seguir hablando del Mercosur, y más precisamente de sus tribunales abritrales, es preciso conocer un poco más acerca de la historia y el funcionamiento de la institución arbitral. Ésta tiene su origen en la Edad Media, cuando el papa y el emperador del Sacro Imperio Romano la utilizaban muchas veces para resolver las disputas entre los príncipes cristianos. Tras el surgimiento de los grandes Estados nacionales cayó en desuso, pero volvió a utilizarse a mediados del siglo pasado. En la sociedad de Estados soberanos de fines del siglo XIX el arreglo pacífico de las controversias sólo fue una alternativa al uso de la fuerza armada, como pone de relieve el art. 1 del Convenio de La Haya de 1907. Hoy, la Carta de las Naciones Unidas ha prohibido el recurso de la amenaza o el uso de la fuerza.[4] Como corolario de este acto de las Naciones Unidas, se ha consagrado el principio según el cual los Estados deberán arreglar sus controversias a través de medios alternativos al uso de las tropas armadas.[5]

II. Antecedentes

El principio de arreglo pacífico de las controversias internacionales está basado en la "igualdad soberana de los Estados", 2625 (XXV) y 37/10 de la AG. Ello implica que los terceros Estados deberán respetar la independencia de las partes en el arreglo de las controversias pendientes entre ellas, absteniéndose de intervenir salvo para ofrecer sus buenos oficios. Cuando las partes se han sometido a un determinado procedimiento de arreglo, entraña la igualdad procesal o igualdad de armas de una y otra durante su desarrollo. El contenido esencial del principio es que las partes se comprometen con la finalidad de alcanzar un arreglo, dejándolas en libertad para elegir el procedimiento

3 . Didier Oppertti, B.: "Sistema de Solución de Controversias en el Mercosur", en *Jurisprudencia Argentina*, tomo 1999– III, Buenos Aires, p. 843.

4 . Art. 2.4 de la Carta de la ONU: "Los Miembros de la Organización, en sus relaciones internacionales, se abstendrán de recurrir a la amenaza o al uso de la fuerza contra la integridad territorial o la independencia política de cualquier Estado, o en cualquier otra forma incompatible con los Propósitos de las Naciones Unidas".

5 . Art. 2.3 de la Carta de la ONU: "Los miembros de la Organización arreglarán sus controversias internacionales por medios pacíficos de tal manera que no se pongan en peligro ni la paz y la seguridad internacionales ni la justicia".

adecuado. Cuando surge una controversia ambas partes han de aceptar un determinado procedimiento de arreglo.[6]

El derecho internacional público moderno busca que los conflictos entre los Estados se resuelvan pacíficamente, con exclusión de métodos violentos: como vemos, está prohibido el uso de la fuerza en las relaciones internacionales.[7]

La noción de controversia internacional fue definida por la Corte Permanente de Justicia Internacional (en adelante CPJI) en el caso Mavrommatis: "Una controversia es un desacuerdo sobre un punto de derecho o de hecho, una oposición de tesis jurídicas o de intereses entre dos Estados".[8]

Podemos distinguir dos clases de controversias internacionales:

- Las de *tipo jurídico*: son aquellas en las cuales las partes se hallan en desacuerdo acerca de la interpretación o aplicación del derecho vigente a un conjunto determinado de hechos.
- Las de *tipo político*: son aquellas en las cuales una de las partes busca la modificación del derecho existente.[9]

Los métodos de solución de controversias contemplados en la Carta de la ONU (art. 33) son la negociación, los buenos oficios, la mediación, la conciliación, el arreglo judicial y el arbitraje, tema que abordaremos en profundidad en este artículo.[10]

En la práctica, las negociaciones diplomáticas constituyen el principal medio de arreglo pacífico. Se debe al hecho de ser un cauce flexible y aplicable a cualquier tipo de controversias. Dado su carácter directo, permite a las partes exponer con entera reserva sus puntos de vista y propuestas. Del principio de buena fe se deriva que las partes

> "están obligadas a conducirse de manera que las negociaciones sean significativas, lo que no sucederá si cualquiera de ellas insiste en su propia posición sin prever ninguna modificación de la misma";[11] además de "no sólo en entablar negociaciones sino también en proseguir éstas lo más lejos posible con miras a concertar acuerdo [...]"[12]

6 . González Campos, J.H.; Sánchez Rodríguez, L.I. y Andrés Sáenz de Santa María, P.: *Curso de derecho internacional público*, Thomson Civitas, Buenos Aires, 2008, pp. 955 y ss.

7 . Barboza, J.: *Derecho internacional público*, Zavalía, Buenos Aires, 2008, p. 287.

8 · CPJI, *Mavrommatis*, sentencia del 20 de agosto de 1924.

9 . Barboza, *op. cit.*, p. 287.

10 . Art. 33.1 de la Carta de la ONU: "Las partes en una controversia cuya continuación sea susceptible de poner en peligro el mantenimiento de la paz y la seguridad internacionales tratarán de buscarle solución, ante todo, mediante la negociación, la investigación, la mediación, la conciliación, el arbitraje, el arreglo judicial, el recurso a organismos o acuerdos regionales u otros medios pacíficos de su elección".

11 . CIJ, *Asuntos de la plataforma continental,* Recueil, 1969, p. 47.

12 . CIJ, *Tráfico ferroviario entre Lituania y Polonia,* Recueil, 1969, p. 47.

Respecto de los buenos oficios y la mediación, se caracterizan por la intervención de uno o varios Estados, terceros en la controversia, a petición de ambas partes o por iniciativa de un tercero aceptada por aquéllas. Entre uno y otro existe una diferencia en cuanto al alcance de la intervención de terceros. En sentido escrito, en los buenos oficios, el tercero sólo trata de establecer o restablecer el contacto entre las partes (bien convocando reuniones conjuntas o mediante visitas de un representante a una y otra) y se limita a transmitir las propuestas de una de ellas a la otra, aunque sin tomar parte en las negociaciones ni formular propuestas. En cambio la intervención del tercer Estado en la mediación va más lejos y es más formal, pues el mediador, tras examinar las alegaciones de las partes, puede presentarles una propuesta de arreglo sin carácter obligatorio.

En cuanto a la conciliación, es un procedimiento relativamente reciente de arreglo de los conflictos internacionales, pues aparece en la práctica internacional, tras la adopción por la Asamblea de la Sociedad de las Naciones en 1922 de una resolución para recomendar a los Estados celebrar tratados que constituyan comisiones de conciliación. Entraña el sometimiento de la controversia a una comisión compuesta por personas cualificadas para el examen de las cuestiones debatidas y la elaboración de un informe en que se proponen términos de acuerdo no vinculantes para las partes.[13]

El arreglo judicial está basado en la existencia de un tribunal internacional de carácter permanente, que se ha atribuido el ejercicio de la función jurisdiccional para resolver las controversias jurídicas entre Estados mediante la aplicación del derecho internacional.

III. El arbitraje

El arbitraje es el primer procedimiento jurisdiccional de arreglo de las controversias internacionales que ha surgido en la sociedad de los Estados soberanos. Los Convenios de La Haya establecieron que

> "el arbitraje tiene por objeto arreglar los litigios entre los Estados mediante jueces por ellos elegidos y sobre la base del respeto del derecho. Implica el compromiso de someterse de buena fe a la sentencia arbitral".[14]

13 . González Campos, *op. cit.*, pp. 962 y ss.

14 . Conferencia de La Haya de 1899 y 1907, de la que surge el Tribunal Arbitral Permanente.

Fundamentalmente se basa en el consentimiento de las partes en una controversia. Por ello es conveniente determinar cómo se manifiesta y cuál es su alcance en relación con la composición y los poderes del órgano arbitral.

Ahora bien, desde la óptica del derecho procesal, el *compromiso arbitral* en cuanto a su objeto puede ser definido como un instrumento en virtud del cual las partes, hayan o no pactado mediante una cláusula compromisoria la sumisión de sus pendencias a arbitraje, suscitado el conflicto, deciden someter el litigio a resolución de los árbitros. Mediante el compromiso arbitral, las partes determinan cuáles son los aspectos de la controversia que serán sometidos a resolución por parte de los árbitros, cuál es el plazo de emisión del laudo, cuál el procedimiento que será adoptado, así como si la pendencia será resuelta por equidad o conforme a derecho.[15]

El compromiso arbitral es, pues, el convenio conforme al cual las partes especifican concretamente las cuestiones que se someten al arbitraje, designan a los árbitros o amigables componedores y determinan ciertos requisitos del proceso arbitral.[16] Difiere de la cláusula compromisoria, dado que al momento de firmarla ni siquiera se sabe cuál va a ser la controversia a resolver. En cambio, al momento de la elaboración del compromiso arbitral las partes tienen conocimiento de cuáles son los conflictos que someterán a resolución por medio de árbitros y mediante su firma se fijan las condiciones en que el arbitraje será conducido.[17]

Hecha esta salvedad, debemos tener en cuenta cuáles son los elementos básicos del arbitraje internacional:

- El consentimiento: es el verdadero presupuesto de la institución arbitral. La CIJ tiene dicho al respecto que es principio bien establecido en derecho internacional y aceptado por su jurisprudencia, así como por la de la CPJI, que un Estado no está obligado a someter sus controversias a arbitraje sin su consentimiento.[18]
- El tercero imparcial, al que las partes acuden para el arreglo de su controversia, es el órgano arbitral, que históricamente ha adoptado tres formas distintas: a) árbitro único, que podrá ser jefe de Estado, diplomático, o jurista de reconocida competencia. En el pasado los arbitrajes confiados a los jefes de Estado fueron muy frecuentes, lo usual era que el árbitro designase una comisión o tribunal arbitral compuesto por varios miembros con conocimientos técnicos, elaborando un laudo sobre la base de este dictamen técnico; b) establecimiento de comisiones mixtas, compuestas paritariamente por nacionales de ambos países con un "superárbitro", que decide en caso de desacuerdo entre los miembros designados por uno y otro estado; c) tribunal arbitral, hoy es el más usual,

15 . Pucci, A.: *Arbitraje en los países del Mercosur, Ad Hoc*, p. 107, 1997.
16 . Palacio, L.E.: *Derecho procesal*, T° X, p. 54.
17 . Ídem 14.
18 . CIJ, *Asunto Ambatielos* (Fondo), Recueil, p. 19, 1953.

compuesto exclusivamente por personalidades relevantes de terceros países o con incorporación de un árbitro designado por cada parte, por lo que cuenta el tribunal con tres o cinco componentes, circunstancia que se da en el caso del Mercosur, como veremos más adelante con el Tribunal Arbitral *Ad Hoc* y el Tribunal Permanente de Revisión.

- El derecho aplicable por el órgano arbitral es el derecho internacional público o la normativa correspondiente a un acuerdo marco de integración regional.
- Laudo o sentencia definitiva y obligatoria, que ponga fin al litigio.[19]

El procedimiento arbitral no es institucionalizado, sino *ad hoc*, porque es para el caso. Si la opción ha sido el arbitraje, sería preferible que no fuera *ad hoc*, sino un cuerpo estable, un verdadero tribunal arbitral. Se evidencia claramente que todos estos mecanismos arbitrales bajo esta modalidad son propios del ámbito diplomático, dado que auspician un tratamiento más político que técnico-jurídico. Son mucho más adecuados para resolver problemas entre Estados que reclamaciones entre particulares. A mayor abundamiento en el arbitraje institucional, las partes convienen dirimir sus diferencias ante instituciones especializadas; en el arbitraje *ad hoc,* las partes convienen el procedimiento y el derecho aplicable, guardando las garantías básicas.[20]

IV. Evolución e implementación de los tribunales arbitrales en el Mercosur

Con la firma del Tratado de Asunción, hasta el día de la fecha, el Mercosur se encuentra en mora respecto de la implementación de un sistema de solución de controversias de carácter permanente. Hasta el momento, sólo hemos asistido al establecimiento de sistemas provisorios que actuaron –y actúan– como parche o remedios de una organización institucional y un proceso de integración que no termina de consolidarse.[21]

El proceso de integración implica la armonización de los distintos intereses nacionales y su transformación en un interés único para el conjunto, lo que naturalmente genera una serie de cambios en las reglas institucionales de funcionamiento de distintas áreas del Estado-nación, que los Estados se desprenden de competencias que transfieren a favor de intereses del proceso.[22]

19 . González Campos, *op. cit.,* pp. 962 y ss.

20 . Leonardi de Herbón, H., Feldstein de Cárdenas, S.: *Arbitraje interno e internacional*, Abeledo-Perrot, Buenos Aires, 1994, pp. 24 a 27.

21 . Pizzolo, C.: *Sistema de solución de controversias. Mercosur*, Ediar, 2008, p. 34.

22 . Granillo Ocampo, R.: *Derecho público de la integración,* Ábaco, 2007, p. 592.

El sistema de solución de controversias constituye un capítulo casi imprescindible en cualquier tratado de integración, ya que más allá de la obligatoriedad que de por sí llevan implícita los tratados legalmente concluidos (*pacta sunt servanda*), su existencia constituye la condición imprescindible para dotar de efectividad al nuevo ordenamiento jurídico que se ha conformado. Necesita de una autonomía que determine el derecho en una controversia entre dos o más partes y un conjunto de normas a las que deben ajustarse tanto la autoridad como los sujetos involucrados en el conflicto.

Como se expresó anteriormente, la creación del sistema de solución de controversias en el Mercosur se inicia con la firma del Tratado de Asunción, el 26 de marzo de 1991, en el que se establece un régimen transitorio y elemental, que debía durar hasta que los Estados parte establecieran un régimen específico.[23] En consecuencia, el Tratado de Asunción contempló en su Anexo III un régimen provisorio para la solución de controversias,[24] que se circunscribía a controversias entre Estados parte. Se trataba, en suma, de un sistema simple y sumamente limitado, que implementaba un procedimiento no jurisdiccional.[25] Este, como vemos de inmediato, tenía los inconvenientes que produce un mecanismo de toma de decisiones por "consenso", de modo tal que al resolver la controversia por este sistema la parte presuntamente incumplidora podía utilizar su poder de veto para no ser condenada.[26]

Hitters tiene dicho al respecto que el Tratado de Asunción incorporaba un rudimentario andamiaje con mezcla de autocomposición y conciliación de tipo provisorio.[27]

La precariedad del sistema se manifiesta aún más en el apartado segundo de ese Anexo, en el cual establece que dentro de los ciento veinte días de entrada en vigor del Tratado, el Grupo Mercado Común elevará a los gobiernos de los Estados parte una propuesta de sistema de solución de controversias que regirá durante el período de transición. Sin perjuicio de ello, en cumplimiento de lo dispuesto en el apartado segundo del Anexo al Tratado de Asunción se elaboró un régimen de solución de controversias que fue aprobado

23 . Tratado de Asunción, Anexo III: "Durante el período de transición que se extenderá desde la entrada en vigor del presente tratado hasta el 31 de diciembre de 1994, y a fin de facilitar la constitución del Mercado Común, los Estados parte adoptan [...] un Sistema de Solución de Controversias".

24 . Dryzin de Klor, A.: *Sistema de solución de controversias en el Mercosur*, La Ley, año LIX, Nº 86, 4/05/1995.

25 . Pérez Otermin, J.: Exposición a su cargo en ocasión del Seminario sobre Solución de Controversias en el Mercosur realizado el 10 de agosto 1992, organizado por el Instituto Artigas del Servicio Exterior del Ministerio de Relaciones Exteriores de la República Oriental del Uruguay, la Facultad de Derecho y el Instituto de Comercio Internacional e Integración de la Universidad Católica del Uruguay Dámaso Antonio Larrañaga (UCUDAL) y el auspicio de la Facultad de Derecho de la Universidad de la República, publicado en *Revista de Derecho Constitucional y Político*, Serie Congresos y Conferencias, N° 8, Motevideo, pp. 11 a 23.

26 . Pizzolo, *op. cit.*, p. 34.

27 . Hitters, J.C.: *Solución de controversias en el ámbito del Mercosur –Hacia un derecho comunitario,* La Ley, T. 1997-C, Buenos Aires, 1997, p. 1406.

mediante el Protocolo de Brasilia con fecha 17 de diciembre de 1991, entrando en vigor el 22 de abril de 1993. Este último consta de un preámbulo y 36 artículos y ha sido ratificado por los cuatro países que son miembros plenos del Mercosur. Ese Protocolo no necesitó de una ratificación especial, ya que por integrar el Tratado de Asunción fue suficiente su plegamiento con éste.

Los antecedentes más significativos que se siguieron en el Protocolo de Brasilia fueron los capítulos 18 y 19 del Acuerdo entre Canadá y EE.UU. y el Acuerdo entre México y Chile.[28] Si bien el instrumento tiene notables carencias, implica un gran avance con el sistema originario, el cual no establecía prácticamente el procedimiento a seguir.

El 17 de diciembre de 1994, fue acordado en Ouro Preto, Brasil, el Protocolo Adicional al Tratado de Asunción sobre la Estructura Institucional del Mercosur, que cuenta con un anexo referido al "Procedimiento general para reclamaciones ante la Comisión de Comercio del Mercosur", juntamente con el Art. 43 de ese tratado.[29]

Todo el procedimiento al que hacía referencia el protocolo de Brasilia podía ser dividido, en razón de su estudio, en tres etapas procesales: a) Negociaciones directas; b) la intervención del Grupo Mercado Común, y c) el procedimiento arbitral, como última etapa introducida por el Protocolo de Brasilia. Estamos ante un proceso arbitral por y para el Mercosur, facultativo para la parte que lo inicia y obligatorio, si no en cuanto a su participación, sí en cuanto a sus resultados, para ambas partes involucradas.[30] En el Laudo II del Tribunal Arbitral Ad Hoc previsto por el Protocolo de Brasil, en relación con las tres etapas procesales, sostiene que: "La culminación de cualquiera de las primeras etapas no produce efectos jurídicos sobre el de habilitar la etapa siguiente. En ambos casos la tercera etapa constituye un arbitraje, el que está regulado por las mismas disposiciones". Y además dice: "Por cuanto evidencia que el ejercicio de la actividad jurisdiccional es propio y específico tan sólo de la etapa arbitral. En cambio, no se encuentra presente en las etapas previas".[31]

28 . Boldoroni, M.C.: "Protocolo de Brasilia para la Solución de Controversias", en *Revista de Derecho Privado y Comunitarios,* N° 6, Rubinzal Culzoni, Santa Fe, septiembre de 1994, p. 475.

29 . Artículo 43 del Protocolo de Ouro Preto: "Las controversias que surgieran entre los Estados parte sobre la interpretación, aplicación o incumplimiento de las disposiciones contenidas en el Tratado de Asunción, de los acuerdos celebrados en el marco del mismo, así como de las Decisiones del Consejo del Mercado Común, de las Resoluciones del Grupo Mercado Común y de las Directivas de la Comisión de Comercio del Mercosur serán sometidas a los procedimientos de solución establecidos en el Protocolo de Brasilia, del 17 de diciembre de 1991. Parágrafo Único – Quedan también incorporadas a los Arts. 19 y 25 del Protocolo de Brasilia las Directivas de la Comisión de Comercio del Mercosur".

30 . Gelsi Bidart, A.: *Un enfoque sobre procedimientos no adversariales y arbitrales en el Mercosur,* JA, T° 1996-1, Buenos Aires, p. 865.

31 . Laudo II: Laudo del Tribunal Arbitral Ad Hoc del Mercosur constituido para entender en la reclamación de la República Argentina al Brasil sobre subsidios a la Producción y Exportación de Carne de Cerdo, Argentina-Brasil, Asunción (Paraguay), 27 de septiembre de 1990.

El sistema previsto por el Protocolo de Brasilia tenía carácter transitorio,[32]pero siguió vigente aun después de la aprobación del Protocolo de Ouro Preto, que no logró establecer un sistema permanente de solución de controversias de conformidad con lo establecido por el Anexo III del Tratado de Asunción.

La única modificación que introdujo el Protocolo de Ouro Preto fue, como se indicó, la inclusión de las controversias derivadas de las directivas emanadas de la Comisión de Comercio del Mercosur. En lo que se refiera al sistema, el protocolo se remite directamente a lo establecido en el Protocolo de Brasilia.

V. El protocolo de Olivos

El Protocolo de Olivos fue aprobado con carácter transitorio por el Consejo del Mercado Común en la reunión celebrada en la localidad argentina que da nombre al documento el 18 de febrero de 2002. Fue aprobado por nuestro país a través de la ley 25.663, del 9 de octubre de 2002; publicado en el Boletín Oficial el 21 de octubre de 2002, y entró en vigor el 1° de enero de 2004, quedando derogados el Protocolo de Brasilia y su reglamento. Lo que sigue vigente es lo establecido por el Protocolo de Ouro Preto y su anexo. El 15 de diciembre de 2003, el Consejo del Mercado Común emitió la decisión 37/03, que aprobó como Anexo una reglamentación detallada del Protocolo de Olivos.

El Protocolo de Olivos representa una opción intermedia entre la opción de crear un tribunal único y permanente o mantener la continuidad de un esquema menos estructurado y más flexible como los precedentes de Tribunales *ad hoc*.[33]

Introduce grandes modificaciones. Crea dos instancias arbitrales, el Tribunal Arbitral Ad Hoc y el Tribunal Permanente de Revisión.

Otra de las más importantes modificaciones es la opción de foro, establecida en el Art. 1.2 del Protocolo de Olivos,[34] que en concordancia con el Reglamento al Protocolo

32 . Art. 34 del Protocolo de Brasilia: el presente Protocolo permanecerá vigente hasta que entre en vigor el Sistema Permanente de Solución de Controversias para el Mercado Común a que se refiere el numeral 3 del Anexo III del Tratado de Asunción.

33 . Pizzolo, *op. cit.*;p. 53.

34 . Art. 1.2 del Protocolo de Olivos: "Las controversias comprendidas en el ámbito de aplicación del presente Protocolo que puedan también ser sometidas al sistema de solución de controversias de la Organización Mundial del Comercio o de otros esquemas preferenciales de comercio de que sean parte individualmente los Estados parte del Mercosur podrán someterse a uno u otro foro a elección de la parte demandante. Sin perjuicio de ello, las partes en la controversia podrán, de común acuerdo, convenir el foro. Una vez iniciado un procedimiento de solución de controversias

de Olivos establece que se deberá informar al otro Estado parte el foro elegido. Si dentro de los quince días siguientes las partes no acuerdan someter la controversia a otro foro, la parte demandante podrá ejercer esta opción comunicándolo a la contraria y al Grupo Mercado Común.[35] Se va a considerar por iniciado un procedimiento de solución de diferencias ante la OMC cuando la parte que demanda solicite la conformación del Grupo Especial en los términos del Art. 6 del Entendimiento Relativo a las Normas y Procedimientos por el que se rige la Solución de Diferencias. Cabe añadir que esta institución parece contradecir los fundamentos que motivaron la constitución de un Tribunal Permanente de Revisión. En efecto, a ese fin se adujo que un Tribunal Permanente permitiría evitar pronunciamientos que adoptaran criterios o doctrinas disímiles o contradictorias. Con menos razón, esta unificación de la jurisprudencia del Mercosur puede compadecerse con la posibilidad de elección de tribunales ajenos al Mercosur, integrado por jueces que pueden tener valores y concepciones diferentes de las que caracterizan a los países integrantes del Mercosur e, incluso, desconocer el sistema jurídico compartido por los países que lo integran.[36]

Un caso interesante a fin de analizar la opción del foro es la controversia planteada en los cortes de rutas de acceso al puente internacional en Arroyo Verde (Entre Ríos).

Nuevamente la construcción de las plantas de celulosa en territorio uruguayo aparece en el centro de una controversia, tal como sucedió cuando la Argentina interpuso una demanda ante la Corte Internacional de Justicia (CIJ) este mismo año. Aunque este caso sea sustancialmente diferente del anterior en su objeto, no deja de ser, pese a ello, otro aspecto del mismo diferendo que oponen a la Argentina y a Uruguay por la construcción de las referidas plantas.

En el caso que nos ocupa, los roles se han cambiado: el demandante es Uruguay y la jurisdicción es la del Mercosur y no la de la CIJ. Es importante aclarar este punto inmediatamente, en la medida en que ambos casos están conectados por identidad de partes y referidos a una misma coyuntura. ¿Por qué ambas controversias no se sustanciaron ante la misma jurisdicción?

La jurisdicción de la CIJ se encuentra preceptivamente establecida en el artículo 60 del Estatuto del Río Uruguay sólo para el caso que exista una controversia referida a la interpretación o aplicación del Estatuto que no ha podido resolverse de común acuerdo entre las partes. Para el caso de las plantas de celulosa, la Argentina y Uruguay no lograron conciliar sus posiciones respecto de los artículos 7 a 13 del Estatuto referidos a la

---

de acuerdo al párrafo anterior, ninguna de las partes podrá recurrir a los mecanismos establecidos en los otros foros respecto del mismo objeto, definido en los términos del artículo 14 de este Protocolo. No obstante, en el marco de lo establecido en este numeral, el Consejo del Mercado Común reglamentará los aspectos relativos a la opción de foro".

35 . Art. 1.1 del Reglamento al Protocolo de Olivos.

36 . Barreira, E.C.: "Las contiendas sobre dumping y subvenciones en los regímenes de solución de controversias de la OMC y del Mercosur", La Ley, RDM2004-6,104, Buenos Aires, 2004.

construcción de obras sobre el río que pueden afectar "la navegación, el régimen del río o la calidad de las aguas" (artículo 11 del Estatuto). En consecuencia, habida cuenta de la discrepancia de opiniones, la Argentina demandó a Uruguay ante la jurisdicción de la CIJ, preestablecida en virtud de la cláusula compromisoria antes señalada.[37]

Otra de las cuestiones que se modifican es la intervención del Grupo Mercado Común, ya que si bien se mantiene la intervención del Grupo Mercado Común pasa a ser una etapa facultativa y optativa, dejando de ser obligatoria. Fracasadas las negociaciones directas, cualquiera de los Estados parte puede llevar la controversia directamente a la instancia arbitral.[38] Si se opta por este procedimiento, las normas son idénticas a las del Protocolo de Brasilia.

En cuanto a las medidas compensatorias, para el caso que el Estado vencido no dé cumplimiento con el laudo que emita el tribunal arbitral según la visión y consideración del Estado beneficiado con el laudo, este último tendrá un plazo de 30 días para solicitar al Tribunal Arbitral Ad Hoc o al Tribunal Permanente de Revisión para dirimir la cuestión. Si vencido el plazo para el cumplimiento del laudo, el Estado vencido no lo hiciera, el otro tendrá la facultad durante un año a partir del día siguiente al del vencimiento del plazo para el cumplimiento de iniciar la aplicación de medidas compensatorias, como la suspensión de concesiones y obligaciones equivalentes.[39]

Por último, resta señalar lo referente a cuestiones procesales que incorpora este Protocolo, entre las cuales podemos destacar:

- Objeto de la Controversia: el Protocolo ha mejorado en esta materia, toda vez que el Art. 14 dispone que

  "el objeto de la controversia quedará determinado por los escritos de presentación y de respuestas presentados ante el Tribunal Arbitral *Ad Hoc*, no pudiendo

37 . Pastori, A.: "El laudo del Mercosur sobre libre circulación: una oportunidad para reflexionar sobre las carencias del sistema de solución de controversias", La Ley, RDM2006-4, 39, Bs. As., 2006.

38 . Art. 6.1 del Protocolo de Olivos: "Si mediante las negociaciones directas no se alcanzare un acuerdo o si la controversia fuere solucionada sólo parcialmente, cualquiera de los Estados parte en la controversia podrá iniciar directamente el procedimiento arbitral previsto en el Capítulo VI".

39 . Art. 31.1. del Protocolo de Olivos: "Si un Estado parte en la controversia no cumpliera total o parcialmente el laudo del Tribunal Arbitral, la otra parte en la controversia tendrá la facultad, durante el plazo de un (1) año, contado a partir del día siguiente al que venció el plazo referido en el artículo 29.1, e independientemente de recurrir a los procedimientos del artículo 30, de iniciar la aplicación de medidas compensatorias temporarias, tales como la suspensión de concesiones u otras obligaciones equivalentes, tendientes a obtener el cumplimiento del laudo".

ser ampliado posteriormente. A su vez, esas presentaciones, deberán basarse en las cuestiones que fueran consideradas en las etapas previas".

Al respecto, el Tribunal Arbitral Ad Hoc del Mercosur tiene dicho: "Es claro que tanto el Protocolo de Brasilia como el de Ouro Preto, al prever etapas previas al arbitraje, imponen que no pueda añadirse en esta última instancia cuestiones no procesadas en los escalones anteriores, y los escritos de presentación y contestación ante el Tribunal han de ajustarse a esta regla".[40]

- Calificación de los Árbitros: el Art. 35 dispone que los integrantes de ambos Tribunales deberán ser imparciales y funcionalmente independientes de la administración pública central o directa de los Estados parte y no tener intereses de índole alguna en la controversia.
- Opiniones consultivas: permite al Tribunal Permanente de Revisión analizar y resolver dudas sobre el alcance del derecho del Mercosur. Su dictamen no tiene carácter vinculante ni es obligatorio.
- Normas referidas sobre la composición y designación de los árbitros, los representantes y asesores de las partes, los costos, los honorarios y demás gastos, la forma de contar los plazos y posibilidad de modificarlos, desistimiento y transacción.

VI. El Tribunal Arbitral *Ad Hoc*

En el Laudo I se definió asimismo como

"un elemento del ordenamiento que partes conformaron para regular sus relaciones recíprocas con vistas a lograr el objetivo compartido para su integración, en el ámbito de los fines y principios del sistema del Tratado de Asunción".[41]

Se halla establecido en el capítulo VI del Protocolo de Olivos y se da inicio a esta etapa cuando la controversia no hubiera podido solucionarse conforme a los procedimientos de negociaciones directas o la intervención facultativa por parte del Estado demandante

40 . Boletín Oficial del Mercosur, año III, Nº 9, abril/junio 1999, Montevideo, pp. 227 y ss.
41 . Pizzolo, *Derecho e integración regional, op. cit.* p. 1047.

del Grupo Mercado Común, o no haya sido solicitada esta última por un tercer Estado que no sea parte de la controversia.[42]

La Secretaría Administrativa del Mercosur tendrá a su cargo la notificación al o a los Estados involucrados en la controversia y al Grupo Mercado Común.

Respecto de la composición, el procedimiento arbitral se sustanciará ante un Tribunal Ad Hoc, o sea, para el caso determinado, que se compondrá de tres árbitros. Cada Estado parte designara un árbitro que integre la lista establecida por el Art. 11.1 del Protocolo de Olivos.[43] Para el caso en que no lo designe, la Secretaría Administrativa del Mercosur lo realizará de oficio y por sorteo entre los árbitros titulares de la lista de ese Estado.

Respecto del árbitro presidente, será designado de común acuerdo por los Estados parte integrantes de la controversia, debiendo ser seleccionado de la lista que prevé el Art. 11.2 del Protocolo de Olivos.[44] El plazo para su selección es de quince días a partir de la fecha en que la Secretaría Administrativa del Mercosur haya comunicado a los Estados parte en la controversia la decisión de recurrir al arbitraje. Asimismo, se elegirá un suplente. Aquel que sea designado árbitro presidente deberá responder en un plazo máximo de tres días contados a partir de la fecha en que se notifica su designación. Su función primordial será dirigir las audiencias y deliberaciones, dictará las providencias de mero trámite y realizará todos los actos solicitados por el Tribunal, manteniendo informados a los demás árbitros.

42 . Art. 6.3 del Protocolo de Olivos: "La controversia también podrá ser llevada a la consideración del Grupo Mercado Común si otro Estado que no sea parte en la controversia requiriera justificadamente tal procedimiento al término de las negociaciones directas. En ese caso, el procedimiento arbitral iniciado por el Estado parte demandante no será interrumpido, salvo acuerdo entre los Estados parte en la controversia".

43 . Art. 11.1 del Protocolo de Olivos: "Cada Estado parte designará doce (12) árbitros, que integrarán una lista que quedará registrada en la Secretaría Administrativa del Mercosur. La designación de los árbitros, juntamente con el currículum vitae detallado de cada uno de ellos, será notificada simultáneamente a los demás Estados parte y a la Secretaría Administrativa del Mercosur".

44 . Art. 11.2 del Protocolo de Olivos: "Cada Estado parte propondrá asimismo cuatro (4) candidatos para integrar la lista de terceros árbitros. Al menos uno de los árbitros indicados por cada Estado parte para esta lista no será nacional de ninguno de los Estados parte del Mercosur.

i) La lista deberá ser notificada a los demás Estados parte a través de la Presidencia *Pro Tempore*, acompañada por el *currículum vitae* de cada uno de los candidatos propuestos.

ii) Cada Estado parte podrá solicitar aclaraciones respecto de las personas propuestas por los demás Estados parte o presentar objeciones justificadas a los candidatos indicados, conforme con los criterios establecidos en el artículo 35, dentro del plazo de treinta (30) días contado desde que esas propuestas le sean notificadas.

Las objeciones deberán ser comunicadas a través de la Presidencia *Pro Tempore* al Estado parte proponente. Si en un plazo que no podrá exceder de treinta (30) días contados desde su notificación no se llegare a una solución, prevalecerá la objeción.

La sede del Tribunal Arbitral *Ad Hoc* podrá ser cualquier ciudad de los Estados parte del Mercosur, tanto para emitir el laudo como para deliberar, tomar audiencias, examinar pruebas y practicar cualquier otra diligencia vinculada con los trabajos del Tribunal, debiendo este último informar como mínimo con quince días de antelación el lugar en el que se reunirá. Los idiomas utilizados serán los oficiales del Mercosur.

Los Estados parte de la controversia designarán a sus representantes durante la sustanciación del procedimiento. Para el caso en que dos o más Estados parte sostuvieren la misma posición en una controversia, podrán unificar su representación ante el Tribunal Arbitral Ad Hoc y designar en consecuencia de común acuerdo al árbitro.

Los planteamientos que las partes realicen en los escritos de presentación[45] y de respuesta[46] se basarán en las cuestiones que fueron consideradas en las etapas previas, además de determinar el objeto de la controversia. Es de carácter obligatorio que los Estados intervinientes en la controversia informen al Tribunal respecto de las instancias anteriores que atravesaron. La presentación y la respuesta se presentarán en la Secretaría

45 . Artículo 13 de las Reglas Modelo de Procedimiento para los Tribunales Arbitrales Ad Hoc del Mercosur: "La parte demandante enviará su escrito de presentación al Tribunal en un plazo máximo de doce (12) días, contado desde el día siguiente a la fecha en que las partes sean notificadas de estas reglas.
El escrito de presentación deberá especificar fundamentalmente:

a) la indicación de los Estados parte en la controversia;
b) la designación de los representantes ante el Tribunal e indicación del domicilio en el que se recibirán las respectivas notificaciones;
c) los antecedentes de la controversia;
d) los hechos, actos, omisiones o medidas que conforman el objeto de la controversia, en los términos del Artículo 27 del Reglamento del Protocolo de Olivos;
e) el derecho en que se basa la demanda;
f) la prueba documental que se acompaña y los otros medios probatorios ofrecidos; y
g) el petitorio".

46 . Artículo 14 de Reglas Modelo de Procedimiento para los Tribunales Arbitrales *Ad Hoc* del Mercosur: "La parte demandada deberá presentar su respuesta al Tribunal en un plazo de 20 (veinte) días, contados desde el día siguiente en que le fue notificado el escrito de presentación.
El escrito de respuesta deberá especificar fundamentalmente:

a) la indicación de los Estados parte en la controversia;
b) la designación de los Representantes ante el Tribunal e indicación del domicilio en el que se recibirán las respectivas notificaciones;
c) los antecedentes de la controversia;
d) los fundamentos de su defensa, los hechos y el derecho invocado;
e) la prueba documental que se acompaña y los otros medios de prueba ofrecidos; y
f) el petitorio.

El Tribunal enviará copia del escrito de respuesta a la parte demandante".

Administrativa del Mercosur en original y con cuatro copias. Los alegatos seguirán esta misma modalidad.

En cuanto a los plazos, todos los plazos previstos son perentorios y serán contados en días corridos a partir del día siguiente al acto o hecho a que se refieren. No obstante, si el vencimiento no cayera en día hábil en la sede de la Secretaría Administrativa del Mercosur, la presentación o el cumplimiento se llevarán a cabo el primer día hábil siguiente.

Las notificaciones serán realizadas por la Secretaría Administrativa del Mercosur y dirigidas a los representantes de los Estados parte en el domicilio que hubieran constituido a tal efecto. Hasta que éstos se designen, las notificaciones se cursarán a los Coordinadores Nacionales del Grupo Mercado Común. Todas ellas se considerarán válidas y vinculantes.

En cuanto a la prueba, los Estados parte deberán anexarlas a los escritos de presentación y respuesta, según corresponda, pudiendo solicitar al Tribunal la realización de las diligencias pertinentes a fin de fundar sus posiciones. En cualquier momento y hasta el dictado del laudo, las partes podrán ofrecer nuevos elementos de prueba que estén vinculados a la controversia, siempre y cuando el Tribunal las declare admisibles y haya sustanciado esa petición. Respecto de la prueba testimonial y pericial, se escuchará a los testigos y al perito interviniente al momento de celebrarse la audiencia ante el Tribunal.

El Tribunal convocará a las partes a una audiencia con una antelación mínima de siete días, siendo dividida en dos sesiones: una para recibir las pruebas testimoniales y periciales, si las hubiere, y otra para la presentación de las posiciones de las partes.

Cada parte presentará su alegato final por escrito, dentro de los siete días de celebrada esta audiencia.

VII. Cuestiones procesales inherentes a los Tribunales Arbitrales *Ad Hoc*. Diferencias con el Tribunal Permanente de Revisión (TPR)

Los Estados parte reconocen como obligatorias las jurisdicciones y sin necesidad de acuerdo alguno del Tribunal Arbitral *Ad Hoc*.

El derecho aplicable es inherente a este esquema de integración regional, a saber:

- Tratado de Asunción;
- Protocolo de Ouro Preto;
- Protocolos y acuerdos celebrados en el marco del Tratado de Asunción;
- Decisiones del Consejo del Mercado Común;
- Resoluciones del Grupo Mercado Común;
- Directivas de la Comisión de Comercio del Mercosur;
- Principios y disposiciones de derecho internacional aplicables a la materia.

Los árbitros deberán ser imparciales e independientes de la administración central de los Estados parte y no tener interés alguno en la controversia.

Los gastos y honorarios en el caso de los Tribunales Arbitrales *Ad Hoc* serán solventados por el Estado al que representen, y en el caso del presidente, serán solventados por partes iguales o en la forma que determine el tribunal. En el caso del TPR, serán solventados en partes igual por los Estados parte de la controversia salvo que el tribunal disponga lo contrario.

La sede del Tribunal Arbitral *Ad Hoc* será cualquier ciudad del Mercosur, y la del TPR, como ya dijimos, Asunción; ocasional y más que excepcionalmente podrá ser otra ciudad.

En cualquier etapa del procedimiento, el Estado que inició la controversia podrá desistir de ésta o llegar a una transacción, dándose por concluida aquélla, debiendo ser comunicado a la Secretaría Administrativa del Mercosur o al tribunal que corresponda.

Un factor importante que debemos destacar de este sistema de solución de controversias es el principio de confidencialidad, siendo los procedimientos previstos por el Protocolo de Olivos de carácter reservado. Sin perjuicio de ello, el Consejo del Mercado Común autorizará la divulgación de los escritos y presentaciones respecto de trámites ya concluidos.

VIII. El reclamo de particulares

Se aplicará a los reclamos efectuados por particulares (personas físicas o jurídicas), con motivo de la sanción o aplicación por cualquiera de los Estados parte de medidas legales o administrativas de efecto restrictivo, discriminatorias o de competencia desleal, en violación del Tratado de Asunción, del Protocolo de Ouro Preto, de los protocolos y acuerdos celebrados en el marco del Tratado de Asunción, de las Decisiones del Consejo del Mercado Común, de las Resoluciones del Grupo Mercado Común y de las Directivas de la Comisión de Comercio del Mercosur.

Los particulares sólo tienen derecho a solicitar a su propio gobierno que impulse el procedimiento de solución de controversias, que, en caso de prosperar, se sustanciará exclusivamente entre los Estados con exclusión del particular reclamante. De tal manera, éste desempeña un simple papel de denunciante que, de todas maneras, puede verse frustrado si su gobierno no comparte el requerimiento.

Así, en el ámbito del Mercosur, la defensa de los derechos subjetivos del particular ante el agravio que pudiere sufrir por parte de los Estados parte se encuentra muy retaceada por las siguientes razones:

- El ámbito de posibles reclamos del particular es restringido. Mientras los Estados parte pueden cuestionar cualquier incumplimiento a las disposiciones del Tratado (Art. 1, apartado 1 del Protocolo de Olivos), el particular sólo podrá reclamar ese incumplimiento, siempre que consista en medidas de efectos restrictivos, discriminatorias o de competencia desleal (Art. 39 del Protocolo de Olivos);
- El particular debe probar la violación y el perjuicio que le irroga la medida, lo que dificulta el caso, aunque la violación de la norma fuera notoria (art. 40 apartado 2 del Protocolo de Olivos);
- El particular afectado deberá formalizar el reclamo ante la Sección Nacional del Grupo Mercado Común (GMC) del Estado al cual pertenezca, quien podrá admitirlo o no, por lo que el planteo ante los órganos internacionales es facultativo de la Sección Nacional del grupo Mercado Común (art. 41 apartado 1 del Protocolo de Olivos). De tal manera, si las medidas cuestionadas hubieran sido compartidas por el propio Estado del quejoso, difícilmente podrán pasar por el filtro de la mencionada Sección Nacional;
- Si el particular obtuviera el apoyo de su propio Estado para viabilizar el reclamo, el procedimiento deberá pasar obligatoriamente por el trámite del Grupo Mercado Común (Art. 42 del Protocolo de Olivos), lo que en el procedimiento normal puede ser obviado (Art. 6° del Protocolo de Olivos);
- El Protocolo no contempla actuación posterior del particular, una vez que la Sección Nacional del GMC hubiera aceptado o rechazado el mencionado reclamo, careciendo de legitimación para intervenir en las etapas posteriores a su simple reclamo ante la Sección Nacional del GMC. Por ende, aunque su propio gobierno admitiera el reclamo, sus argumentos no podrán ser oídos por quienes deben decidir en definitiva;
- Si bien con las restricciones antes apuntadas se permite el reclamo del particular afectado por la medida, no se prevé, sin embargo, intervención alguna del particular que quisiera defender la legitimidad de la medida;
- No se prevé remedio para los casos en que la medida proviniera de los propios órganos del Mercosur.[47]

La finalización del reclamo por parte del Grupo Mercado Común, en los términos de los apartados ii) y iii) del numeral anterior, no impedirá que el Estado parte reclamante dé inicio a los procedimientos previstos en los Capítulos IV a VI del presente Protocolo.

47 . Barreira, E.C.: "Las contiendas sobre dumping y subvenciones en los regímenes de solución de controversias de la OMC y del Mercosur", La Ley, RDM2004-6, 104, 2004.

IX. Laudo arbitral

> "Si alguna vez tuvo la oportunidad de enfrentarse a la lectura de un laudo arbitral, específicamente en el ámbito del Mercosur, y creyó haber comprendido el caso y se quedó con ello para su estudio, reflexión o conocimiento, se ha equivocado. A simple vista, su lectura es rápida y sencilla, pero con una mirada más atenta le demostraré que no lo es. Aún más, si leyó un comentario del mismo, habrá notado qué poco aportó a lo que usted ya había examinado. ¿Sabe por qué? En primer lugar, por el carácter reservado de las actuaciones. En segundo lugar, porque quienes saben algo del caso se suelen encontrar comprometidos y prefieren no divulgarlo. En definitiva, quienes no hemos intervenido en el asunto, quienes somos profesionales estudiosos o estudiantes, sólo tenemos esa pieza única final que es el laudo y nos perdemos todo el contexto preliminar a su resolución que indudablemente es mucho más interesante y enriquecedor".[48]

Estas expresiones están inspiradas en la enseñanza del profesor Gordillo, quien señala como otro de los grandes límites del conocimiento jurídico que

> "sólo las partes y los letrados son los buenos conocedores de ambos lados de la controversia y saben realmente qué es lo que influyó en la decisión de los árbitros y conocen el debate interno [...] lo peor sería tener por verdad absoluta ese pequeño retazo de la realidad que se le muestra al final del proceso".[49]

X. Características

El Protocolo de Olivos, en su Art. 25, dispone que los laudos del TAH "se adoptarán por mayoría, serán fundados y suscriptos por el presidente y los demás árbitros".[50] Los árbitros no podrán fundar votos en disidencia y deberán mantener

48 . Gorbak, E.: "Lo que usted necesita saber al leer un laudo (Solución de controversias en el Mercosur)", La Ley, 2003-B, 89.

49 . Ídem nota 2.

50 . Protocolo de Olivos Art. 25: "Los laudos del Tribunal Arbitral *Ad Hoc* y los del Tribunal Permanente de Revisión se adoptarán por mayoría, serán fundados y suscriptos por el presidente y por los demás árbitros. Los árbitros no podrán fundar votos en disidencia y deberán mantener

la confidencialidad de la votación. Las deliberaciones también serán confidenciales y así se mantendrán en todo momento. En el mismo sentido, se manifiestan las Reglas para el Procedimiento del Tribunal Permanente de Revisión (art. 27, Anexo, Decisión 30/05).

La realidad es que puede haber razones para negar la posibilidad de que los árbitros funden votos en disidencia, pero se limita la riqueza que suelen ofrecer las sentencias y laudos arbitrales para el desarrollo del derecho.

El Reglamento al Protocolo de Olivos avanza sobre la cuestión, al afirmar en su Art. 40.1 que los laudos arbitrales deberán ser emitidos por escrito y contener necesariamente los siguientes elementos:

- indicación de los Estados parte en la controversia;
- el nombre, la nacionalidad de cada uno de los miembros del TAH y la fecha de su conformación;
- los nombres de los representantes titular y suplente de las partes;
- el objeto de la controversia;
- un informe del desarrollo del procedimiento arbitral, incluyendo un resumen de los actos practicados, de las alegaciones de las partes y una evaluación de las pruebas ofrecidas;
- el pronunciamiento sobre las medidas provisionales, si hubieran sido dictadas;
- los fundamentos de hecho y de derecho de la decisión del TAH;
- la decisión final del TAH que deberá incluir las medidas a ser adoptadas para dar cumplimiento al laudo, si correspondiere;
- el plazo establecido para el cumplimiento del laudo;
- la proporción de los costos del procedimiento arbitral que corresponderá cubrir a cada Estado parte en la controversia;
- la fecha y el lugar en que fue emitido.

Cabe señalar una excepción, tratándose de la intervención del TRP en ocasión de dictar una opinión consultiva, donde los votos en disidencia son públicos.

Otra cuestión a tener en cuenta es que los laudos del TAH deben ser notificados de inmediato a las partes y a la Secretaría Administrativa del Mercosur (SAM). La SAM debe traducirlos al idioma oficial distinto de aquel en que fueron emitidos oportunamente y la traducción será autenticada por los árbitros. Además, deben ser publicadas en el Boletín Oficial del Mercosur.

la confidencialidad de la votación. Las deliberaciones también serán confidenciales y así se mantendrán en todo momento.

XI. Efectos jurídicos

En cuanto al efecto jurídico principal del laudo, Barboza afirma que es vinculante para las partes y produce los efectos de la cosa juzgada, pero únicamente entre las partes y sólo para el caso.[51]

Los laudos de los TAH son obligatorios para los Estados parte en la controversia a partir de su notificación y tienen su relación, adquiere *fuerza de cosa juzgada*, si transcurrido el plazo previsto para la interposición del recurso de revisión éste no fuera interpuesto.

Los laudos deben ser cumplidos en la forma y el alcance con que fueron dictados. La adopción de medidas compensatorias en los términos de este protocolo no exime al Estado parte de su obligación de cumplir el laudo.[52]

El TPR tiene dicho frente a un incumplimiento de la Argentina que

> "la falta de observancia de una decisión del Tribunal, además de perjudicar al Estado parte beneficiado por la misma, pone en causa la estabilidad y efectividad de las instituciones del Mercosur, provocando una preocupante sensación de descrédito en la sociedad en relación al proceso conjunto".[53]

Lo que coincide con el Tribunal de Justicia de la Comunidad Andina (TJCA), que sostiene que cuando se desacata una sentencia no sólo se causa un daño particular o concreto –que puede ser reparado con una medida compensatoria a favor de quien suscribe el daño–, sino que además se agravia de manera superlativa a todo el orden jurídico comunitario, convirtiéndose en un hecho que afecta a todos los países miembros, así como a los órganos del sistema el proceso de integración.[54]

Asimismo, afirma que

> "el incumplimiento de un laudo arbitral del Tribunal, de perdurar en el tiempo, llegado el caso, puede tener un efecto contagioso sobre los Estados parte, con lo cual la potencialidad perjudicial de hecho aumenta considerablemente, pudiendo llegar a comprometer las bases mismas del proceso de integración".

51 . Barboza, J.: *Derecho internacional público*, Zavalía, Bs. As., 2008.
52 . Pizzolo, *op.cit.*
53 . Laudo N° 01/2007: Laudo del Tribunal Permanente de Revisión constituido para entender en la solicitud de pronunciamiento sobre exceso en la aplicación de medidas compensatorias. Controversia entre Argentina y Uruguay sobre prohibición de importación de neumáticos remoldeados procedentes del Uruguay, Uruguay – Argentina, Asunción (Paraguay), 8 de Julio de 2007, párrafo 8.2.
54 . *Ídem* Nota 4.

Para el caso en que hubiere divergencias sobre el cumplimiento del laudo, el PO, en su Art. 30.1, prevé que en caso de que el Estado beneficiado por el laudo entienda que las medidas adoptadas no dan cumplimiento a éste, aquél tiene un plazo de 30 días desde la adopción de las medidas, para llevar la situación a la consideración del TAH. La convocatoria tramita vía SAM, que convocará de inmediato al Tribunal que emitió el laudo, o conformará otro para al caso en que esto fuera imposible.[55]

En su artículo 31.1, el PO reconoce a la otra parte en la controversia la facultad de recurrir a los procedimientos habilitados para subsanar las divergencias sobre el cumplimiento del laudo, como iniciar la aplicación de medidas compensatorias temporarias, tales como la suspensión de concesiones u otras obligaciones equivalentes tendientes a obtener el cumplimiento del laudo.

El Estado beneficiado puede, en primer lugar, procurar suspender las concesiones u obligaciones equivalentes en el mismo sector o sectores afectados. En el caso de que las considere impracticables, las va a poder aplicar a otro sector. Previamente deberá incluir datos que permitan comprobar que resulta impracticable o ineficaz aplicarlas en el mismo sector.

Las medidas compensatorias a ser tomadas deben ser informadas formalmente por el Estado parte, que las aplicará con una anticipación mínima de quince días al Estado parte que debe cumplir el laudo.

Las medidas compensatorias se deberán llevar adelante de acuerdo con dos principios rectores: la racionalidad y la proporcionalidad.

Los laudos arbitrales no sientan ni la jurisprudencia ni los precedentes que genera el TJCE, atento a la inexistencia de organismos comunitarios en nuestro esquema regional. De suma necesidad es tener un órgano que interprete en forma vinculante y uniforme el plexo normativo vigente.

La necesidad de interpretación uniforme del derecho del Mercosur, a partir de la hermenéutica defendida por los diferentes TAHM, resulta una exigencia indiscutible. Cabe destacar que, además de la diversa filosofía integracionista que resulta de la lectura de las nueve decisiones arbitrales, han existido situaciones claras de divergencia jurisprudencial entre los laudos. Podría considerarse que la divergencia más evidente ha tenido lugar en relación con la determinación del "objeto de la controversia". En tal sentido, mientras los laudos III y VI entendieron que el objeto de la controversia, según el sistema establecido en el Protocolo de Brasilia y en el Anexo del Protocolo de Ouro Preto, queda configurado por las alegaciones de cada una de las partes –reclamante y reclamada– realizadas tanto en las etapas prearbitrales como también las efectuadas ante el propio Tribunal Arbitral (Escrito de Reclamación y Escrito de Respuesta), los laudos

55 . Art. 30.1 del Protocolo de Olivos: "En caso de que el Estado beneficiado por el laudo entienda que las medidas adoptadas no dan cumplimiento al mismo, tendrá un plazo de treinta (30) días desde la adopción de aquéllas para llevar la situación a la consideración del Tribunal *Ad Hoc* o del Tribunal Permanente de Revisión, según corresponda".

I, II, IV y IX mantuvieron, por el contrario, que aquél queda determinado sólo por los argumentos y pretensiones hechos valer por las partes en las fases previas del procedimiento (negociaciones directas e intervención del GMC, o tramitación ante la CCM [Comisión de Comercio del Mercosur]), no pudiendo ampliarse los mismos en ocasión de la intervención ante el Tribunal Arbitral.[56]

Lo cierto es que la elección de un foro arbitral para dirimir una controversia (lo que se daba tanto en la jurisdicción del Mercosur como en la de la OMC, ambas de naturaleza arbitral) lleva implícito enfrentarse a un doble problema que es propio de estas jurisdicciones: por un lado, la falta de capacidad de los tribunales arbitrales para imponer al Estado perdidoso una condena efectiva (reparación económica), debiendo limitarse el tribunal a declarar la legalidad o ilegalidad de la medida cuestionada, o sea a decir quién tiene razón y, concomitantemente a esto, la carencia del sistema para hacer ejecutar el laudo, lo que depende, de última, de la buena fe del Estado. Por cierto, éste se ha comprometido a cumplirlo cuando se incorporó al sistema, pero puede no hacerlo, con la única amenaza sobre su cabeza, en tal caso, de que se le impongan medidas compensatorias. Como se sabe, estas nunca favorecen al Estado pequeño ni compensan a los particulares afectados.[57]

XII. Conclusión

Teniendo en cuenta la génesis y formación de los Tribunales Arbitrales del Mercosur y la firma del Protocolo de Olivos, los Estados parte reconocen como obligatorias las jurisdicciones de los mismos, agregándose a este análisis el laudo arbitral en ambas instancias arbitrales.

En este marco, debería consagrarse un sistema de control de legalidad interno, hoy inexistente, o en el mejor de los casos cuasi inexistente, que ponga claridad en los criterios de relacionamiento entre las diversas normas del Mercosur, sobre la base de los principios de todo orden jurídico que se preside de tal competencia, jerarquía y derogación. Esto

56 . Tribunales Arbitrales Ad Hoc del Mercosur, laudos, aplicación de medidas restrictivas al comercio recíproco, 1999, cit. (§ 53); subsidios a la producción y exportación, asunto 2/99, cit. (§§ 14, 43-46 y 48-51), y aclaratoria de 27 de octubre de 1999, BOM N° 11, diciembre, 1999, p. 283 (Respuesta a los puntos 1.1, 1.2, 1.3, 2.1, 2.2 de la solicitud de aclaratoria); aplicación de medidas antidumping, asunto 1/01, cit. II-C: 107 y F-3.c:201); estímulo a la industrialización de lana, asunto 1/03, cit. (VII:57 –nota a pie de página).

57 . Pastori, A.: "El laudo del Mercosur sobre libre circulación: una oportunidad para reflexionar sobre las carencias del sistema de solución de controversias", La Ley, RDM2006-4, 39, 2006.

será posible mediante una decisión del CMC, autorregulando sus propias competencias en orden a la adopción de decisiones; el GMC podría hacer otro tanto en orden a la adopción de sus resoluciones.

Se propone un órgano jurisdiccional independiente, permanente, dotado no sólo de la capacidad de solución de controversias, sino también de interpretación unívoca y vinculante del derecho del Mercosur. Un primer paso en este proceso podría ser tener una Comisión Especial, Comité o Consejo o un Tribunal mercosureño, con facultades consultivas y/o contenciosas, acaso progresivas, pero que desde una primera etapa pudiera declarar el derecho, aún sin competencia, todavía para resolver las controversias. Ésta sería una buena señal hacia adentro y hacia fuera del Mercosur.[58]

La evolución del proceso de integración en el ámbito del Mercosur requiere el perfeccionamiento del sistema de solución de controversias y un mecanismo jurisdiccional que controle la legalidad de los actos jurídicos dictados e interprete en última instancia las normas jurídicas de la integración.

Bibliografía

Badán, Didier Opperti: "Sistema de Solución de Controversias en el Mercosur", *JA*, T 1999- III, Buenos Aires, p. 843.

Barboza, J.: *Derecho internacional público,* Zavalía, Buenos Aires, 2008.

Barreira, E.C.: "Las contiendas sobre *dumping* y subvenciones en los regímenes de solución de controversias de la OMC y del Mercosur", La Ley, RDM2004-6, 104, 2004.

Boldoroni, M.C.: "Protocolo de Brasilia para la Solución de Controversias", en *Revista de Derecho Privado y Comunitario* N° 6, Rubinzal Culzoni, Santa Fe, Septiembre 1994, p. 274.

Dreyzin De Klor, A.: "Sistema de Solución de Controversias en el Mercosur", *La Ley*, año LIX, Nº 86, 4/05/1995.

Gelsi Bidart, A.: "Un enfoque sobre procedimientos no adversariales y arbitrales en el Mercosur", *JA*, Tº 1996-1, p. 865, Buenos Aires.

Gonzáles Campos, J.H.; Sánchez Rodríguez, L.I. y Andrés Sáenz De Santa María, P.: *Curso de Derecho Internacional Público*, Thomson Civitas, Buenos Aires, 2008, pp. 955 y ss.

Gorbak, E.: "Lo que usted necesita saber al leer un laudo (Solución de controversias en el Mercosur)", La Ley 2003-B, 89.

58 . Ídem nota 1.

Granillo Ocampo, R.: *Derecho Público de la Integración,* Ábaco, 2007, p. 592.

Hitters, J.C.: "Solución de controversias en el ámbito del Mercosur – Hacia un derecho comunitario", La Ley, T. 1997-C, Buenos Aires, 1007, p. 1406.

Leonardi de Herbón, H. y Feldstein de Cárdenas, S., *Arbitraje interno e internacional,* Abeledo-Perrot, Buenos Aires, 1994, pp. 24 a 27.

Palacio, L.E.: *Derecho procesal,* Buenos Aires, Abeledo Perrot, 2201, T° X, p. 54.

Pastori, A.: "El laudo del Mercosur sobre libre circulación: una oportunidad para reflexionar sobre las carencias del sistema de solución de controversias", La Ley, RDM2006-4, 39, 2006.

Pérez Otermin, J.: exposición a su cargo en ocasión de un Seminario sobre Solución de Controversias en el Mercosur realizado el 10 de agosto 1992, organizado por el Instituto Artigas del Servicio Exterior del Ministerio de Relaciones Exteriores de la República Oriental del Uruguay, la Facultad de Derecho y el Instituto de Comercio Internacional e Integración de la Universidad Católica del Uruguay Damaso Antonio Larragaña (UCUDAL) y el auspicio de la Facultad de Derecho de la Universidad de la República, publicado en *Revista de Derecho Constitucional y Político,* Serie Congresos y Conferencias, N° 8, Montevideo, pp. 11 a 23.

Pizzolo, C.: *Sistema de Solución de Controversias. Mercosur,* EDIA, 2008, p. 34.

— *Derecho e integración regional,* EDIAR, Buenos Aires, 2010, p. 906.

Pucci, A.: *Arbitraje en los países del Mercosur,* Ad Hoc, 1999, p. 107.

Ruiz Díaz Labrano, R. J.: *Mercosur, integración y derecho.,* Intercontinental, 1998, pág. 485.

Capítulo II

La competencia consultiva del Tribunal Permanente de Revisión

Andrea Mensa González*

I. Introducción

Desde que se puso en funcionamiento el Tribunal Permanente de Revisión (TPR), el 13 de agosto de 2004, consecuencia directa de la firma del Protocolo de Olivos (PO)[1] y su posterior entrada en vigor, se puede afirmar que el sistema de solución de controversias del Mercosur registró un notable avance en el camino hacia su consolidación, proceso que incorporó diversas herramientas jurídicas, entre las que se destaca la facultad del TPR para emitir opiniones consultivas (OC).

Haciendo revisionismo, podemos ver cómo en 2002 el PO cambia la estructura del sistema de solución de controversias y se crea una instancia permanente, de actuación y reunión ante la convocatoria concreta, que puede entender en primera y única instancia o bien como tribunal de revisión a pedido de un Estado parte involucrado en una controversia concreta respecto de la aplicación del derecho en un pronunciamiento anterior de un TAH, o bien para solicitar una opinión consultiva.

La idea de otorgar al Tribunal Permanente de Revisión la facultad de emitir opiniones consultivas encuentra su antecedente en la Corte Permanente de Justicia Internacional, pergeñada en el seno de la Sociedad de las Naciones, y en su sucesora, la Corte Internacional de Justicia, quienes lograron consagrar una jurisdicción consultiva más allá de las peripecias en torno al reconocimiento y ejercicio inicial de dicha competencia en el primer tribunal.

* Abogada. Profesora de Derecho de la Integración en la Facultad de Derecho de la Universidad de Buenos Aires y en la Universidad Nacional de Córdoba.

1 . Suscripto el 18 de febrero de 2002 y ratificado por los cuatro países.

También fue institucionalizada en otros tribunales internacionales con competencias limitadas, como el Tribunal Europeo de Derechos Humanos y la Corte Interamericana de Derechos Humanos. En el ámbito de los procesos de integración, la idea fue plasmada en el Tribunal de Justicia de las Comunidades Europeas y en la Corte Centroamericana de Justicia.

En el ámbito mercosureño, las opiniones consultivas están destinadas a clarificar y facilitar la aplicación de las fuentes originarias y derivadas del Mercosur. Durante la negociación del PO hubo importantes discrepancias entre las delegaciones de los Estados parte acerca de la naturaleza y el alcance que debían tener esas opiniones. El objetivo estaba claro: se trata de habilitar un instrumento de interpretación del derecho generando seguridad jurídica al establecer una aplicación armónica del derecho del Mercosur.

El Grupo de Alto Nivel, creado en 2000 por el Consejo del Mercado Común para que estudie las complicaciones del sistema de solución de controversias y elabore una propuesta, analiza la situación y diseña dos caminos posibles. La primera, que los Estados parte en el Mercosur podrían solicitarlas "de modo conjunto" al Tribunal Permanente de Revisión (TPR), con relación a la interpretación y aplicación de la normativa señalada en al artículo 1 (PO), teniendo como finalidad "tanto procurar prevenir una eventual controversia como requerir una expresión de opinión no vinculada a una eventual controversia específica". Se derivaba el aspecto reglamentario al CMC. La segunda alternativa fue la que se siguió casi textualmente en el artículo 3 (PO), aunque sin incluir la parte final de la propuesta del Grupo que establecía expresamente que tales opiniones consultivas no tendrían carácter obligatorio.[2]

Se establece entonces en el artículo 3 del mencionado texto normativo la habilitación al CMC a establecer mecanismos relativos a la solicitud de opiniones consultivas al TPR definiendo su alcance y sus procedimientos.

II. Denominación de Opiniones Consultivas: su significado

Adriana Dreyzin señala que el mecanismo aprobado no es asimilable a la cuestión prejudicial que opera en la Unión Europea, aun cuando se advierten ciertas similitudes.[3] Czar de Zaldueño estima que la inclusión de los tribunales nacionales entre los legitimados para solicitar una opinión consultiva puede constituirse en el elemento que

2 . Pizzolo, C.: *Derecho e integración regional*, EDIAR, Buenos Aires, 2010, p. 1151.
3 . Dreyzin de Klor, A.: *El Reglamento del Protocolo de Olivos*, op. cit., p. 74.

permita una mayor vinculación y hasta una cooperación entre el tribunal del Mercosur y los jueces de los países.[4]

Para Santiago Deluca, en el caso de las opiniones consultivas no es correcto hablar ni de recursos de prejudicialidad ni de interpretaciones prejudiciales. Puede sostenerse que conforme a las previsiones del Reglamento al Protocolo de Olivos (RPO) éstas son

> "pronunciamientos fundados del Tribunal Permanente de Revisión en torno a preguntas de carácter jurídico respecto de la interpretación y aplicación de las normas Mercosur en un caso concreto, con objeto de resguardar su aplicación uniforme en el territorio de los Estados parte".[5]

Se debe tomar en cuenta que durante los debates que se dieron para la redacción del Reglamento del Protocolo de Olivos se planteó el tema de un recurso prejudicial, pero su implementación en el Mercosur no fue aceptada por algunos de los países, entre otras razones porque se consideraba que el esquema no está todavía en una etapa que permita avances de esas características y fundamentalmente porque el TPR no es un tribunal judicial con jueces permanentes dedicados con exclusividad a las tareas del Mercosur, como sí lo son el TJCE y el TJCA.[6]

Para Diego Fernández Arroyo, la terminología de "opinión consultiva" no parece del todo satisfactoria, aunque lo es más, sin dudas, que la otra, proveniente de la experiencia comunitaria europea, de "cuestión prejudicial". Según el mencionado autor, se trata de una consulta que determinados órganos, según sea o no obligatorio,[7] pueden o deben someter al tribunal común para que éste se pronuncie, con carácter vinculante o no, acerca de la interpretación correcta del derecho del bloque. De ahí que "consulta interpretativa" o "consulta sobre la correcta interpretación" serían expresiones más ajustadas a la figura que ahora nos ocupa.[8]

En la doctrina brasileña se señala que la incorporación de las opiniones consultivas por el PO promueve en el Mercosur una "apertura" que posibilita la "interpretación uniforme de sus reglas". Las citadas opiniones, se remarca, no deben decidirse sobre un "litigio determinado", sino para facilitar el camino a una "correcta interpretación de un

4 . Czar de Zaldueño, S.: "La competencia consultiva en el Mercosur", La Ley, Buenos Aires, tomo 2005-F, p. 68.

5 . Deluca, S.: *Análisis de la facultad consultiva del Tribunal Permanente de Revisión del Mercosur,* agosto 2010, disponible en [URL] *http://www.aduananews.com.ar.*

6 . Véase Czar de Zaldueño, S.: "Primera Opinión Consultiva en el Mercosur", en La Ley-suplemento de derecho constitucional, Buenos Aires, abril de 2007.

7 . En el Mercosur no es obligatorio y la respuesta del tribunal no es vinculante.

8 . Fernández Arroyo, D.P.: "La respuesta del Tribunal Permanente del Mercosur a la primera 'consulta interpretativa'. Escoba nueva siempre barre más o menos", *Lexis Nexis,* Buenos Aires, documento N° 0003/013306, el 5 de julio de 2007.

reglamento mercosureño". Es evidente, se concluye, que esa necesidad ha de surgir, la mayoría de las veces, de las dudas de los jueces nacionales que están aplicando aquel derecho.[9] En cambio, en Paraguay, Fernández sostiene que "lo que finalmente ha quedado establecido en la normativa actual es un tímido procedimiento no de interpretación prejudicial sino de opinión consultiva, que en realidad no es precisamente característico del derecho de integración".[10]

El TPR, en la opinión consultiva 01/2007, en el voto del Dr. Fernández de Brix, ha establecido que

> "aplicado al escenario de un sistema de solución de controversias dentro de un proceso de integración, y en especialidad en cuanto a consultas originadas en los órganos judiciales nacionales, el concepto de opiniones consultivas resulta incorrecto, lo cual constituyen interpretaciones prejudiciales o en todo caso de consultas prejudiciales".

En la misma OC se destaca que

> "la opinión consultiva, a diferencia de una sentencia de la Corte, no decide, con fuerza obligatoria, un caso contencioso entre partes. Sólo da respuesta a una pregunta de carácter jurídico, y esa respuesta no es obligatoria".

Por unanimidad, el TPR resolvió que las opiniones consultivas peticionadas por los órganos judiciales nacionales

> "deben ser consideradas como interpretaciones prejudiciales consultivas, a la fecha aún no vinculantes. En las mismas le cabe al TPR interpretar el derecho de integración mercosureño, siendo la aplicación de tal interpretación, así como la interpretación y aplicación del Derecho Nacional, exclusiva competencia jurisdiccional de tales órganos consultantes".[11]

Este criterio fue ratificado por el TPR en opiniones consultivas posteriores. Así se deja en claro que:

9 . Araujo, N.: "O tribunal permanente de revisão do Mercosul e as opiniões consultivas: análise dos laudos arbitrais, sua ligação com o 'common law' e algumas ideáis para o futuro", publicado en *Revista de Derecho Privado y Comunitario*, Santa Fe, N° 2004-3, p. 622.

10 . Fernández, W.: "El nuevo Tribunal Arbitral del Mercosur", publicado en *Anuario de Derecho Constitucional Latinoamericano*, Fundación Konrad Adenauer, 2006, Tomo I, p. 606.

11 . En opinión de Czar de Zaldueño, el TPR en la opinión consultiva que seguimos parece haberse llagado a una expresión de compromiso que no "define" sino que "describe" esas opiniones (cfr. Czar de Zaldueño, "Primera Opinión Consultiva en el Mercosur", *op. cit.*).

"Reiterando el criterio sentado en la OC Nº 1/2008 y en la OC Nº 1/2009 en el punto 18, debe tenerse presente que *las opiniones consultivas –tal como se encuentran reguladas por las normas Mercosur– no pueden ser asimiladas a los recursos prejudiciales previstos por otros procesos de integración*. En consecuencia, no corresponde al TPR indicar al juez la normativa que en definitiva habrá de aplicar. Tal facultad es de resorte exclusivo del propio juez, a quien le compete decidir esta materia en el marco del ordenamiento jurídico concreto, viabilizar el procedimiento y resolver no aplicar la norma interna al momento de resolver, si considera que viola la norma Mercosur invocada".[12]

Observamos que en la Comunidad Andina se ha dicho que las opiniones consultivas son consideradas una "pieza clave del sistema jurisdiccional [...] esta acción es de colaboración entre el juez nacional y el juez comunitario", según sostiene el magistrado Ricardo Vigil Toledo.

III. Legitimación para solicitar opiniones consultivas

Pueden solicitar opiniones consultivas al TPR todos los Estados parte del Mercosur actuando conjuntamente y los órganos con capacidad decisoria del Mercosur (CMC, GMC y CCM);[13] posteriormente, se sumó el Parlamento del Mercosur, que en el artículo 13 de su Protocolo Constitutivo (Dec. CMC Nº 23/05) prevé:

"El Parlamento podrá solicitar opiniones consultivas al Tribunal Permanente de Revisión, y como vimos los Tribunales Superiores de los Estados parte con jurisdicción nacional,[14] en las condiciones que se establecen para cada caso (art. 2, RPO).

12 . TPR, opinión consultiva N° 01/2009: ya citada, párrafo 18.

13 . Artículo 3 RPO. "1. Todos los Estados parte del Mercosur actuando conjuntamente, el CMC, el GMC o la Comisión de Comercio del Mercosur (en adelante CCM) podrán solicitar opiniones consultivas sobre cualquier cuestión jurídica comprendida en el Tratado de Asunción, el Protocolo de Ouro Preto, los protocolos y acuerdos celebrados en el marco del Tratado de Asunción, las Decisiones del CMC, las Resoluciones del GMC y las Directivas de la CCM".

14 . En este sentido, los poderes judiciales de los Estados parte del Mercosur se han movilizado para unificar criterios. Sus máximos representantes, reunidos en el II Encuentro de Cortes Supremas del Mercosur y Asociados –realizado en Brasilia entre el 28 y el 30 de noviembre de 2004– elaboraron la llamada *Carta de Brasilia*, donde se institucionalizó acordar un foro permanente de Cortes Supremas del Mercosur para cuestiones jurídicas de relevancia e integración latinoamericana en general con

En relación a esto último, la doctrina ha reconocido que, por primera vez, en lo que va del Mercosur se reconoce protagonismo a la justicia nacional, contribuyendo de este modo al objetivo que inspiró la regulación de su faz consultiva: procurar la interpretación uniforme del derecho de la integración".[15]

Sobresale el hecho poco razonable de que los Estados parte no puedan solicitar una opinión consultiva de forma individual. La propuesta uruguaya de reglamentación del PO, con un criterio más amplio, admitía que pudiera plantear consultas cualquiera de los Estados parte en una eventual controversia y los Estados eventualmente involucrados en ella, en forma conjunta, y los particulares, personas físicas y jurídicas, con residencia habitual o sede de sus negocios en alguno de los Estados parte.

IV. Alcance

En cuanto al alcance, surge de los extractos citados que la interpretación podrá solicitarse únicamente respecto del plexo normativo común, ya sea que se trate de normativa originaria, como lo es el TA, o de normativa derivada de los órganos decisorios del Mercosur, quedando vedada al TPR toda opinión o intervención en torno a hechos o derecho interno de los Estados parte. Por su lado, resulta necesario poner de manifiesto que conforme establece el artículo 11 del RPO *"Las opiniones consultivas emitidas por el TPR no serán vinculantes ni obligatorias".* Esta ausencia de *imperium* u obligatoriedad, aun cuando puede considerarse su punto débil y llevar a situaciones no deseadas, como el desconocimiento de un pronunciamiento por parte del solicitante, no le quita la importancia ni el valor jurídico emergente del hecho de que para que el TPR pueda expresarse previamente deben transitarse determinados procedimientos y buscarse acuerdos[16] que permiten presuponer con la provisoriedad del caso que la OC emitida será debidamente aplicada al caso concreto.

Es interesante destacar que en la opinión consultiva 1/2009 en el punto 13 se destacó que

---

particular énfasis en el Mercosur. Como conclusión del Encuentro se resolvió también proseguir el diálogo con el TPR buscando coincidencias en el mecanismo para las opiniones consultivas.

15 . Dreyzin de Klor, A., *op. cit.*, p. 77.

16 . Opinión Consultiva Nº1/07, requerida por la Corte Suprema de Justicia de la República del Paraguay en el caso Northia SA.

"es función del TPR examinar la compatibilidad entre la normativa Mercosur y una norma interna; a ese efecto resulta imposible no hacer consideraciones jurídicas en relación con las normas en posible colisión" y en la OC 1/2008 se ha destacado que "las normas que adoptan los Estados parte pueden entrar en colisión con la normativa resultante del proceso de integración, y son estas situaciones las que llevan a requerir la interpretación sobre la compatibilidad o incompatibilidad de unas con otras o de la legalidad de unas frente a las otras y –aún más– sobre la jerarquía o primacía de una normativa sobre otra (párrafo 29)".

En cuanto a la obligatoriedad, se destaca que la OC 1/2007, en su punto 4, destaca

"la mal llamada opinión consultiva no es obligatoria y mucho menos vinculante para el juez nacional consultante... con un sistema no obligatorio y no vinculante respecto al magistrado nacional se desnaturalizan por completo el concepto, la naturaleza y el objetivo de lo que debe ser un correcto sistema de interpretación prejudicial. Ello atenta principalmente contra el objetivo de la consulta del juez nacional en el ámbito de un proceso de integración que es lograr la interpretación de la norma comunitaria de una manera uniforme en todo el territorio integrado, objetivo por lo demás declarado por el guión cuarto del Art. 2 de la Decisión CMC Nº 25/00, que fue el antecedente del PO".

Debemos aclarar que en la Unión Europea, en la Comunidad Andina y en el Sistema Centroamericano de Integración caribeño cualquier respuesta a consultas prejudiciales que remitan los jueces nacionales es siempre vinculante y demuestra cómo nuestro sistema no tiene parangón en el derecho comparado.

V. Tramitación de las opiniones consultivas

El Estado o los Estados parte que deseen pedir una opinión consultiva deben presentar el proyecto de solicitud a los demás Estados "a efectos de consensuar su objeto y contenido". Logrado ese consenso, la presidencia *pro tempore* debe preparar el texto de la solicitud y presentarlo al TPR a través de la ST (art. 3.2, RPO).

Subordinar el proceso consultivo a la existencia previa del consenso resta eficacia a ese proceso y ata su suerte a la voluntad de los Estados, ya que, como dice Adriana Dreyzin, podría suceder que a un país no le convenga elevar la solicitud, pues mantener la ambigüedad favorece sus intereses y paraliza así el proceso consultivo. Los demás Estados parte no podrían avanzar con el pedido, lo cual debilita el sistema.[17]

Cuando la opinión consultiva es requerida por los órganos del Mercosur la solicitud debe constar en el acta de la reunión en la cual se decida pedirla. Esa solicitud será presentada por la presidencia *pro tempore* al TPR.

En el caso de que la solicitud sea presentada por los Tribunales Superiores, las opiniones consultivas deben referirse "exclusivamente a la interpretación jurídica" de la normativa del Mercosur antes citada, "siempre que se vinculen con causas que estén bajo trámite en el Poder Judicial del Estado parte solicitante" (art. 4.1, RPO).

Esta vía consultiva es señalada por Dreyzin como una "puerta abierta" para permitir, a efectos de ampliar la protección de las personas físicas y jurídicas de carácter privado, las consultas de instancias inferiores en las que son resueltas la mayoría de las causas. Si la reglamentación futura no reconoce esta posibilidad, se afirma, ya sea directamente o a través del Tribunal Supremo nacional competente, "se vería reducido el objetivo y el efecto de alcanzar la interpretación uniforme de este ordenamiento jurídico que se busca mediante este procedimiento".[18] El procedimiento en cuestión "será reglamentado una vez consultados los Tribunales Superiores de Justicia de los Estados parte".

En cumplimiento del mandato anterior, el CMC ha sancionado la Decisión N° 2/07, conocida como "Reglamento del procedimiento para la solicitud de opiniones consultivas al Tribunal Permanente de Revisión por los Tribunales Superiores de Justicia de los Estados parte del Mercosur".

En su artículo 1, la citada Decisión establece que cada Tribunal Superior de Justicia de los Estados parte,

> "en el ámbito de sus respectivas jurisdicciones, establecerá las reglas internas de procedimiento para la solicitud de opiniones consultivas a que se refiere este Reglamento, verificando la adecuación procesal de la solicitud".

La letra de estas normas Mercosur se ve reflejada en la Acordada N° 7.604/07 de la Corte Suprema de Justicia de la República Oriental del Uruguay, en la Acordada N° 13/08 de la Corte Suprema de Justicia de la Nación Argentina y por la Acordada 549 de Paraguay, reglamentaciones internas que fijan el procedimiento para la solicitud de OC. Brasil es un caso aparte, ya que a la fecha fue elaborada la disposición que reglamenta las OC, pero aún no fue dispuesta, lo cual se espera se realice a la brevedad.

17 . *Ídem*, pp. 77-78.
18 . *Ídem*, p. 79.

El Dr. Wilfrido Fernández de Brix opina que la Decisión N° 2/07 no representa la reglamentación a la cual hace referencia el artículo 4.2 (RPO), ya que[19] se arremete aquí particularmente contra el transcripto artículo 1 afirmando que "viola flagrantemente" las normas del Mercosur porque

> "de ninguna manera establece un mecanismo que asegure la uniforme interpretación del derecho del Mercosur en los Estados parte, dejando a cada país la regulación de las mismas en cuanto al trámite interno se refiere, así como otorgando poderes a cada Corte Suprema de Justicia a la hora de tramitar las opiniones consultivas. Por el contrario, el sistema establecido se estructura de manera tal de producir efectos totalmente contrarios a tales objetivos, y se logra desafortunadamente un derecho derivado que no sólo está en absoluta inconformidad con el pertinente derecho originario, sino que da rienda suelta a la creación de un derecho derivado por cada Estado parte, lo cual es inconcebible. Además, viola específicamente el artículo 3 PO, pues el Consejo Mercado Común no definió los procedimientos, sino que los delegada inapropiadamente a cada tribunal interno".[20]

Czar de Zaldueño, antes de la citada Decisión N° 2/07 (CMC), llamaba la atención sobre la "centralización de las tareas" relacionadas con las opiniones consultivas en los Tribunales Superiores que cada país identifique. Ello permitirá evitar una dispersión de las consultas. Pero, advertía la autora, ¿tendrán esos tribunales la atribución de seleccionar cuáles opiniones consultivas serán trasladadas al TPR? La solución no es sencilla, porque esa facultad de "depuración" puede ejercerse bajo criterios distintos en cada país y "nuevamente se puede estar creando un instrumento de asimetría entre los países".[21]

Cuando vemos qué Tribunal Superior es competente para solicitar opiniones consultivas en cada uno de los Estados miembro, vemos que en la República Argentina es la Corte Suprema de Justicia de la Nación; en la República Federativa de Brasil, el Supremo Tribunal Federal; en la República del Paraguay, la Corte Suprema de Justicia, y en la República Oriental del Uruguay, la Suprema Corte de Justicia y el Tribunal en lo Contencioso Administrativo. Al incorporarse nuevos Estados, éstos deben notificar a los Estados parte el órgano competente designado para tramitar las solicitudes de opiniones consultivas al TPR. Esta designación es formalizada mediante decisión del CMC.

19 . Opinión consultiva N° 01/2007: ya citada, parágrafo III.2.A.2 (voto Wilfrido Fernández de Brix).
Se afirma que la citada Decisión N° 2/07 "contiene varios artículos que contrarían no solamente el derecho originario del Mercosur, sino los mismos principios generales del derecho, incluyendo los principios generales del derecho a la integración" (III.2.G.i).
20 . Opinión consultiva N° 01/2007: ya citada, parágrafo III.2.G.v (voto del Dr. Wilfrido Fernández de Brix).
21 . Czar de Zaldueño, S., *op. cit.*

Los tribunales nacionales indicados por la Decisión N° 2/07

"podrán delegar la competencia aquí prevista siempre que el órgano judicial delegado también cumpla con la condición de Tribunal Superior con jurisdicción nacional. En la hipótesis de que la solicitud proceda del órgano judicial delegado, la recepción del pedido presupone una comunicación formal del término de delegación a la Secretaría del TPR" (artículo 3, decisión citada).

La solicitud de opiniones consultivas debe ser presentada por escrito y contener los siguientes elementos:

- exposición de los hechos y del objeto de la solicitud;
- descripción de las razones que motivaron la solicitud;
- indicación precisa de la normativa Mercosur en cuestión.

La solicitud puede acompañarse de las consideraciones formuladas por las partes en litigio, si las hubiere, y por el Ministerio Público acerca de la cuestión objeto de la consulta y de cualquier documentación que pueda contribuir para su instrucción. El TPR podrá también solicitar al Tribunal nacional solicitante, por intermedio de la ST, las aclaraciones y/o documentación que entienda necesarios (art. 4, decisión citada).

Los Tribunales Superiores de Justicia habilitados deben remitir las solicitudes de opiniones consultivas al TPR, a través de la ST, con copia a la SAM, y a los demás Tribunales Superiores indicados por los Estados parte (art. 5, decisión citada). Recibida una solicitud de opinión consultiva, la ST la enviará inmediatamente a los miembros del TPR informando, si fuera el caso, la existencia de solicitudes de opiniones consultivas anteriores sobre temas relacionados y anexando indicación del árbitro que coordinó la redacción de las respuestas a tales consultas y las respuestas correspondientes. La ST dará conocimiento, "por intermedio de la presidencia *pro tempore*", a los coordinadores nacionales del GMC de las solicitudes de opiniones consultivas recibidas (art. 6, decisión citada).

Se destaca que, como trasluce de la Decisión N° 2/07, hay cierta intención de los órganos ejecutivos del Mercosur de no estar ausentes de las opiniones consultivas, al establecer que los coordinadores del Grupo Mercado Común puedan participar del procedimiento, si bien sólo a título informativo.

La Decisión N° 2/07, en su artículo 7, establece también que el TPR "solamente entenderá en la solicitud presentada" cuando:

- la solicitud proceda de uno de los Tribunales Superiores designados por los Estados parte;
- el pedido sea formulado de acuerdo con lo dispuesto en el citado artículo 4;

- la cuestión en causa no sea objeto de procedimiento de solución de controversias en curso sobre la misma cuestión.

En los casos en que no se verificaren los requisitos de admisibilidad arriba previstos, el TPR debe denegar la solicitud, informando inmediatamente al Tribunal solicitante.[22]

Admitida una solicitud de opinión consultiva, el presidente del TPR coordinará con los demás integrantes la designación del árbitro responsable que se encargará de la coordinación de la respuesta. Para ello se debe tener en cuenta la actuación de los árbitros en casos similares. En caso de no alcanzar el consenso para la designación, se efectuará el sorteo previsto en el referido artículo 6.3 del Reglamento del Protocolo de Olivos.

El GMC, a través de los coordinadores nacionales, podrá, en un plazo de quince días contados a partir de la notificación de recepción de una solicitud de opinión consultiva, enviar al TPR, por intermedio de la ST, únicamente con fines informativos, sus eventuales consideraciones sobre el tema objeto de la solicitud de opinión consultiva. La admisión o rechazo de una solicitud encaminada al TPR y las opiniones consultivas emitidas por este órgano debe ser enviadas directamente al Tribunal Superior solicitante y notificadas a todos los Estados parte, por intermedio de la ST, con copia a la SAM y a los demás Tribunales Superiores indicados por los Estados parte.

Con fecha 2 de agosto de 2010, el CMC dicta la Decisión 15/10, que extiende los plazos para la emisión de OC, sustituyendo el artículo 7 del Reglamento del Protocolo de Olivos; quedó redactado de la siguiente manera:

> "El TPR se expedirá por escrito dentro del plazo de sesenta y cinco (65) días corridos contados a partir de la recepción de la solicitud de la opinión consultiva.
>
> "A los efectos de emitir opiniones consultivas, el TPR funcionará mediante el intercambio de comunicaciones a distancia, tales como fax y correo electrónico. En caso de que el TPR estime necesario reunirse, informará previamente a los Estados parte a los efectos de que éstos prevean los fondos necesarios para asegurar su funcionamiento."

Destacamos que se autoriza la utilización del fax o el correo electrónico como medios válidos, sin que sea obligatorio que el Tribunal se reúna para expedirse (facultad reservada a los árbitros), por lo que debe hacerlo sólo en aquellos casos en los que lo estime necesario. Para emitir opiniones consultivas, el TPR debe estar integrado por todos sus miembros, tal como dispone el reglamento, y aquéllas deben ser "fundadas y suscriptas por todos los árbitros intervinientes". Esta situación se pone de manifiesto en la opinión consultiva 1/2009 en el caso "Juzgado de Primera Instancia en lo Civil de 2º turno – Frigorífico Centenario SA c/ Ministerio de Economía y otros – República Oriental del Uruguay",

22 . Pizzolo, C., *op. cit.*, p. 1165.

donde en el punto 4 se deja constancia de que "el Dr. Joao Grandino Rodas y el Dr. Roberto Puceiro Ripoll intervienen mediante comunicación telefónica y de correo electrónico conforme lo habilita el inciso 2 del artículo 7 del RPO".

Los gastos que sean consecuencia de la solicitud de la emisión de opiniones consultivas presentadas por los Tribunales Superiores de Justicia serán costeados por el Estado parte al cual pertenezca el Tribunal Superior de Justicia solicitante. La cuestión del pago de los gastos fue de las más debatidas en la primera opinión consultiva del TPR. Así, el ya nombrado voto en disidencia del Dr. Wilfrido Fernández de Brix puso de manifiesto que el citado artículo 11.

> "no garantiza un mecanismo que asegure la participación de los particulares, ya que la forma de pago de los gastos desincentivará con toda duda las opiniones consultivas de todos los países, pequeños o grandes del Mercosur".

Además, el mismo artículo puede considerarse violatorio de la "dinámica implícita en todo proceso de integración y la consecuente necesidad de adaptar la estructura institucional del Mercosur a las transformaciones ocurridas". También

> "es discriminatorio porque las opiniones consultivas tienen el objetivo de la interpretación y la aplicación uniforme del derecho de la integración del Mercosur, y pagando sólo el Estado del juez consultante trae como conclusión un beneficio gratuito para los otros Estados parte. Vale decir que el Estado parte que hace el esfuerzo por la consolidación institucional y jurídica del Mercosur paga por todos los demás. Al ser un beneficio para todos los Estados parte, habrá que aplicar el principio que rige en materia de presupuesto en la Secretaría del Mercosur, expuesto en el artículo 45 POP (financiamiento por partes iguales de los Estados parte)".[23]

En relación con esta cuestión, el Tribunal Permanente de Revisión tomó la decisión de recomendar al CMC la "revisión" del citado artículo 11 teniendo como fundamento de tal medida que la opinión consultiva no afecta sólo a un país, sino que enriquece todo el proceso de integración. La opinión consultiva construye el derecho de integración, por lo que todos los países son beneficiarios de éste y, en consecuencia, deben soportar los gastos y honorarios correspondientes, máxime teniendo en cuenta que en una OC existe un interés social común, ya que la interpretación y aplicación uniforme beneficia por igual a todos los Estados parte de una proceso de integración.

Algunos autores señalan que el citado artículo de la Decisión 02/07 denota la falta de interés de trabajar conjuntamente de los Estados en las opiniones consultivas, que,

23 . Opinión consultiva N° 01/2007, ya citada, parágrafo III.2.G.vii (voto Dr. Wilfrido Fernández de Brix).

aunque no sean vinculantes, permitirán ir formando una interpretación armonizada de la normativa del Mercosur.[24]

Otro de los puntos interesantes del reglamento del Protocolo de Olivos se refiere a las razones por las cuales el TPR puede negarse a responder una opinión consultiva. El Protocolo prevé dos causas:

- la improcedencia surgida por (i) la falta de legitimidad activa del requirente o (ii) la elección de un foro extraño al Mercosur para la tramitación de una causa principal; y
- la existencia de un procedimiento de solución de diferencias (o su inicio con posterioridad a la solicitud de opinión consultiva), que verse sobre la norma que se requiere interpretar.

VI. Caso Sancor

La República Argentina tuvo su primer pedido de opinión consultiva en el caso "Sancor CUL c/ DGA".[25] La parte actora (apoyándose en disposiciones del Tratado de Asunción) cuestionó la constitucionalidad de la Resolución N° 11/02 del Ministerio de Economía, que fija derechos de exportación de distintas mercaderías comprendidas en la Nomenclatura Común del Mercosur. El Tribunal, haciendo lugar al pedido de una de las partes, formuló una solicitud de opinión consultiva al Tribunal Permanente de Revisión del Mercosur, en los siguientes términos: "¿El Tratado de Asunción impone a los Estados miembro del Mercosur la obligación de abstenerse de establecer derechos a la exportación de mercaderías originarias de uno de ellos y destinadas a otros Estados miembro?". Cuando la emisión de la opinión consultiva y su posterior instrumentación en una sentencia local parecían hechos consumados, el desistimiento interpuesto por Sancor Cooperativas Unidas Limitadas dejó sin efecto tal pedido.

Si tuviéramos que dar una reseña del caso en cuestión, diríamos que invocando las prescripciones de la ley 25.561 y la ley de ministerios, el Ministerio de Economía e Infraestructura dictó, en marzo de 2002, la Resolución 11/02, mediante la cual fijó derechos de exportación sobre mercaderías destinadas a consumo que se encontraban comprendidas dentro del Nomenclador Común del Mercosur. La Aduana de Santa Fe dictó, en consecuencia, durante 2006, seis resoluciones mediante las cuales intimó a San-

24 . Czar de Zaldueño, *op. cit.*

25 . Auto S. 346. XLIII en Sancor CUL (TF 18476-A) C/ DGA, disponible en [URL] *http://www.csjn.gov.ar/docus/documentos/verdoc.jsp.*

cor Cooperativas Unidas Limitadas a pagar derechos de exportación correspondientes a permisos de embarque vinculados con operaciones de exportación de leche en polvo a Brasil y Paraguay. Esas resoluciones fueron confirmadas por el Tribunal Fiscal de la Nación y apeladas por Sancor ante la Cámara en lo Contencioso Administrativo Federal. Al haber sido revocada la sentencia del Tribunal Fiscal, la Dirección General de Aduanas interpuso un recurso extraordinario federal ante la Corte Suprema de Justicia de la Nación.

Una vez admitido el recurso, la Corte Suprema de Justicia de la Nación, tomando como referencia el marco del Protocolo de Olivos para la Solución de Controversias, solicitó al TPR una opinión consultiva sobre la cuestión debatida, a fin de determinar si los derechos de exportación impuestos por el Estado Nacional resultan violatorios de las prescripciones del Tratado de Asunción. Con posterioridad, la cuestión devino abstracta, debiendo la Corte Suprema de Justicia de la Nación dejar sin efecto la opinión consultiva, cuando Sancor desistió de continuar con el trámite del recurso extraordinario y avenirse a lo que se dispusiera en el ámbito de la OMC.

Una de las cuestiones más controvertidas en el caso que examinamos es la legitimación activa del requirente de la opinión consultiva. Aquí debemos tomar en consideración el voto en disidencia de la jueza de la CSJN Highton de Nolasco, quien consideró que el Reglamento del Protocolo de Olivos, efectuado por el Consejo del Mercado Común, restringe esa legitimidad a los Estados miembro actuando en conjunto o a los Tribunales Superiores de Justicia con competencia nacional en causas que se encuentren en trámite. Por lo tanto, según entiende la magistrada, en este caso concreto, debería omitirse la posibilidad de recurrir a ese instrumento de consulta del Mercosur, dado que los particulares no tienen acceso directo al tribunal regional y resulta improcedente que la Corte recurra por la reclamación de un particular. En otras palabras, la jueza argumenta que no hay legitimación activa en la medida en que los particulares no tienen acceso al sistema de solución de diferencias del Mercosur y no les ha sido reconocida la posibilidad de solicitar opiniones consultivas al Tribunal de Revisión Permanente. En consecuencia, a su parecer, no sería posible dar trámite a la presentación de Sancor.

Sin embargo, el voto de la mayoría se emite en otro sentido, en el camino inverso a lo señalado por la jueza Highton de Nolasco, y considera que, de acuerdo con el Reglamento del Protocolo de Olivos, la cuestión de la legitimidad activa está salvada toda vez que es la Corte Suprema de Justicia de la Nación la que presentará la solicitud al Tribunal de Revisión Permanente para que emita una opinión consultiva: la acción de Sancor sólo ha consistido en proponer, dentro de las facultades de las partes en un proceso judicial, un instrumento viable y útil para la interpretación de las normas regionales. En efecto, de acuerdo con el artículo 378 del Código Procesal Civil y Comercial de la Nación, las partes tienen libertad de prueba en el proceso y la opinión consultiva se presenta como un instrumento idóneo para probar la interpretación del Tratado de Asunción conforme al criterio del órgano mercosureño. Asimismo, los propios jueces podrían hacerlo por las facultades que les otorga el artículo 36.4.b del Código Procesal Civil y Comercial de la Nación, cuando se les permite que en cualquier estado de la causa decidan la comparecencia de las partes, testigos, peritos o consultores técnicos como medida de mejor proveer. En este caso, la opinión de los jueces del Tribunal Permanente de Revisión se configura como la más idónea para la interpretación de una norma del Mercosur.

Fortalece aún más lo dicho por la mayoría la atribución que otorga la propia Corte Suprema por medio de la acordada 13/2008, que regula la facultad otorgada por el Reglamento del Protocolo de Olivos, cuando menciona en el artículo 1 del anexo de la acordada que

> "todos los jueces de la República, tanto de jurisdicción nacional como provincial, podrán formular en el marco de una causa en trámite ante sus estrados, a instancia de parte o de oficio, la solicitud de opiniones consultivas al Tribunal Permanente de Revisión del Mercosur".

En virtud de estos argumentos jurídicos, la Corte consideró que la parte actora tenía legitimación activa para solicitar a la CSJN el requerimiento de una opinión consultiva al Tribunal Permanente de Revisión del Mercosur y, en consecuencia, en una decisión que compartimos, hizo lugar a la solicitud de la parte actora y pidió al Tribunal Permanente de Revisión la opinión consultiva pertinente.

Cabría considerar por último que la importancia de la solicitud de la opinión consultiva que hemos destacado en el presente trabajo radica en que puede ser el inicio de una cooperación interjurisdiccional entre los tribunales internos de los Estados miembro del Mercosur y el Tribunal Permanente de Revisión del Mercosur, por un lado, pero lo más importante es que acerca a los ciudadanos al Mercosur, ya que al reconocer la posibilidad de que éstos puedan solicitar judicialmente la aplicación de instrumentos previstos en el acervo mercosureño se da un paso importante en lo que creemos que debería ser ir hacia el camino marcado por las instituciones de la Unión Europea. En efecto, este punto de partida podría consolidar una práctica saludable que estimule el desarrollo de la integración regional real en donde las personas y no sólo los gobiernos de los Estados parte sientan la importancia de estar inmersos en este proceso de integración.

Como conclusión, podemos decir que el sistema de opiniones consultivas es un buen reflejo de las fuerzas que llevan al Mercosur a la intergubernamentalidad y la supranacionalidad proclamadas, porque apunta al modelo de las cuestiones prejudiciales de la Unión Europea y la Comunidad Andina, pero sin ser equivalente a ellas, y termina en consecuencia por reflejar un apego a la política, a los gobiernos nacionales.

Bibliografía

Aguzin, L.A.: "Comentario al Décimo Laudo Arbitral del Mercosur. Algunas reflexiones sobre la constricción del sistema de solución de controversias en el Mercosur: opciones, evolución y tendencias", en *Revista de Derecho Privado y Comunitario*, Santa Fe, 2006-1, pp. 575-599

Alagia, R.A.: "Resolución de conflictos en el Mercosur (El sistema adoptado por el Protocolo de Olivos)", ponencia presentada en el I Congreso Internacional de Abogados del Mercosur, celebrado en La Plata, Buenos Aires, Argentina, del 15 al 17 de abril 2004, disponible en [URL] *www.colproba.org.ar/mercosur/ponenciaspresentadas.asp*.

Alegría, H.: "La solución de controversias en el Mercosur", en *Revista de Derecho Privado y Comunitario*, Santa Fe, N° 1, 1992, pp. 411-425.

Andorno, L.O.: "La necesidad de un tribunal supranacional para el Mercosur", en *Jurisprudencia Argentina*, Buenos Aires, tomo 2000-IV, p. 1216.

Araujo, N.: "O tribunal permanente de revisão do Mercosul e as opiniões consultivas: análise dos laudos arbitrais, sua ligação com o 'common law' e algumas ideáis para o futuro", en *Revista de Derecho Privado y Comunitario*, Santa Fe, N° 2004-3, pp. 603-626.

Argerich, G.: "Eficacia extraterritorial de las sentencias extranjeras en los procesos de integración (Análisis comparativo de las regulaciones del Mercosur y de la Comunidad Europea)", en *Jurisprudencia Argentina*, tomo 1997-III, p. 833.

Argerich, G.: "Situación real de la incorporación y vigencia de la normativa Mercosur", publicado en *Jurisprudencia Argentina*, tomo 1999-III, p. 849.

Baptista, L.O.: "Solução de divergências no Mercosul", en *Revista de Derecho Privado y Comunitario*, Santa Fe, N° 7, 1996, pp. 425-450.

Bertoni, L.: "El sistema de solución de controversias ante la crisis del Mercosur", en *Jurisprudencia Argentina*, Buenos Aires, tomo 2000-IV, p. 1241.

— "La vigencia de las normas en el espacio jurídico Mercosur", en *Jurisprudencia Argentina*, Buenos Aires, tomo 2002-II, p. 851.

— "El aporte del Protocolo de Ouro Preto al sistema de solución de controversias del Mercosur", publicado en *Jurisprudencia Argentina*, tomo 2003-II, p. 763.

Bianchi, A.B.: "El Estado Nacional ante el arbitraje", en *La Ley*, tomo 2005-B, p. 1405.

Boldorini, M.C.: "Protocolo de Brasilia para la Solución de Controversias", en *Revista de Derecho Privado y Comunitario*, Rubinzal Culzoni Editores, Santa Fe, septiembre de 1994, N°6, p. 475.

Briseño Sierra, H.: *El arbitraje en el derecho privado. Situación internacional*, UNAM-Instituto de Investigaciones Jurídicas, primera edición, 1963.

Czar de Zaldueño, S.: "Solución de controversias en el Mercosur: Reglamentación del Protocolo de Brasilia", en *El Derecho,* 29 de marzo de 1999, Buenos Aires, año XXXVII, N° 9721, pp. 2 y ss.

— "La competencia consultiva en el Mercosur", en *La Ley*, tomo 2005-F, p. 68.

— "Primera opinión consultiva en el Mercosur", en *La Ley-Suplemento de derecho constitucional,* Buenos Aires, abril, 2007.

De Araujo, N.: "Solução de controversias no mercosul", en *Jurisprudencia Argentina,* 27 de agosto de 1997, N° 6052, Buenos Aires, p. 4.

De la Balze, F.: "El destino del Mercosur: entre la unión aduanera y la integración imperfecta", en *El futuro del Mercosur. Entre la retórica y el realismo*, Buenos Aires, 2000, CARI - ABA.

Deluca, S.: "Análisis de la facultad consultiva del Tribunal Permanente de Revisión del Mercosur", agosto 2010, disponible en [URL] *http://www.aduananews.com.ar.*

Dreyzin de Klor, A.: "El Protocolo de Olivos", trabajo presentado en el Forum Brasil-Europa, organizado por la Fundación Konrad Adenauer y la Universidad Federal de Santa Catarina, Florianópolis, 22-24 de noviembre de 2002.

— "El Reglamento del Protocolo de Olivos", en *Revista Latinoamericana de Derecho,* Año II, N° 3, enero-junio 2005, pp. 69-105.

— "El sistema de solución de controversias en el Mercosur", en *La Ley*, Buenos Aires, tomo 1995 -B, p. 1194.

— "Comercio en el Mercosur y desarrollo: límites. A propósito del laudo once y primer laudo del TPR", en *Revista de Derecho Privado y Comunitario*, Santa Fe, 2006-1, pp. 541-574.

Ekmekdjian, M.Á.: "A un año exacto del fallo 'Ekmekdjian C/ Sofovich', la Corte Suprema de Justicia reafirma el criterio monista establecido en aquél", en *El Derecho*, tomo 154, p. 176.

— "El nuevo tratado del Mercado Común del Cono Sur (Mercosur) y la integración latinoamericana", en *La Ley*, tomo 1991-C, pp. 864.

— "Un fallo de la Corte Suprema de Justicia que apuntala el proceso de integración regional latinoamericana (Nota al fallo Café La Virginia)", en *El Derecho,* 1° de diciembre de 1994, Buenos Aires, año XXXII, N° 8636.

— "Decreto-Ley Brasileño sobre el Régimen de Importación de Automotores y el Mercosur", en *La Ley*, 3 de enero de 1996, Buenos Aires, p. 3.

— "Comentario al primer laudo dictado por el Tribunal Arbitral del Mercosur", en *El Derecho*, 3 de agosto de 1999, Buenos Aires, año XXXVII, N° 9806.

— "¿Hacia un Derecho Comunitario Latinoamericano? (¿Es viable un Mercado Común Latinomaericano?)", en *El Derecho*, tomo 129, p. 889.

— "Un fallo de la Corte Suprema que apuntala el proceso de integración", en *El Derecho*, tomo 160, p. 246.

Estoup, L.A.: "Algunas reflexiones sobre la competencia del nuevo Tribunal Permanente de Revisión del Mercosur", en *La Ley*, tomo 2002-B, p. 1235.

Fernández Arroyo, D.P.: "La respuesta del Tribunal Permanente del Mercosur a la primera 'consulta interpretativa'. Escoba nueva siempre barre más o menos", en *Lexis Nexis*, Buenos Aires, documento N 0003/013306, 5 de julio de 2007.

Fernández, W.: "El nuevo Tribunal Arbitral del Mercosur", en *Anuario de Derecho Constitucional Latinoamericano*, Fundación Konrad-Adenauer-Stiftung, tomo I, 2006.

Garré Copello, B.: "La creación de un Tribunal de Justicia en el Mercado Común del Sur (Mercosur). Regímenes de derecho comparado", en *Estudios multidisciplinarios sobre Mercosur, Facultad de Derecho,* Universidad de la República, Montevideo, 1995.

— "Solución de controversias en el Mercado Común del Sur", en Estudios multidisciplinarios sobre Mercosur, Facultad de Derecho, Universidad de la República, Montevideo, 1995.

Gelsi Bidart, A.: "Un enfoque sobre procedimientos no adversariales y arbitrales en el Mercosur", en *Jurisprudencia Argentina*, tomo 1996-I, p. 865.

Gomes, E.B.: "Protocolo de Olivos: alterações no sistema de soluções de controvérsias do Mercosul e perspectivas", en *Revista de Direito Constitucional e Internacional*, N° 42, 2003, p. 85.

Gorbak, E.: "Lo que usted necesita saber al leer un laudo (Solución de controversias en el Mercosur)", en *La Ley*, tomo 2003-B, p. 89.

Grandino Rodas, J.: "La competencia del Tribunal Permanente de Revisión para emitir opiniones consultivas", disponible en [URL] *http://www.stf.jus.br*.

Grigera Naón, H.A.: "Arbitraje comercial internacional en el mundo actual", en *Jurisprudencia Argentina*, tomo 1996-III, p. 701.

Halperin, M.: "Acerca de las fuentes de derecho en el Mercosur", en *Revista de Derecho Privado y Comunitario*, Santa Fe, N° 4, 1998, pp. 433-449.

Hitters, J.C.: "Solución de controversias en el ámbito del Mercosur - Hacia un derecho comunitario", en *La Ley*, tomo 1997-C, p. 1406.

Holtzmann, H.M.: "El arbitraje y los tribunales: socios de un sistema de derecho internacional", en *Panorama del arbitraje comercial internacional (Selección de lecturas)*, Serie I. Estudios de Derecho Económico, N° 9, UNAM-Instituto de Investigaciones Jurídicas, México, primera edición, 1983.

Jardí Abella, M.: "La solución de conflictos en el Mercosur", en *Estudios multidisciplinarios sobre Mercosur,* Facultad de Derecho, Universidad de la República, Montevideo, 1995.

Ken Aoki, W.: *O novo mecanismo de solução de controvérsias do Mercosul adotado pelo Protocolo de Olivos e seu regulamento,* Belo Horizonte, 2004.

Lehmen, A.: "O Protocolo de Olivos para a solução de controvérsias no Mercosul: um avanço institucional", trabajo presentado en el Programa de Pós-graduação em Direito – Mestrado em Direito da Universidade Federal do Rio Grande do Sul el 9 de mayo de 2004, en la asignatura "Integração Regional e Globalização".

Martínez Puñal, A.: "La solución de controversias en el Mercado Común del Sur: ante un modelo abierto y dinámico", en *Anuario Argentino de Derecho Internacional,* Asociación Argentina de Derecho Internacional, Córdoba, tomo X, 2000, p. 53.

— *El sistema institucional del Mercosur: de la intergubernamentabilidad hacia la supracionalidad,* Tórculo Ediciones, Santiago de Compostela, 2005.

Midón, M.A.R.: *Derecho de la integración. Aspectos institucionales del Mercosur,* Rubinzal-Culzoni, Buenos Aires, 1998.

Morales de Paula, G.: "A cláusula de eleição de foro do Protocolo de Olivos e seus efeitos contraproducentes para o Mercosul", en *Revista da Escola de Direito,* Pelotas, enero-diciembre, 2005, pp. 167-200.

Nogueria da Silva, P.N.: "Ajuste jurídico do Mercosul", en *Revista de Derecho del Mercosur,* La Ley, Buenos Aires, Año 1, N° 2, septiembre de 1997, p. 188.

Noodt Taquela, M.B.: "Solución de controversias en el Mercosur", en *Jurisprudencia Argentina,* tomo 1997-III, p. 869.

Opertti Badan, D.: "Sistema de solución de controversias en el Mercosur", en *Jurisprudencia Argentina,* tomo 1999-III, p. 843.

Peinado, M.C.: "El Protocolo de Olivos y el sistema de solución de controversias del Mercosur. Algunas reflexiones", en *Integración y Derecho,* Ediar, Buenos Aires, 2007, pp. 195-214.

Perez Otermin, J.: exposición a su cargo en ocasión de un Seminario sobre Solución de Controversias en el Mercosur realizado el 10 de agosto de 1992, organizado por el Instituto Artigas del Servicio Exterior del Ministerio de Relaciones Exteriores de la República Oriental del Uruguay, la Facultad de Derecho y el Instituto de Comercio Internacional e Integración de la Universidad Católica del Uruguay Dámaso Antonio Larragaña (UCUDAL) y el auspicio de la Facultad de Derecho de la Universidad de la República, publicado en *Revista de Derecho Constitucional y Político,* Serie Congresos y Conferencias, N° 8, Montevideo.

— *El Mercado Común del Sur. Desde Asunción a Ouro Preto,* Montevideo, 1995.

Pizzolo, C.: *Mercosur. Solución de controversias. Protocolo de Olivos,* Ediar, Buenos Aires, 2007.

— *Derecho e integración regional,* Ediar, Buenos Aires, 2010.

Pucci, A.N.: "El arbitraje: Su visión desde la perspectiva brasileña", en *Jurisprudencia Argentina*, tomo 1998-IV, p. 843.

Puceiro Ripoll, R.: "Fuegos fatuos en Villa Rosalba. Alcance de la jurisdicción del Tribunal Permanente de Revisión del Mercosur", en *Anuario de Derecho Constitucional Latinoamericano,* tomo I, Fundación Konrad-Adenauer, 2006.

Rey Caro, E.J.: "El Protocolo de Olivos para la solución de controversias en el Mercosur", disponible en [URL] *www.acader.unc.edu.ar/m9.htm.*

Rizzo, A. y Rodríguez, R. E.: "El arbitraje ¿es una solución eficiente de conflictos en el ámbito del Mercosur?", en *La Ley*, tomo 1994-B, pp. 769.

Ruiz Díaz Labrano, R.: "Las opiniones consultivas ante el Tribunal Permanente de Revisión del Mercosur a través de los tribunales superiores de los Estados parte", en *Anuario de Derecho Constitucional Latinoamericano*, tomo I, Fundación Konrad-Adenauer, 2006.

Serrano Migallon, F.: "El mecanismo de solución de controversias en el Tratado de Libre Comercio de América del Norte", en *Panorama del arbitraje comercial internacional (Selección de lecturas),* Serie I. Estudios de Derecho Económico, N° 9, UNAM-Instituto de Investigaciones Jurídicas, México, primera edición, 1983.

Uzal, M.E.: "Los particulares y el acceso a la jurisdicción en el marco del Mercosur (Protocolos de Las Leñas, Ouro Preto y Buenos Aires)", en *Jurisprudencia Argentina*, tomo 1995-B, p. 347.

— "Mercosur: ¿tribunal internacional o supranacional?", en *RDCO*, 1998, p. 141.

Viterbori, J.C.: "Solución de controversias en el sistema del Mercosur", en *La Ley*, tomo 1995-A, p. 717.

Witker, V.J.: "Panorama general de solución de controversias en el comercio internacional contemporáneo", publicado en *Panorama del arbitraje comercial internacional (Selección de lecturas),* Serie I. Estudios de Derecho Económico, N° 9, UNAM-Instituto de Investigaciones Jurídicas, México, primera edición, 1983.

Capítulo III

La relación entre los tribunales nacionales y el Tribunal Permanente de Revisión en el Mercosur a través de las opiniones consultivas

Aída Kemelmajer de Carlucci*

I. Preliminares

Me sumo con alegría al homenaje que se brinda al profesor Carlos Molina del Pozo: pocas personas, especialmente si viven del otro lado del Atlántico, son tan fieles a la causa de la integración latinoamericana; sus colaboraciones en obras editadas de este lado son innumerables;[1] sus magníficas conferencias pronunciadas en jornadas, reuniones, con-

*. Catedrática de Derecho Civil (Facultad de Derecho) y Derecho Privado (Facultad de Ciencias Económicas) de la Universidad Nacional de Cuyo (Mendoza, Argentina) y doctora en Derecho por la misma Universidad. Miembro honorario de la Real Academia de Derecho y legislación de Madrid, España. Antigua Ministra de la Suprema Corte de Justicia de Mendoza.

1 . Ver, entre muchas otras, Molina del Pozo, C.F. (coord.): *Integración eurolatinoamericana*, Bs. As., Ciudad Argentina, 1996; "La reforma de las instituciones de la Unión Europea y la Revisión de los tratados en la Conferencia Intergubernamental", en Caldani, C. (coord.): *Del Mercosur*, Bs. As., Ciudad Argentina, 1996, p. 15; "Unión Europea. Hacia una progresiva generalización de la codecisión como procedimiento de toma de decisiones", LL 1999-C-1015; "La ciudadanía de la Unión como elemento esencial de las transformaciones del Estado en Europa para el próximo milenio", en Ruiz Díaz Labrano, R. (org. y comp.): *Mercosur-Unión Europea*, Asunción, Intercontinental, 2001, p. 255; "Reflexiones en torno a las relaciones Unión Europea-Chile", en *Chile y el Mercosur en América Latina*, Santiago, ed. Jurídica de Chile, 1999, p. 31; "Una presentación sobre la constitución de la Unión Europea", en *Derecho de la Integración*, N° 15, Rosario, Universidad Nacional de Rosario, 2004, p. 43; "La conferencia intergubernamental, los ámbitos de la justicia y los asuntos de interior. Materiales para la reflexión", AA.VV., *Desafíos del Mercosur*, Bs. As., Ciudad Argentina, 1997, p. 343; "Los avances en las relaciones entre la Unión Europea y el Mercosur", en Stahringer, O. (coord..): *El Mercosur en el siglo XXI*, Bs. As., Ciudad Argentina, 1998, p. 221; "La regulación de la cohesión en el contexto de la Unión Europea", en *Foro de Córdoba*, año XIX,

gresos, etc., a los que asiste puntualmente son incontables; en el ámbito del derecho a la integración, nadie nos ha enseñado tanto como él, no sólo a través de su magnífico *Manual de derecho de la Comunidad Europea* (que cuenta ya con cuatro ediciones) y tantísimas otras obras, sino también con la generosa transmisión de su experiencia cotidiana en la materia.

Por mi parte, y siguiendo su prédica, he sostenido casi machaconamente en clases, encuentros y otros ámbitos que el juez local en el Mercosur debe prepararse para cumplir un rol protagónico en la construcción del bloque regional;[2] así ha sucedido y sucede en la Unión Europea, continente en el que el Poder Judicial ha sido uno de los artífices del proceso de integración. En este sentido, cabe reconocer que la Corte Suprema de Justicia de la Nación Argentina hizo muy bien los deberes a partir del *leading case* "Cafés La Virginia";[3] a la peregrina idea sostenida por el Tribunal Fiscal de la Nación en el sentido de que "las cláusulas del Tratado de Asunción son meramente programáticas y por ellas la Argentina no se comprometió específicamente a no establecer derechos de exportación en el futuro", la Corte Federal contestó seriamente que "es de la naturaleza de un Tratado concretar compromisos y no enunciar buenos propósitos". Esta posición fue reiterada en numerosas ocasiones, específicamente cuando afirmó que

> "el Tratado de Asunción de 1991 ratificado por ley 23.981 que establece el Mercosur constituye la culminación de un proceso de toma común de conciencia entre las naciones de la región y es una clara definición de política legislativa que el ordenamiento

---

abril 2007, N° 113, p. 97; "El acuerdo-marco Unión Europea-Mercosur como primer paso en el proceso de integración suprarregional", en *Rev. de Derecho Privado y comunitario,* N° 12, 1996, p. 543; "La teoría del acto claro", en *Rev. de Derecho Privado y Comunitario* N° 21, 1999, p. 527; "El Derecho de la Unión en el Tratado Constitucional", en *El derecho privado ante la internacionalidad, la integración y la globalización,* Homenaje al Profesor Miguel A. Ciuro Caldani, Bs. As., La Ley, 2005, pp. 69 y ss., etc.

2 . Ver, entre muchos, Najurieta, M.S.: "El juez nacional ante el desafío de la integración: una nueva exigencia para la formación del magistrado", en *Rev. de la Asociación de magistrados y funcionarios de la justicia nacional,* N° 23, 1999, p. 51; Vescovi, E.: "Formación de los magistrados en el proceso de integración y el Mercosur", en *Roma e America, Diritto Romano comune,* Roma, Mucchi, 1998/6, p. 83; Peña, M.: "El destacado rol del juez nacional en un proceso de integración regional", ED 235-951. Para la verificación del rol que los Tribunales Supremos de Justicia y los tribunales inferiores vienen cumpliendo efectivamente como aplicadores del derecho del Mercosur, ver Dreyzin de Klor, A. y Perotti, A.D.: *El rol de los tribunales nacionales de los Estados del Mercosur,* Córdoba, Advocatus, 2009, pp. 99/197.

3 . CSN, 13/10/1994, Fallos 317-1282, ED 160-252, JA 1995-I-684 y LL 1995-D-275, con nota de Agustín, "La creciente internacionalización del derecho y sus efectos". La importancia de esta decisión fue subrayada por la doctrina. Ver, entre muchos, Peña, F.: "La seguridad jurídica en el Mercosur. Notas en torno al caso Cafés La Virginia", en *Rev. de Derecho Privado y Comunitario* 1994-7-451; Solá, J.: "El conflicto entre los tratados y las leyes; el caso Cafés La Virginia, 1994", en *Derecho Constitucional,* Bs. As., ed. Lexis Nexis, 2000, p. 294. Para la jurisprudencia de la Corte argentina relativa al Mercosur compulsar Highton de Nolasco, E.: "El Mercosur y el derecho interno argentino", en Von Bogdandy, A. y otros: *¿Integración suramericana a través del derecho?,* Madrid., Centro de Estudios Políticos y Constitucionales y Max Planck Institut, 2009, p. 553.

jurídico interno no puede contradecir, dificultar u omitir en su implementación práctica"; en suma, "el Tribunal debe velar por que las relaciones exteriores de la Nación no resulten afectadas a causa de actos u omisiones del derecho argentino".[4]

Por otro lado, he escrito, también prestando adhesión a Molina del Pozo, que todo sistema de integración requiere un tribunal superior permanente de carácter supranacional:[5] mucho se ha debatido sobre este tema, pero en mi opinión hoy no puede discutirse que "un proceso de integración económica regional, que responda a un verdadero Estado de Derecho, no puede concebirse sin mecanismos legales y políticos que aseguren el imperio de la justicia".[6] El Mercosur no cuenta aún con ese tribunal; el paso más adelante que se ha osado dar ha sido la creación del Tribunal Permanente de Revisión (de ahora en adelante TPR),[7] cuya actuación, al menos cuantitativamente, es bastante débil.[8] No descarto que la escasa actividad tenga, entre otras causas, la falta de interés de los abogados y otros operadores por las normas del Mercosur.[9]

4 . CSN 2/12/1993 *Cocchia* v/Estado Nacional, JA 1994-II-557.

5 . "El juez frente al derecho comunitario", en E.D. 148-825; "Nuevamente sobre el juez nacional frente al derecho comunitario", en L.L. 1997-D-946, y en Dreyzin de Klor (coord.): *Temas de derecho de la integración*, Advocatus, 1998, p. 11; "Integración y jurisdicción", en *Voces jurídicas* 1997-1-281; "La necesidad de crear un órgano jurisdiccional supranacional para el Mercosur. La desprotección de los particulares", en Congreso de Academias Iberoamericanas de Derecho, Córdoba, Academia Nacional de Derecho de Córdoba, 1998, p. 273.

6 . Ver, entre muchos, Perotti, A.D.: *Tribunal Permanente de Revisión y Estado de Derecho en el Mercosur*, Madrid, Marcial Pons/Konrad Adenauer Stifung, 2008, pp. 17 y ss.; y Villagrán Kramer, F.: "Los procesos de integración económica y la justicia", en *Justicia y desarrollo en América Latina y el Caribe*, Washington, ed. Banco Interamericano de Desarrollo, 1993, p. 241.

7 . Me adelanto a decir que en el texto utilizaré las siguientes siglas:
-OC. Opinión consultiva (también en plural).
-PO: Protocolo de Olivos.
-RPO: Reglamento del Protocolo de Olivos.
-ROCTS: Reglamento del procedimiento para la solicitud de opiniones consultivas al Tribunal Permanente de Revisión por los Tribunales Superiores de Justicia de los Estados parte.
-TPR: Tribunal permanente de revisión.

8 . Un estudio completo sobre este tribunal, sus funciones, restricciones reales, limitaciones competenciales, etc., se encuentra en Perotti, A.D.: *op. cit.*. Un profesor de la Universidad Pompeu Fabra de Barcelona informa que el 13/12/2010 el Parlamento del Mercosur aprobó elevar al Consejo Mercado Común el Proyecto de Norma Nº 02/10, que contiene el Protocolo Constitutivo de la Corte de Justicia del Mercosur. Como surge de su Exposición de Motivos, el proyecto de norma tiene por finalidad crear la Corte de Justicia del Mercosur (CJM) como órgano judicial, jurisdiccional, independiente, competente para garantizar la interpretación y aplicación uniformes del derecho del Mercosur (Joytis, I.: "La legitimación activa en el sistema de solución de diferencias del Mercosur"). Ojalá sea ésta la última vez que tengamos que quejarnos de la falta de este tribunal.

9 . Compulsar Dreyzin de Klor, A.: "El Mercosur: escenario de nuevas opiniones consultivas", LL 2010-D-1144.

Ese tribunal tiene, entre otras atribuciones, la de resolver opiniones consultivas (de ahora en más OC), y a ellas dedico estas páginas. La OC ha sido definida como "la facultad que tienen algunos tribunales de decir el derecho ante una interrogación concreta sobre una cuestión jurídica formulada por ciertos órganos autorizados a requerir opiniones consultivas".[10] Adelanto una de las conclusiones: estamos muy lejos de hacer rendir a este instrumento todo cuanto ha dado en el sistema europeo; seguimos necesitando, pues, a Molina del Pozo para que ilumine nuestro sendero.[11]

II. Génesis de los textos relativos a las opiniones consultivas en el sistema del Mercosur

El Protocolo de Olivos (PO), firmado el 18 de febrero de 2002, cambió y perfeccionó la estructura para la solución de controversias; creó una instancia de actuación, ante una convocatoria concreta, al que llamó Tribunal Permanente de Revisión (TPR).[12] Además, casi al pasar, mencionó la opinión consultiva. En efecto, la única referencia es el art. 3, que dice: "El Consejo del Mercado Común podrá establecer mecanismos relativos a la solicitud de opiniones consultivas al Tribunal Permanente de Revisión definiendo su alcance y sus procedimientos".

Se trata, como alguien dijo, de una fórmula "altamente abstracta";[13] fue necesario, pues, un desarrollo posterior. La regulación la produjo el Reglamento del Protocolo de

10 . Espósito, C.: *La jurisdicción consultiva de la Corte Internacional de Justicia*, Madrid, Mc Graw, 1996, p. XXVI. Para los antecedentes de la función consultiva en otros tribunales internacionales, ver Rey Caro, E., *Contribuciones reflexiones sobre la jurisdicción consultiva del tribunal permanente de revisión del Mercosur*, disponible en [URL] *http://www.eumed.net/libros/2008b/394*.

11 . Molina del Pozo viene enseñando el tema, continuadamente, desde hace más de veinte años; ver, por ej., su trabajo "Procedimiento y recursos ante el Tribunal de Justicia de la Comunidad Europea", Madrid, *Rev. de Derecho Privado*, 1987.

12 . El nombre no es muy adecuado, en tanto el tribunal ni es permanente (sesiona a convocatoria, en cada caso concreto) ni es siempre de revisión (como ocurre, precisamente, con las OC).

13 . Dreyzin de Klor, A.: "Las iniciativas de integración: el Mercosur jurídico", en Von Bogdandy, A. y otros: *¿Integración suramericana a través del derecho?*, Madrid., Centro de Estudios Políticos y Constitucionales y Max Planck Institut, 2009, p. 475. Se trata de una norma tan aislada que muchos especialistas que escribieron sobre el Protocolo de Olivos ni siquiera la mencionaron (ver, por ej., Granillo Fernández, M.: "El sistema de solución de controversias en el Mercosur. Protocolo de Olivos", en *Rev. Derecho del Mercosur y de la Integración*, La Ley, año 7, octubre de 2003, N° 5, p. 41; Rey Caro, E.: "El Protocolo de Olivos para la solución de controversias en el Mercosur", en *Anales de la Academia Nacional de Derecho y Ciencias Sociales de Córdoba,* 2002, pp. 205 y ss.; Loianno, A.: "El Protocolo de Olivos y su significado en la evolución del sistema de solución de

Olivos (Decisión N° 37/03 del 15/12/2003)[14] (RPO), que, sin embargo, postergó la del procedimiento para las OC solicitadas por los tribunales superiores nacionales hasta que ellos respondieran a la consulta que se les realizaría.[15] Consecuentemente, recién el 18 de enero de 2007 se aprobó la Decisión N° 02/07 del CMC, titulada "Reglamento del procedimiento para la solicitud de opiniones consultivas al Tribunal Permanente de Revisión por los Tribunales Superiores de Justicia de los Estados parte" (de ahora en adelante ROCTS).

III. Metodología a seguir

Para la mejor ubicación del lector, adelanto que analizaré los textos antes reseñados en los aspectos concernientes a la relación entre los tribunales locales y el TPR (ver *infra* 4); luego informaré sobre una decisión de la Corte Federal Argentina (*infra* 5) y finalmente relataré algunos aspectos relevantes de las tres primeras OC emitidas por el TPR (*infra* 6).

IV. Análisis de los textos mencionados

IV.1. Legitimación para solicitar OC

El art. 2 del Reglamento del PO dice:

---

controversias del Mercosur hacia la institucionalización de un Tribunal Permanente de Justicia", en Bazán, V. (coord.): *Defensa de la constitución. Garantismo y controles, Libro en reconocimiento al Dr. Germán Bidart Campos*, Bs. As., Ediar, 2003, p. 215.

14 . Un análisis de este reglamento puede verse, fundamentalmente, en Rivera, J.C.: "La opinión consultiva en el sistema de solución de controversias del Mercosur", en *Estudios en homenaje a la doctora Berta Kaller Orchansky*, Córdoba, Poder Judicial de la provincia de Córdoba, 2004, pp. 203 y ss. También puede compulsarse Susani, N.: "El alcance del procedimiento de opiniones consultivas establecido por el Reglamento del Protocolo de Olivos", en *Rev. Derecho del Mercosur y de la Integración*, La Ley, año 8, marzo de 2004, N° 1, p. 66; una explicación de cómo se gestó se puede leer en Czar de Zalduendo, S.: "Primera opinión consultiva en el Mercosur", LL 2007-D-179.

15 . El art. 4.2 del RPO dice: "El procedimiento para la solicitud de opiniones consultivas al TPR previstas en el presente artículo será reglamentado una vez consultados los Tribunales Superiores de Justicia de los Estados parte".

"Podrán solicitar opiniones consultivas al Tribunal Permanente de Revisión todos los Estados parte del Mercosur actuando conjuntamente, los órganos con capacidad decisoria del Mercosur y los Tribunales Superiores de los Estados parte con jurisdicción nacional, en las condiciones que se establecen para cada caso".

Dado que la tarea encomendada por los organizadores de este homenaje es "la relación entre los tribunales nacionales y el TPR", me referiré sólo al último supuesto previsto en la norma.[16]

Los operadores jurídicos se preguntaron si la expresión usada en la norma transcripta (Podrán solicitar opiniones [...] los Tribunales Superiores de los Estados Partes con jurisdicción nacional) quiere decir que la iniciativa de la consulta sólo puede partir del Superior Tribunal o si, con mayor amplitud, éste puede servir de vehículo de propuestas de jueces inferiores. La primera opción limitaría el alcance de la figura, pues la consulta sólo podría ser planteada en las causas judiciales que llegan a la Corte Suprema de cada país y cuando efectivamente estén allí radicadas. La segunda opción, por el contrario, haría cumplir a las OC un rol más significativo y podría evitar, en muchos casos, que el pleito llegue mal resuelto a las instancias superiores locales.

El ROCTS aclaró, pero sólo un poco. Los arts. 1, 2 y 3 dicen:

"Art. 1 – El procedimiento de solicitud de opiniones consultivas formuladas por los Tribunales Superiores de Justicia de los Estados parte obedecerá las reglas establecidas en este Reglamento. Cada Tribunal Superior de Justicia de los Estados parte, en el ámbito de sus respectivas jurisdicciones, establecerá las reglas internas de procedimiento para la solicitud de opiniones consultivas a que se refiere este Reglamento, verificando la adecuación procesal de la solicitud.

Art. 2 – Considérense competentes para solicitar opiniones consultivas al TPR los siguientes tribunales de los Estados parte:

- Por la República Argentina, Corte Suprema de Justicia de la Nación;
- Por la República Federativa de Brasil, Supremo Tribunal Federal;
- Por la República del Paraguay, Corte Suprema de Justicia, y
- Por la República Oriental del Uruguay, Suprema Corte de Justicia y Tribunal de lo Contencioso Administrativo.

16. Un estudio cuidadoso y exegético de la Decisión 02/2007 se encuentra en Perotti, *op. cit.*; pp. 113/151. La función de colaboración de la OC ha sido señalada por un profesor de la Universidad de Pompeu Fabra, Manuel Cienfuegos Mateo, quien ha titulado un reciente artículo suyo, de febrero de 2011, "La colaboración entre los jueces de los países del Mercosur y el Tribunal Permanente de Revisión mediante el procedimiento de opiniones consultivas".

Los Estados que en el futuro se adhieran al Tratado de Asunción e, *ipso jure*, al Protocolo de Olivos notificarán a los Estados parte respecto del órgano competente designado para tramitar las solicitudes de opiniones consultivas al Tribunal Permanente de Revisión. Esta designación será formalizada mediante Decisión del Consejo del Mercado Común.

Art. 3 – Los Tribunales nacionales indicados en el Artículo 2 podrán delegar la competencia aquí prevista siempre que el órgano judicial delegado también cumpla con la condición de Tribunal Superior con jurisdicción nacional. En la hipótesis de que la solicitud proceda del órgano judicial delegado, la recepción del pedido presupone una comunicación formal del término de delegación a la Secretaría del TPR".

La terminología usada en el articulado transcripto no contradice la idea de que el Tribunal Superior sea el órgano que viabilice la petición de otro juez. Así parece haberlo entendido el TPV; en efecto, la primera opinión consultiva tuvo origen en un juzgado de primera instancia del Paraguay que canalizó la petición a través de la Corte Suprema de ese país.

IV.2. Objeto del requerimiento

Los arts. 3 y 4 del Reglamento del PO parecen distinguir entre OC requeridas por los Estados u órganos del Mercosur y las peticionadas por los Tribunales.

Para los primeros dice:

"Todos los Estados parte del Mercosur actuando conjuntamente, el CMC, el GMC o la Comisión de Comercio del Mercosur podrán solicitar opiniones consultivas sobre cualquier cuestión jurídica comprendida en el Tratado de Asunción, el Protocolo de Ouro Preto, los protocolos y acuerdos celebrados en el marco del Tratado de Asunción, las Decisiones del CMC, las Resoluciones del GMC y las Directivas de la CCM".

En cambio, para los superiores tribunales, el art. 4 dispone:

"En este caso, las opiniones consultivas se referirán exclusivamente a la interpretación jurídica de la normativa del Mercosur, mencionada en el artículo 3, párrafo 1, del presente Reglamento, siempre que se vinculen con causas que estén bajo trámite en el Poder Judicial del Estado parte solicitante".

O sea, exigiría dos requisitos: (a) que la cuestión pueda verse sólo sobre la interpretación de los textos mencionados y (b) que se trate de causas que estén en trámite en el Poder Judicial.[17]

Un sector de la doctrina entiende que aunque estos instrumentos hablen de interpretación también se puede plantear la validez de las normas.[18] No obstante, el art. 4 del ROCTS parece insistir en la tesis restrictiva, al afirmar:

> "Las opiniones consultivas solicitadas se referirán exclusivamente a la interpretación jurídica del Tratado de Asunción, del Protocolo de Ouro Preto, de los protocolos y acuerdos celebrados en el ámbito del Tratado de Asunción, de las Decisiones del CMC, de las Resoluciones del GMC y de las Directivas de la CCM".

IV.3. Forma y contenido

El art. 5 del RPO exige que la solicitud sea presentada por escrito, formulándose en términos precisos la cuestión respecto de la cual se realiza la consulta y las razones que la motivan, indicando las normas del Mercosur vinculadas a la petición. Asimismo, deberá acompañarse, si correspondiere, toda la documentación que pueda contribuir a su dilucidación.

El art. 4 del ROCTS de 2007 ha completado esta norma y obliga a que la solicitud contenga los siguiente elementos: a) exposición de los hechos y del objeto de la solicitud; b) descripción de las razones que motivaron la solicitud; c) indicación precisa de la Normativa Mercosur en cuestión; d) "las consideraciones formuladas por las partes en litigio, si las hubiere, y por el Ministerio Público acerca de la cuestión objeto de la consulta y de cualquier documentación que pueda contribuir para su instrucción".

IV.4. Integración, convocatoria y funcionamiento del TPR. Gastos de funcionamiento. Facultades

El ROCTS exige que los Tribunales Superiores de los Estados parte remitan las solicitudes a través de su Secretaría (ST) con copia a la Secretaría del Mercosur y a los demás Tribunales Superiores indicados por los Estados parte (art. 5). Recibida una solicitud, la Secretaría la

17 . Adviértase que dice "Poder Judicial", expresión que da sustento a la tesis amplia referida en el punto anterior, en el sentido de que la causa no debe estar necesariamente en la última instancia, sino que puede estar en las inferiores y el pedido instrumentarse a través del Superior Tribunal.
18 . Rivera, J.C., *op. cit.*, p. 208. El autor escribe en 2004, o sea, antes del dictado de la reglamentación de 2007.

"envía inmediatamente a los miembros del TPR, informando, si fuera el caso, la existencia de solicitudes anteriores sobre temas relacionados y anexando indicación del árbitro que coordinó la redacción de las respuestas a tales consultas y las respuestas correspondientes".

El Art. 8 del mismo ordenamiento aclara que

"admitida una solicitud de opinión consultiva, el presidente del Tribunal coordinará con los demás integrantes del TPR la designación del árbitro responsable que se encargará de la coordinación de la respuesta".

A tal fin, manda tener en cuenta la actuación de los árbitros en casos similares.

Con el fin de favorecer la solución correcta, el art. 8 del RPO autoriza al TPR a recabar a los peticionantes las aclaraciones y documentación que estime pertinentes y a suspender el plazo para emitir la opinión.

Conforme el art. 6 del RPO, para emitir la OC el TPR debe estar integrado por todos sus miembros. Para facilitar la integración, se lo autoriza a funcionar mediante el intercambio de comunicaciones a distancia, tales como fax y correo electrónico. Sólo en caso de estimar necesaria la reunión informará previamente a los Estados parte, al parecer, sólo "a los efectos de que éstos prevean los fondos necesarios para asegurar su funcionamiento".[19] Siempre he adherido a la incorporación de la informática a cualquier sistema jurisdiccional; sin embargo, puede parecer excesivo que el TPR pueda emitir su decisión sin haberse reunido en ningún momento de modo efectivo. En los hechos, ¿cumplen los integrantes realmente con la deliberación que exigen los códigos a los tribunales colegiados, o cada uno, en su casa, redacta un voto y lo manda por e-mail sin dialogar con sus colegas? No se me escapa que esta anomalía puede acontecer también en los tribunales verdaderamente permanentes, pero al menos, aunque sea formalmente, siempre hay un día de acuerdos, en el que existe la posibilidad de hablar con el otro.

19 . Según una autora, la vía de las comunicaciones a distancia obedece al escaso tiempo que tiene el tribunal para pronunciarse (Peinado, M.C.: "El protocolo de Olivos y el sistema de solución de controversias del Mercosur. Algunas reflexiones", en Bonesso de Araújo, L.E. y Podetti, H.: *Integración y derecho*, Bs. As., Ediar, 2007, p. 211). Recuérdese que la DEC. Nº 15/10 del Mercosur/CMC modificó el plazo para emisión de opiniones consultivas. Ahora dice concretamente: "CONSIDERANDO: La necesidad de extender los plazos para la emisión de las opiniones consultivas solicitadas al Tribunal Permanente de Revisión (TPR) con la finalidad de que cuente con el tiempo suficiente para analizar y expedirse sobre las solicitudes que le sean presentadas. EL CONSEJO DEL MERCADO COMÚN, DECIDE: Art. 1 – Sustitúyase el artículo 7º del Reglamento del Protocolo de Olivos para la Solución de Controversias en el Mercosur aprobado por Decisión CMC Nº 37/03, que quedará redactado de la siguiente manera: 'Artículo 7. Plazo para emitir opiniones consultivas: *1. El TPR se expedirá por escrito dentro del plazo de sesenta y cinco (65) días corridos contados a partir de la recepción de la solicitud de la Opinión Consultiva*'".

En opinión de una autora,[20] dos previsiones del RPO muestran claramente que las OC pedidas por los tribunales nacionales no son "bien vistas", no tienen "buena prensa", sólo se soportan. Una es la que prevé que los coordinadores del GMC puedan participar del procedimiento, si bien sólo a título informativo (art. 9), como una suerte de controladores. La otra es la que establece que los gastos serán sufragados por el país del tribunal solicitante (art. 11), pues revela la falta de interés conjunto de los Estados parte en las opiniones del TPR.

En efecto, cuando se analizan las normas relativas a los costos del procedimiento, surge claro que todo el sistema desalienta este medio de solución de conflictos. El art. 11 del ROCTS dispone que los gastos, tales como los

> "honorarios, traslados, viáticos de los integrantes del TPR y demás que puedan derivar de su tramitación, serán costeados por el Estado parte al cual pertenezca el Tribunal Superior de Justicia solicitante. Para tal finalidad, será establecida una Cuenta Especial para Opiniones Consultivas en el ámbito del Fondo Especial para Controversias, creado por la Decisión CMC Nº 17/04. Dicha Cuenta Especial estará integrada por un aporte de quince mil dólares estadounidenses (US$ 15.000), efectuado por cada Estado parte, y será administrada por intermedio de subcuentas separadas correspondientes a cada uno de los Estados parte".

En cambio, según el art. 12, los gastos derivados de la emisión de OC solicitadas por los Estados parte conjuntamente o por los órganos del Mercosur son sufragados por partes iguales por los Estados parte.

La diferencia es tan preocupante que, como se verá más adelante, la primera opinión consultiva, por voto unánime, recomendó al Consejo de Mercado Común modificar esa norma.

IV.5. Plazo para emitir opiniones consultivas

El RPO establecía el plazo de cuarenta y cinco (45) días contados a partir de la recepción de la solicitud de la opinión consultiva. Posteriormente, ese término fue ampliado a sesenta y cinco días (65) (Decisión 15/10 de 2/8/2010).

IV.6. Contenido de la decisión

Conforme el art. 9 del RPO, las OC deben fundarse en la normativa mencionada en el artículo 34 del Protocolo de Olivos y contener: a) una relación de las cuestiones sometidas a consulta; b) un resumen de las aclaraciones de los solicitantes, si el Tribunal las hubiese pedido; c) la opinión de la mayoría y disidencias, si las hubiera.

20 . Czar de Zalduendo, *op. cit.*

A diferencia de lo que acontece en el Tribunal de la Unión Europea, que, con apoyo en la tradición de la Corte de Casación francesa, no deja constancia de las opiniones disidentes, las OC del TPR siguen la metodología de los tribunales norteamericanos, aceptada por la mayoría de los países latinoamericanos y por los tribunales internacionales de derechos humanos, y consecuentemente se autoriza a dejar constancia de las posiciones minoritarias, o votos ampliatorios, que deben ser fundados.

IV.7. Fin del procedimiento consultivo

Según el art. 10 del RPO, el procedimiento concluye con: a) la emisión de la opinión consultiva, o b) la comunicación al peticionante de que no será emitida por alguna causa fundada, o c) el inicio de un procedimiento de solución de controversias sobre la misma cuestión; en este último caso, el procedimiento consultivo debe finalizar por el TPR sin más trámite; el artículo coincide con el art. 12.b), que entre los impedimentos de admisión de solicitudes, menciona la circunstancia de que "se encuentre en curso cualquier procedimiento de solución de controversias sobre la misma cuestión".

IV.8. Efecto de las opiniones consultivas

El art. 11 del RPO, uno de los más criticados, dispone: "Las opiniones consultivas emitidas por el TPR no serán vinculantes ni obligatorias".

Para algunos autores, esta solución era la única coherente frente a la existencia de disposiciones constitucionales de algunos de los Estados parte que impiden la delegación de soberanía jurisdiccional.[21] Para otros, el legislador del Mercosur no estuvo errado, pues al no contar con un tribunal de justicia estable, con dedicación exclusiva, autonomía financiera, etc., era conveniente respetar el principio de gradualidad.[22]

Para evitar confrontaciones entre los jueces, algunos propician se aplique la recomendación del Comité de Expertos relativa a la "cláusula de cooperación leal".

> "Dicha cláusula de cooperación leal debería dejar traslucir de algún modo que:
>
> – el pronunciamiento del Tribunal Permanente dirigido a resolver en abstracto una duda acerca del alcance del ordenamiento del Mercosur [esto es, no a resolver el juicio concreto que está en el origen de la opinión solicitada, competencia exclusiva del juez nacional], es un pronunciamiento de alcance general en el sentido que tiene como potenciales destinatarios no sólo al juez remitente sino a los jueces de todos y cada uno de los Estados parte;

21 . Susani, N., *op. cit.*, p. 75.
22 . Von Bogdandy, A. y otros, *op. cit.*, p. 487.

– ello en coherencia con la esencia de todo proceso de integración que no es otra que prolongar la integración alcanzada en el estado de producción normativa [una norma única para todos los Estados del sistema] al estadio de su efectiva y concreta aplicación material [una norma única interpretada también de forma única o uniforme en el territorio de los Estados Parte]".[23]

Cualquiera sea la justificación de la solución reglamentaria, lo cierto es que, como consecuencia de lo dispuesto, el tribunal local no está obligado a seguir la OC. Más aún, si ese juez resuelve en contra de lo aconsejado, no existe ni recurso específico ni acción de daños y perjuicios, aun cuando la finalidad del instrumento nacido para uniformar quede absolutamente frustrada.[24]

En definitiva, en el régimen vigente en el sistema del Mercosur la OC no es ni una sentencia ni un dictamen de expertos solicitado como prueba del derecho o pericia ni interpretación auténtica, pues no emana del mismo órgano del que proviene la norma.[25] Reconoce antecedentes en Tribunales Internacionales, pero es diferente el marco en el que se desarrolla, por lo que el mecanismo y sus efectos son totalmente diferentes, teniendo común con su historial sólo la denominación. Es un instrumento *sui generis*, que no puede ser encasillado en un modelo jurídico conocido,[26] y mucho menos, con

23 . Moreno Ruffinelli, J.A., disponible en *http://www.aduananews.com.ar*.

24 . Las diferencias con el sistema europeo, como se ha dicho, son siderales. Piénsese que es posible imponer multas por inejecución de una sentencia (ver, a vía de ej., Andrés Sáenz de Santa María, P.: "Primera multa coercitiva a un Estado miembro por inejecución de sentencia. Comentario a la sentencia del TJCE de 4/7/2000, Comisión c/Grecia", en *Rev. de Derecho Comunitario Europeo* N° 8, julio/diciembre de 2000, p. 493 y sus citas); claro está, se necesitó recorrer un largo camino; ver Diez Hochleitner, J.: "La respuesta del TUE al incumplimiento de las sentencias del Tribunal de Justicia por los Estados miembro", en *Rev. de Instituciones europeas*, Madrid, ed. Centro de Estudios Constitucionales, vol. 20, N° 3, 1993, pp. 837 y ss. Tampoco faltan los casos de responsabilidad del Estado por actos de la jurisdicción que no acata el derecho comunitario, de los que la doctrina se ha ocupado, especialmente después del caso Köbler (ver, entre muchos, Alpa, G.: "Responsabilità dello stato per atti giudiziari. A proposito del caso Köbler c/Repubblica d'Austria", en *La nuova giurisprudenza civile commentata*, 2005, anno XXI, p. 1, parte prima; Bastianon, S.: "Giudici nazionali e responsabilità dello Stato per violazione del diritto comunitario", en *Responsabilità civile e previdenza*, 2004-57; Ferraro, A.: "L'illecito comunitario di un órgano giurisdizionale supremo", en *Danno e responsabilità*, N° 5/2007, pp. 518 y 629; Dellachá, P.: "La responsabilità civile del magistrato per dolo, colpa gtave e violazione del diritto comunitario; equilibrio del sistema e possibili elementi di rottura", en *Danno e responsabilità*, N° 11/2008, p. 1129; Martín Rodríguez, P.: "La responsabilidad del Estado por actos judiciales en derecho comunitario", en *Rev. de Derecho Comunitario europeo*, N° 19, 2004, p. 829; Ramírez-Escudero: "Responsabilidad de los tribunales nacionales y derecho comunitario", en *DeCita* 2004-1– Bs. As., Zavalía, p. 247).

25 . Rivera, J.C., *op. cit.;* pp. 203 y ss.

26 . Von Bogdandy, A. y otros, *op. cit.;* p. 480.

la cuestión prejudicial del sistema jurisdiccional europeo, con el cual, prácticamente, no admite comparación.[27]

IV. 9. Publicación de las opiniones consultivas

Para facilitar el conocimiento de la opinión, el RPO dispone que será publicada en el Boletín Oficial del Mercosur.

V. Las Cortes Supremas del Mercosur frente a las OC

V.1. Cumplimiento del deber impuesto por el RPO

Las Cortes Supremas de la Argentina, Paraguay y Uruguay han dictado acordadas que regulan el procedimiento de la OC. La primera fue la de Uruguay, por Circular N° 86/2007 del 27/8/2007; luego lo hizo la Argentina a través de la acordada N° 13, del 18/6/2008, titulada "Reglas para el trámite interno previo a la remisión de las solicitudes de opiniones consultivas al Tribunal Permanente de Revisión del Mercosur"; con posterioridad, fue la del Paraguay, por acordada 549/2008 del 11/11/2008. La página web oficial del Mercosur no informa sobre ningún documento de este tipo emanado de la Corte del Brasil.

27 . Una fuerte y acertada crítica al sistema se encuentra en Perotti, *op. cit.;* pp. 76 y ss. La diferencia con el régimen europeo es tan notoria que ni siquiera vale la pena escribir sobre ella. Conf. Rodríguez, M.S.. "Armonización legislativa en materia de salvataje de empresas en el Mercosur", disponible en [URL] *http://www.eumed.net/tesis/2010.* Para el sistema europeo, en general, véase Giménez Sánchez, I.: *La eficacia de las sentencias dictadas por el* TJCE, Madrid, Thomson, 2004. El tema integra uno mayor: la importancia de la justicia en las regiones integradas. En Europa, es común hablar del "tercer pilar" para referirse a la necesaria colaboración en asuntos de justicia y seguridad (ver, por ej., un libro editado por el Ministerio del Interior de España en 1997 que reúne once artículos de diversos autores, con el título *El tercer pilar de la Unión Europea. La cooperación en asuntos de justicia e interior*); infinitas obras se vienen publicando desde hace muchos años sobre la labor de la Justicia en la integración (ver, por ej., la obra colectiva *Justice et Europe; facteurs d'unité*, París, Dalloz, 1997; Dubos, O.: *Les jurisdictions nationales, juge communautaire*, París, Dalloz, 2001; Bertoli, P.: *Corte di Giustizia, integrazione comunitaria e Diritto Internazionale Privato e Processuale*, Milano, Giuffrè, 2005; Giovannetti, T.: *L' Europa dei giudici. La funzione giurisdizionale nell'integrazione comunitaria*, Torino, Giappichelli, 2009; Liakopoulos, D. y Romani, M.: *Il ruolo della Corte di Giustizia delle comunità europee*, Padova, Cedam, 2009.

V.2. Aplicación del sistema de opiniones consultivas por la Corte Suprema de Justicia de la Nación Argentina

El 6/10/2009, en la causa S 346-XLIII Sancor, la Corte Suprema de Justicia de la Nación decidió solicitar opinión consultiva al TPR. Conforme los considerandos, el nudo del conflicto era si eran o no aplicables los derechos de exportación establecidos por la resolución 11/2002 del Ministerio de Economía a diversas exportaciones de productos lácteos y agua mineral, efectuadas por la actora en 2002 y 2003 a la República Federativa del Brasil y a la República del Paraguay. La actora se opuso al pago de tales derechos liquidados en los respectivos permisos de embarque por considerar que no corresponde aplicarlos a exportaciones a países miembros del Mercosur, en razón de encontrarse en pugna con disposiciones del Tratado de Asunción. La Cámara Nacional de Apelaciones en lo Contencioso Administrativo Federal, Sala V, acogió la petición, revocó la sentencia del Tribunal Fiscal de la Nación y, en consecuencia, dejó sin efecto las resoluciones de la Aduana de Santa Fe impugnadas por la actora. Contra tal decisión, el fisco nacional (Dirección General de Aduanas) interpuso un recurso extraordinario, que fue concedido por el tribunal. La Corte, por mayoría, decidió solicitar opinión consultiva sobre el siguiente punto: "El Tratado de Asunción, ¿impone a los Estados miembro del Mercosur la obligación de abstenerse de establecer derechos a la exportación de mercaderías originarias de uno de ellos y destinadas a otros Estados miembro?".[28]

Votó en disidencia la Dra. Highton, quien negó el pedido de OC. La minoría razona sobre cuatro puntos: a) extemporaneidad del planteo; b) falta de contenido comunitario; c) falta de legitimación; d) naturaleza del Mercosur. Los analizaré juntamente con las críticas recibidas.

V.2.A. Recaudo temporal

Según lo decidido en la causa G.1207.XLIII Recurso de hecho "González, Gonzalo Nicanor c/ Image Factory Servicios de Impresión Ltda." del 20/8/2008, el pedido era extemporáneo por no haber sido introducido al contestar el recurso extraordinario.

La doctrina criticó esta argumentación por no tener base en ninguna de las normas que tratan la materia; ni las disposiciones del Mercosur ni la acordada 13/089 exigen que el pedido sea incorporado al interponer el recurso extraordinario; por lo demás, requerirlo altera el orden jerárquico de las normas al anteponer una fuente de derecho interno (la procedimental) a una fuente internacional, en contraposición al art. 75 inc. 24 de la Constitución Nacional.

28 . La decisión se publica en Doc. Jud. N° 42, 21/10/2009, p. 2973, y en LL 2009-F-512. El diario *La Nación* del 13/10/2009 informó sobre este caso con el título "Todo un símbolo para revitalizar el Mercosur. La Corte Suprema le consultó al tribunal del bloque si los derechos de exportación violan el Tratado de Asunción".

V.2.B Contenido comunitario

Las condiciones previstas según la solicitud sea efectuada por los "Estados parte actuando conjuntamente" y por los "órganos con capacidad decisoria", por un lado, o por los Tribunales Superiores, por el otro, son claramente distintas. Mientras el objeto de las requeridas por los primeros puede estar configurado por cualquier cuestión jurídica comprendida en el Tratado de Asunción, el Protocolo de Ouro Preto, los protocolos y acuerdos celebrados en el marco del Tratado de Asunción, las decisiones del CMC, las Resoluciones del GMC y las Directivas de la CCM, el correspondiente a las solicitudes efectuadas por los Tribunales Superiores de Justicia de los Estados parte con jurisdicción nacional debe referirse exclusivamente a la interpretación jurídica de la normativa del Mercosur. La cuestión planteada en la causa no aparece, como principio, directamente vinculada al ámbito propio de esa normativa.

El razonamiento judicial también mereció objeciones. Una autora entiende que la mejor comprensión del tema exige responder a dos preguntas: ¿cuándo se está ante una relación jurídica regional?; ¿qué derecho debe aplicarse a esa relación?

Responde: una relación jurídica es regional cuando nace, se desarrolla y agota en una región integrada. En otras palabras, la relación es "regional" cuando presenta repercusión transfronteriza (*cross-border implications*) y el contrato se encuentra conectado con el comercio regional. En el caso, la relación que ha servido de sustento para la aplicación de normativa Mercosur tiene su origen en la Argentina, país en el que tiene su domicilio la persona jurídica Sancor y del cual provienen las mercaderías a ser exportadas; su destino es Brasil y Paraguay, países en los que se distribuirá esa mercadería argentina. El voto en minoría sólo considera dos elementos –el origen y la nacionalidad de la empresa exportadora-, olvidándose del destino de las mercaderías, del domicilio de la empresa distribuidora y de las características del contrato de compraventa de mercaderías acordado entre las partes.

Pues bien, dada esa relación jurídica regional, no se explica por qué no cabe preguntar al RPR si la normativa local viola la comunitaria.

V.2.C Legitimación

"Los particulares personas físicas o jurídicas no tienen acceso directo al procedimiento de que se trata". La argumentación aquí es insuficiente; es cierto que la protección de los particulares al sistema jurisdiccional del Mercosur es acotada, indirecta y "mediatizada a través de la voluntad discrecional del Estado parte". Pero esto no significa que sea inexistente. Por el contrario, la intervención de las partes al plantear la cuestión comunitaria debe ser vista como una colaboración con los jueces y no como una incidencia inadmisible; si así no fuese, las disposiciones de la OC serían letra muerta en todos aquellos casos en los que una colisión con el derecho del Mercosur no sea percibida de oficio.[29] En definitiva, el particular puede solicitar una OC siempre que se encuentre en juego la interpretación de normativa Mercosur y se vincule a alguna causa en trámite ante el Poder Judicial. El tribunal luego decide si existe cuestión comunitaria y si cabe o no su elevación al TPR, pero la razón de la negativa no puede ser que el particular no tiene legitimación sino que no corresponde porque no tiene dudas, o porque no advierte el conflicto, etc.

En consonancia con esta posición, cuando se reglamentó el PO se dijo que una consecuencia del hecho de que la OC pueda ser solicitada por los Tribunales Supremos será

> "mejorar la posibilidad de intervención de los particulares, personas físicas o jurídicas, en los mecanismos de solución";
>
> "este procedimiento va a ocupar, seguramente, un lugar central en el Mercosur, abriendo indirectamente un nuevo recurso a los particulares";[30]
>
> "este novedoso mecanismo puede llegar a ser un medio idóneo de prevenir controversias, poder fijar criterios interpretativos de la normativa Mercosur y orientar en tal sentido la conducta de aquellas partes, si las partes así lo advierten".[31]

V.2.D Naturaleza del Mercosur

> "Las limitaciones indicadas se desprenden de la acotada competencia que los Estados parte han cedido a uno de los órganos del bloque (el TPR) en un sistema que, como el del Mercosur, es intergubernamental, con marcada preponderancia de los respectivos Poderes Ejecutivos. De allí es que no cabe reconocer una competencia que exceda la que los países han cedido expresamente, como sucedería si se ampliase el ámbito material de las consultas que el TPR está habilitado a evacuar en el supuesto que le sean formuladas por los Tribunales Superiores de Justicia. Lo contrario no haría más que poner en riesgo, atento el estado actual de evolución del proceso de integración, la consistencia de los logros alcanzados en el ámbito del Mercosur".

Esta fundamentación se llevó las críticas más severas. El Mercosur ha dejado de ser un proceso exclusivamente intergubernamental; la creación del TPR y del Parlamento

29 . Peña, M., *op. cit.*
30 . Susani, N., *op. cit.;* pp. 68 y 70.
Conf. Perotti, A.: "Opiniones Consultivas al TPR del Mercosur. El rol de los abogados y jueces y el valor para los particulares", disponible en [URL] www.mercosurabc.com.ar.
31 . *Puceiro Ripoll, R.:* "TPR: Tribunal Permanente de Revisión del Mercosur", disponible en [URL] *http://www.fder.edu.uy*; Conf. Dreyzin de Klor, A. y Perotti, A.D.: *El rol de los tribunales nacionales de los Estados del Mercosur*, Córdoba, Advocatus, 2009, p. 95.

marcó un paso significativo hacia la supranacionalidad, aunque todavía no se haya alcanzado. Adviértase que los integrantes del TPR ejercen sus funciones en forma autónoma e independiente de los Estados parte; además, las decisiones se toman por mayoría, no por consenso; fuera del ámbito de las OC, es muy ilustrativo el Laudo 1/07, que calificó de "daño institucional" el incumplimiento de un laudo. Por lo demás,

> "Sostener que el Mercosur es sólo un reflejo de los Poderes Ejecutivos de los países de la región es tener una mirada reducida del proceso de integración. A partir de la firma del Tratado de Asunción, los Estadosp han creado una comunidad de intereses no sólo económicos y comerciales, sino también sociales, culturales, jurídicos y políticos. Ello impone el respeto del principio de lealtad comunitaria y la aplicación de buena fe de sus instituciones y principios".[32]

Lamentablemente, antes de que las actuaciones fueran remitidas al TPR, la parte actora desistió de la acción que dio origen al expediente, con la conformidad del representante de la Dirección General de Aduanas. Por esa razón, el tribunal, por mayoría (Maqueda, Zaffaroni, Argibay y Lorenzetti), sobreseyó la causa y dejó sin efecto la resolución por la que se había dispuesto requerir opinión consultiva al TPR. También esta vez, en disidencia, Highton de Nolasco, acompañada por Fayt y Petracchi, agregó al sobreseimiento lo siguiente:

> "Que, por otra parte, y sin perjuicio de lo anteriormente señalado, por aplicación de la doctrina establecida por el Tribunal en el precedente *Peso* (Fallos: 307:2061), reiterada en pronunciamientos posteriores (Fallos: 315:123; 327:3655; 328:2991 y 329:5068, entre otros), corresponde asimismo revocar la sentencia apelada, en tanto su subsistencia podría ocasionar un gravamen injustificado al recurrente, ya que la conducta adoptada por el actor importó la renuncia a la pretensión que constituyó el objeto del presente juicio".

Adviértase que la actora venía siendo vencedora y el recurso extraordinario había sido interpuesto por el organismo fiscal. En fin, independientemente del final (que en definitiva significa seguir gravando fiscalmente una actividad que quizá debía estar fuera de esa imposición), no hay dudas de que se trata de una decisión relevante en la aplicación del mecanismo bajo estudio.[33]

32 . Raya de Vera, E.C.: "Comentario sobre el fallo de la Corte argentina sobre la opinión consultiva en el Mercosur", disponible en *http://www.diputadosmercosur.gov.ar/espaciodeopinion*.
33 . Peña, M.: *op. cit.*; en este trabajo se encuentran prolijamente relatados los hechos que dieron lugar a la causa que, al parecer, la autora conoce por haber tenido acceso al expediente.

VI. Las tres opiniones consultivas emanadas del TPR

VI.1. Individualización

Hasta marzo de 2011, momento en que estas líneas se escriben, el TPR ha dictado tres PC: la primera, del 3/4/2007;[34] la segunda, del 24/4/2009,[35] y la tercera del 15/6/2009.[36] Analizaré estos documentos, especialmente el primero, sólo en cuanto al medio utilizado y no al fondo de la cuestión planteada.

VI.2. Primera OC

VI.2.A Antecedentes

La primera opinión consultiva –N° 1/2007– fue dictada por el TPR el 3/4/2007. Fue planteada a pedido de una jueza de primera instancia de Paraguay y llegó al TPR a través de la Corte Suprema paraguaya el 21/12/2006, surgida en el marco de un litigio judicial entre una empresa argentina (Laboratorios Northia Sociedad Anónima, Comercial, Industrial, Financiera, Inmobiliaria y Agropecuaria) y una empresa paraguaya (Norte SA Imp. Exp.). La empresa paraguaya demandó a la empresa argentina por indemnización de daños y perjuicios ante la jurisdicción de Asunción. La empresa argentina opuso la excepción de incompetencia de jurisdicción, argumentando la prevalencia del Protocolo de Buenos Aires sobre Jurisdicción Internacional en Materia Contractual (Decisión CMC N° 01/94) por sobre la ley nacional paraguaya N° 194/93; reclamó el respeto de la elección de jurisdicción contractualmente pactada, de conformidad con el Art. 4 de tal Protocolo; indicó que en el contrato vinculado a la demanda, celebrado el 22/5/2000,

34 . Resúmenes de la decisión se encuentran en LL 2007-D-179, con nota de Czar de Zalduendo, S. El tribunal estuvo integrado por el Nicolás Eduardo Becerra, presidente del TPR; Joao Grandino Rodas; Wilfrido Fernández de Brix; Ricardo Olivera Garcia, y José Antonio Moreno Ruffinelli, en su calidad de quinto árbitro. Ha merecido comentarios favorables (ver De La Fuente, M. del R.: "La jerarquía normativa en el Mercosur a la luz de la primera opinión consultiva del Tribunal Permanente de Revisión", ED 226-943) y adversos (Ramírez, L.: "Las fuentes del derecho de la integración del Mercosur, jerarquía y efectos sobre las normas internas de los Estados miembro. Situación planteada en la primera opinión consultiva del Tribunal Permanente de Revisión", en *Rev. Colegio de Abogados de La Plata*, año L, N° 70, 2008, p. 159).

35 . Firmada por Roberto Ruiz Díaz Labrano, Roberto Puceiro Ripoll, Jorge Luiz Fontoura Nogueira, Carlos María Correa y Joao Grandino Rodas.

36 . Firmada por los mismos jueces mencionados en la nota anterior. Ambas resoluciones están reproducidas en Salerno, V.: "Las recientes opiniones consultivas del Tribunal Permanente de Revisión del Mercosur", ED 234-665. Las dos versaban sobre un crédito fiscal impuesto por el legislador uruguayo denominado tasa consular que los administrados consideraban contraria a las normas del Mercosur.

las partes en litigio acordaron como jurisdicción competente la de los tribunales ordinarios de la ciudad de Buenos Aires, República Argentina; como ley aplicable en forma exclusiva el derecho argentino, y dar plena vigencia a la normativa incorporada por el Mercosur, vinculada a contrataciones de compraventa internacional de mercaderías, mencionándose expresamente el PBA.

Analizaré ahora el voto del ministro coordinador, sin perjuicio de hacer algunas aclaraciones importantes señaladas por los demás votos.

VI.2.B Carencia de reglamentación al momento de entrada de la causa en el TPR

El voto del ministro coordinador comienza con el tratamiento de la cuestión referida a la carencia de reglamentación del procedimiento a la fecha de inicio de la causa. Afirma categóricamente que la falta de reglamentación de un derecho o acción no puede ser obstáculo para el ejercicio de tal derecho o acción. Recuerda que en algunos países, como en la República del Paraguay y en la del Uruguay, este consabido axioma tiene expresa jerarquía constitucional (Art. 45 de la CN paraguaya y 332 de la CN uruguaya); en otros, como la República Argentina, ha sido reiteradamente reconocido en fallos de la Corte Suprema de Justicia de la Nación.

VI.2.C Naturaleza de las OC. Lamentaciones del sistema vigente en el Mercosur y recomendaciones de reforma

De ahí en adelante, el voto del coordinador ingresa en otras cuestiones vinculadas al nombre y a los efectos de la PC. Cita a Santiago Benadava, autor de *Derecho internacional,* quien dice:

> "La opinión consultiva, a diferencia de una sentencia de la Corte, no decide, con fuerza obligatoria, un caso contencioso entre partes. Sólo da respuesta a una pregunta de carácter jurídico, y esta respuesta no es obligatoria. Sin embargo, la autoridad que conlleva la opinión determina que los órganos que la solicitan se muestren poco dispuestos a apartarse de ella. Las opiniones consultivas emitidas por una Corte no poseen el efecto obligatorio que se reconoce para sus sentencias en materia contenciosa".

Inmediatamente compara este concepto con el sistema instrumentado en la Unión Europea y señala:

> "Por el contrario, en el marco de un proceso de integración es el mecanismo de cooperación entre el juez nacional y el comunitario, en la que este último, representado por el Tribunal de Justicia, interpreta de forma objetiva la norma comunitaria, y

al primero le corresponde aplicar el derecho que se ventila en el orden interno. Su finalidad no es otra que resguardar la aplicación uniforme del derecho pertinente por todos los jueces en el territorio de los Países miembros. En efecto, la función del tribunal comunitario en estos casos es interpretar la norma comunitaria desde el punto de vista jurídico; es decir, buscar el significado para precisar su alcance".

Transcribe luego a Ricardo Vigil Toledo, presidente del Tribunal de Justicia de la Comunidad Andina, y concluye con cita de Paolo Mengozzi:

"El ejercicio por parte del Tribunal de Justicia de la función prejudicial es importante, más que por la dimensión que ha tomado, por las implicaciones que ha comportado y por los efectos que ha determinado. Por cuanto se refiere al primer punto [...], se ha contribuido notablemente, además de asegurar la uniforme interpretación y aplicación del derecho comunitario, a concretar dos elementos característicos del derecho comunitario ya ampliamente considerados *supra*: la caracterización de los individuos y de las empresas como sujetos del ordenamiento comunitario [...]. En relación al segundo punto, las sentencias prejudiciales del Tribunal de Justicia han tenido un papel determinante en el proceso de afirmación del principio de la aplicabilidad directa y de toda aquella ulterior serie de principios que, como ya se ha indicado, han constituido el motor del proceso en continua evolución que ha llevado a la transformación del derecho del mercado común en derecho comunitario".

Seguidamente, compara el sistema europeo y el de la Comunidad Andina. Cerrado este capítulo preliminar, empieza la queja del coordinador contra el sistema del Mercosur:

"En nuestro régimen actual, lamentablemente, la mal llamada opinión consultiva no es obligatoria en las circunstancias precedentemente esbozadas, ni mucho menos vinculante para el juez nacional consultante. En primer término es característica de todo tribunal su imperatividad, pero mucho más que ello, con un sistema no obligatorio ni vinculante respecto al magistrado nacional, se desnaturalizan por completo el concepto, la naturaleza y el objetivo de lo que debe ser un correcto sistema de interpretación prejudicial. Ello atenta principalmente contra el objetivo de la consulta del juez nacional en el ámbito de un proceso de integración que es lograr la interpretación de la norma comunitaria de manera uniforme en todo el territorio integrado, objetivo por lo demás declarado por el guión cuarto del Artículo 2 de la Decisión CMC Nº 25/00. Nuestro sistema actual, siempre lamentablemente, no tiene parangón en el derecho comparado. Visto lo anterior y teniendo en cuenta lo previsto en el Art. 1 de la reciente Decisión CMC Nº09/07, a cuyo tenor, el CMC instruye '*al Grupo de Alto Nivel para la Reforma Institucional del Mercosur [...] a ela-*

borar y someter al Consejo del Mercado Común, antes de fines de junio de 2007, ajustes al Protocolo de Olivos en base a las propuestas de los Estados parte', instamos pues muy respetuosamente a que en un futuro cercano las autoridades pertinentes mejoren las características hoy día ya absolutamente uniformes en el derecho comparado en cuanto al carácter obligatorio del planteo de la consulta así como en cuanto al carácter vinculante de la respuesta de este TPR".

La segunda crítica apunta a las atribuciones concedidas a los superiores tribunales locales:

"Siendo ésta la primera oportunidad que este TPR interviene en el marco de una opinión consultiva, cabe destacar que en el marco del derecho comparado, los tribunales supremos de los respectivos Estados miembro no desarrollan ninguna función o competencia vinculada a la tramitación de las consultas prejudiciales que son dirigidas por los jueces nacionales. Por tal razón, este tribunal desea llamar la atención sobre este importante aspecto, en la esperanza de que los órganos competentes legislen mecanismos de solicitudes de opiniones consultivas, de manera tal que se permita el contacto más directo y expedito posible entre este tribunal y los jueces nacionales consultantes, a fin de respetar y observar la naturaleza y finalidad de tales consultas".

VI.2.D Deslinde de competencias

Más adelante, y "ante la pobreza normativa del régimen", el coordinador considera

"justo y necesario deslindar claramente lo que el TPR puede hacer y debe hacer, y lo que el magistrado consultante puede y debe hacer a fin de estructurar *ab initio* un mecanismo institucional de reparto de competencias sobre la base de lo aconsejado por la unánime doctrina y jurisprudencia del derecho comparado. Es competencia del TPR interpretar el derecho del Mercosur, siendo competencia del magistrado consultante aplicar esa interpretación [lamentablemente no vinculante], así como interpretar el derecho nacional [derecho interno e internacional] y aplicarlo al caso. El TPR sólo puede referirse a los hechos que hacen al caso, pero nunca emitir juicio de valor sobre los mismos".

Moisés Troconis afirma textualmente:

"El tribunal no puede interpretar sino la ley común; la cuestión a interpretar sólo puede conducir a un juicio de derecho, no a un juicio de hecho, y la providencia del tribunal no puede ser sino un acto de interpretación, no de aplicación. En cuanto al reparto de competencia entre el tribunal comunitario y los tribunales nacionales, cabe precisar que si se trata de una controversia sometida al conocimiento de un tribunal nacional, en la cual se invoque o se plantee la aplicación de una norma común, el único ámbito de competencia del tribunal comunitario es el de rendir la interpretación de la ley común que se le solicite. En cambio, será de la competencia del tribunal nacional la valoración de los hechos constitutivos de la controversia, el uso no vinculante de la interpretación de la ley común rendida por el tribunal comunitario y la aplicación a la controversia tanto de la ley nacional como de la ley común."[37]

VI.2.E La inaplicabilidad del nuevo reglamento. Irretroactividad de la norma procesal. Retos a las autoridades locales y a las comunitarias

El voto del coordinador (que no logra mayoría) ingresa en otra cuestión vinculada específicamente al procedimiento de las OC, como es el de la aplicación del nuevo reglamento a la causa en trámite. Sin embargo, antes que nada, imputa un error a la Suprema Corte del Paraguay, como es haber remitido la consulta al Ministerio de Relaciones Exteriores del Paraguay siendo que las Cortes Supremas de Justicia deben comunicarse directamente con el TPR.

Señala que la causa fue recibida por Secretaría del TPR el 21/12/2006, o sea, antes del dictado del Reglamento del Consejo del Mercado Común, aprobado el 18/1/2007, y, sin más, concluye que ese Reglamento es "inaplicable *in totum* al presente caso por el básico principio jurídico de la irretroactividad de la norma".

Por el contrario, los Dres. Ricardo Olivera García, Joao Grandino Rodas y Nicolás Becerra entendieron aplicable la norma procesal posterior con apoyo en importante doctrina.

VI.2.F Presuntas nulidades de la reglamentación. El nudo gordiano: quién paga

Además de sostener de modo absoluto el principio de irretroactividad, el voto del ministro coordinador señala que ese reglamento contiene varios artículos que contrarían no solamente el derecho originario del Mercosur, sino los mismos principios generales del derecho, incluyendo los principios generales de derecho de integración (Art. 34 inciso 1-PO).

Después de hacer tan grave afirmación, se pregunta si ese TPR tiene o no competencia para estudiar y declarar inaplicables normas del derecho derivado que transgreden manifiestamente el derecho originario del Mercosur y se responde afirmativamente. Argumenta que así lo impone la lectura finalista de las normas mercosureñas, es decir,

37. Correo electrónico del 31/01/2007 (*sic* N. del E.).

la que tiene en cuenta el contexto en el que se desarrolla un proceso de integración y sus objetivos, entre ellos la seguridad jurídica; en caso contrario, el TPR

> "se encontraría aberrantemente obligado a declarar aplicable y/o aplicar una norma del derecho derivado, aun cuando la misma estuviera en manifiesta contradicción con el Tratado de Asunción o el resto del derecho originario, lo cual a su vez sería un contrasentido institucional de gravísimo nivel".

Aclara que no se trata de declarar la nulidad de los artículos en cuestión sino de declarar su inaplicabilidad al caso concreto.

Ese análisis lo lleva a afirmar que las siguientes normas del Reglamento del Procedimiento para las Solicitudes de Opiniones Consultivas violan flagrantemente las normas del Mercosur:

- art. 1, porque no establece un mecanismo que asegure la uniforme interpretación del derecho del Mercosur en los Estados parte, dejando a cada país la regulación de aquéllas en cuanto al trámite interno se refiere, así como otorgando poderes a cada Corte Suprema de Justicia a la hora de tramitar las opiniones consultivas;
- art. 6, porque despoja al TPR de un atributo básico de cualquier tribunal: el control directo de las etapas y plazos que hacen al procedimiento de una causa ya iniciada ante sí; además, crea un sistema de absoluta y tajante desigualdad procesal, ya que será siempre la coordinación nacional del país que ejerza la presidencia *pro tempore* la que redistribuirá a las demás coordinaciones nacionales la documentación que hace al caso, venciendo los plazos de respuesta en fechas totalmente diferentes entre sí, sin que el TPR pueda hacer nada al respecto. Mucho menos asegura su cumplimiento. En ambos extremos citados se viola el principio de la certeza y seguridad jurídica consagrado en el derecho originario del Mercosur, desnaturalizándose con todo ello el citado principio del fortalecimiento institucional del TPR;
- art. 11, por ser discriminatorio al distinguir según las OC provengan de los órganos del Mercosur, los países o las Cortes Supremas de Justicia.

> "Las PC tienen el objetivo de la interpretación y aplicación uniforme del derecho de integración del Mercosur; pagando sólo el Estado parte del juez consultante, se produce un beneficio gratuito para los otros Estados parte. Vale decir, el Estado parte que hace el esfuerzo por la consolidación institucional y jurídica del Mercosur paga por todos los demás. Se viola así el principio general del enriquecimiento sin causa. En las opiniones consultivas, a diferencia de las controversias país-país, hay un interés directo común en todo el territorio del espacio comunitario; la OC no beneficiará sólo a la judicatura del magistrado consultante o a su país. La construcción del derecho del Mercosur es tarea

común de todos los Estados parte. En términos de PIB, no le sale lo mismo una consulta al Uruguay que al Brasil y, por ello, el sistema adoptado va frontalmente en contra de la política adoptada por el Mercosur de reducir la asimetría, en este caso económica. El sistema adoptado provocará que haya países que ante una cuestión presupuestaria limiten y restrinjan subrepticiamente –a través de las Cancillerías y las Cortes– los pedidos de sus jueces consultantes. Ello provoca a su vez que se infrinja la política del Mercosur que implica la eliminación de los grados de desarrollo diferenciado que puede provocar el proceso de integración".

Concluye que lo correcto es estipular que la presente opinión consultiva sea sufragada en cuanto a honorarios y gastos se refiere, en forma proporcional e igualitaria, por todos los Estados parte del Mercosur, con los fondos existentes de cada una de las subcuentas nacionales del Fondo Especial para Controversias, estructurado por la Decisión CMC N° 17/04.

VI.2.G La resolución

En definitiva, y en lo que a este trabajo interesa, el TPR decidió:

"1. (Voto unánime). Las opiniones consultivas peticionadas por los órganos judiciales nacionales deben ser consideradas como interpretaciones prejudiciales consultivas, a la fecha aún no vinculantes. En las mismas, le cabe al TPR interpretar el derecho de integración mercosureño, siendo la aplicación de tal interpretación, así como la interpretación y aplicación del derecho nacional, exclusiva competencia jurisdiccional de tales órganos judiciales consultantes.

4. (Voto en mayoría de los doctores Ricardo Olivera García, Joao Grandino Rodas y Nicolás Becerra). El pago de los gastos derivados de la presente opinión consultiva es de cargo de la República del Paraguay, en aplicación del artículo 11 del Reglamento del Procedimiento para la Solicitud de Opiniones Consultivas al TPR por los Tribunales Superiores de Justicia de los Estados Parte del Mercosur, debiéndose seguir el procedimiento de estilo a tales efectos"

VI.2.H Juicio crítico de la primera Opinión Consultiva

Una autora considera que el miembro coordinador de la redacción se extralimitó en el ejercicio de su función desde que más allá de cierta incoherencia lógica del razonamiento la opinión consultiva aborda aspectos que no hacen a su correcto funcionamiento.[38]

38 . Dreyzin de Klor, A., op. cit., p. 484; parece compartir esta opinión López Bravo, Alfredo: "Primera opinión consultiva del Tribunal Permanente de Justicia del Mercosur", disponible en http://www.mercosurabc.com.ar.

Por mi parte, comprendo que siendo la primera opinión consultiva el TPR se sintiera tentado de dar reglas generales, expresar su disconformidad con el sistema vigente, señalar puntos para su reforma, etc. Sin embargo, no todas las enseñanzas que pretende transmitir el voto del coordinador son totalmente correctas. Así, por ejemplo, es dudosa la afirmación expresada en términos absolutos respecto de la irretroactividad de la norma reglamentaria. Así se lo hace notar el voto que finalmente fue mayoritario. Cabe recordar ahora que conforme al criterio reiterado de la Corte Suprema argentina, las leyes de procedimiento son de orden público y se aplican a las causas pendientes, con la sola limitación de que no deben privar de validez a los actos procesales cumplidos ni dejar sin efecto lo actuado de conformidad con las leyes anteriores.[39] La regla no es un invento de la Corte argentina; ha sido aceptada por los grandes procesalistas. Así, Chiovenda dice:

> "Si el Estado tiene interés en que la justicia sea administrada del mejor modo, y persiguiendo esta finalidad introduce una nueva ley procesal, es claro que los órganos deberán, después de emanada la ley nueva, atenerse exclusivamente a ésta. Es una consideración lógica que no puede ceder sino frente a ciertas posibles incongruencias".[40]

Reconozco que esa regla no siempre es de fácil aplicación,[41] pero lo que no puede decirse es que nunca una norma procesal puede ser aplicada a los procedimientos en trámite, como afirma el voto del coordinador.

Quiero significar, simplemente, que quien reta tanto a los otros organismos (al Superior Tribunal de Paraguay por no seguir el procedimiento; al Consejo Mercado Común, por delegar demasiado en los tribunales locales, por desconocer principios generales de la integración, etc.) debe, a su vez, ser más cuidadoso en su propia redacción. En mi opinión, aunque comparto otras muchas afirmaciones de la decisión en análisis, debo señalar que las admoniciones poco favorecen al diálogo[42] que debe existir entre el TPR, los tribunales locales y el resto de los órganos del Mercosur.

39 . Ver, por ej., CSN9/8/2001, LL 2001-F-477 y numerosas citas en el dictamen de la Procuración, al que la Corte adhiere.

40 . Chiovenda, G.: *Ensayos de derechos procesal civil*, trad. S. Sentis Melendo, Bs.As., Ejea, 1949, t. I. p. 395.

41 . Compulsar Bidart Campos, G.: "Excepciones a la aplicación inmediata de nuevas leyes procesales a los juicios pendientes", ED 143-121; Olcese, J.M.: "El derecho transitorio y la aplicación del nuevo Código Procesal Civil", LL Córdoba 1996-889; Besteiro, M.C.: "Aplicación inmediata de la nueva norma procesal. Disparidad de criterios jurisprudenciales", LL 1996-B-71.

42 . Ruiz Díaz Labrano subraya que las OC son un valioso instrumento del diálogo institucional (ver Ruiz Díaz Labrano, R.: "Las opiniones consultivas ante el Tribunal Permanente de Revisión del Mercosur a través de los tribunales superiores de los Estados miembro", disponible en [URL] *www.juridicas.unam.mx*.

VI.3 Las opiniones consultivas propuestas por la Corte Suprema uruguaya

Las dos OC presentadas por Uruguay tienen una peculiaridad: reclamaron que, en caso de que el TPR se pronunciara a favor de la primacía del derecho del Mercosur, precisara las consecuencias de este principio indicando cuál es la norma que debe aplicar el juez nacional en el caso concreto. Los árbitros rechazaron este pedido en los dos fallos. Argumentó que el mecanismo de las opiniones consultivas tiene únicamente como objetivo otorgar al juez nacional los elementos necesarios para que resuelva el litigio a la luz de la interpretación de la norma brindada. Solo este último es competente para determinar si debe o no aplicar la ley interna; la facultad de determinar la norma aplicable es de resorte exclusivo del juez nacional. Así, por ejemplo, no era competencia del TPR determinar si la tasa consular que estaba en discusión era una tasa o un impuesto y la prueba de los hechos que determinan su aplicación.[43]

VII. Conclusiones

Hasta ahora, el Mercosur ha tenido como motor de desarrollo la voluntad política de quienes ejercen los gobiernos de los Estados parte. Esa voluntad ha sido más o menos fuerte según fueran los gobiernos de turno.

El hecho de incorporar la OC al sistema de solución de controversias es un signo que refleja algún afán de apuntalar, aunque sea gradualmente, la faz jurisdiccional y, consecuentemente, la seriedad institucional.

En efecto, la interpretación uniforme del ordenamiento es un tema prioritario; por eso, la escuálida norma del Protocolo de Olivos se complementó, mal o bien, pero al poco tiempo, con un reglamento que dedica buena parte de su articulado a las opiniones consultivas.[44]

Es verdad que todo el esfuerzo por regular esta herramienta y ponerla en funcionamiento cae por la borda si el juez nacional finalmente decide apartarse de la decisión adoptada.[45]

No obstante, algún paso adelante se ha dado. En definitiva, la eficacia de este procedimiento dependerá de varios factores:

43 . Salerno, V.: "Las recientes opiniones consultivas del Tribunal Permanente de Revision del Mercosur", ED 234-669.

44 . Dreyzin de Klor, A., *op. cit.;* p. 475.

45 . Peña, M., *op. cit.*

- Por un lado, la calidad de las consultas sometidas. "Una pregunta bien formulada predispone una buena respuesta". Los términos de la OC son de suma trascendencia para lograr una respuesta adecuada a la solución del litigio. Por eso mismo, los jueces nacionales deben aportar todos los elementos necesarios para favorecer la labor interpretativa;[46]
- Por el otro, la calidad de la respuesta. Una respuesta sólida e inequívoca tendrá menos posibilidad de ser descartada, aunque no sea vinculante.[47] De allí que el TPR deba agregar lo que estime necesario para cumplir su función de último intérprete jurídico del ordenamiento del Mercosur.

Se ha dicho que

> "es en los tribunales y no en el cuerpo legislativo donde nuestros ciudadanos sienten principalmente el filo cortante y agudo de la ley. Si respetan la labor de sus tribunales, su respeto a la ley sobrevivirá los defectos de los otros poderes del gobierno; pero si pierden el respeto a la labor de los tribunales se desvanecerá con él el respeto a la ley y el orden, para gran perjuicio de la sociedad".[48]

Ojalá que algún día se cree un verdadero tribunal para el Mercosur que sea respetado por los habitantes de esta región; ello contribuirá, sin duda alguna, a fortalecer las estructuras de la integración sudamericana.

Bibliografía

AA.VV.: *Justice et Europe; facteurs d'unité*, París, Dalloz, 1997.

Alpa, G.: "Responsabilità dello stato per atti giudiziari. A proposito del caso Köbler c/ Repubblica d'Austria", en *La nuova giurisprudenza civile commentata*, 2005, anno XXI, p. 1, parte prima.

46 . Conf. Peña, M.: "La Corte Suprema y el derecho del Mercosur. El fallo Sancor: un paso adelante en la construcción de la integración regional", ED 236-913.

47 . *Ídem* nota 43, p. 487.

48 . Venderbilt, A.: "The challenge of Law Reform", cit. por Shihata, Ibrahim: "La reforma judicial en los países en desarrollo y el papel del Banco Mundial", en *Justicia y desarrollo en América Latina y el Caribe*, Washington, ed. Banco Interamericano de Desarrollo, 1993, p. 287.

Andrés Sáenz de Santa María, P.: "Primera multa coercitiva a un Estado miembro por inejecución de sentencia. Comentario a la sentencia del TJCE de 4/7/2000, Comisión c/Grecia", en *Rev. de Derecho Comunitario Europeo* N° 8, julio/diciembre 2000, p. 493.

Bastianon, S.: "Giudici nazionali e responsabilità dello Stato per violazione del diritto comunitario", en *Responsabilità civile e previdenza*, 2004-57.

Bertoli, P.: *Corte di Giustizia, integrazione comunitaria e Diritto Internazionale Privato e Processuale*, Milano, Giuffrè, 2005.

Besteiro, M. del C.: "Aplicación inmediata de la nueva norma procesal. Disparidad de criterios jurisprudenciales", LL 1996-B-71.

Bidart Campos, G.: "Excepciones a la aplicación inmediata de nuevas leyes procesales a los juicios pendientes", ED 143-121.

Czar de Zalduendo, S.: "Primera opinión consultiva en el Mercosur", LL 2007-D-179.

De la Fuente, M. del R.: "La jerarquía normativa en el Mercosur a la luz de la primera opinión consultiva del Tribunal Permanente de Revisión", ED 226-943.

Dellachá, P.: "La responsabilità civile del magistrato per dolo, colpa grave e violazione del diritto comunitario; equilibrio del sistema e possibili elementi di rottura", en *Danno e responsabilità*, N° 11/2008, p. 1129.

Diez Hochleitner, J.: "La respuesta del TUE al incumplimiento de las sentencias del Tribunal de Justicia por los Estados miembro", en *Rev. de Instituciones europeas*, Madrid, ed. Centro de Estudios Constitucionales, vol. 20, N° 3, 1993, pp. 837 y ss.

Dreyzin de Klor, A. y Perotti, A.D.: *El rol de los tribunales nacionales de los Estados del Mercosur*, Córdoba, Advocatus, 2009, pp. 99/197.

Dubos, O.: *Les jurisdictions nationales, juge communautaire*, Paris, Dalloz, 2001.

Espósito, C.: *La jurisdicción consultiva de la Corte Internacional de Justicia*, Madrid, Mc Graw, 1996, p. XXVI.

Ferraro, A.: "L'illecito comunitario di un órgano giurisdizionale supremo", en *Danno e responsabilità*, N° 5/2007, pp. 518 y 629.

Giménez Sánchez, I.: *La eficacia de las sentencias dictadas por el TJCE*, Madrid, Thomson, 2004.

Giovannetti, T.: *L'Europa dei giudici. La funzione giurisdizionale nell'integrazione comunitaria*, Torino, Giappichelli, 2009.

Granillo Fernández, M.: "El sistema de solución de controversias en el Mercosur. Protocolo de Olivos", en *Rev. Derecho del Mercosur y de la Integración*, La Ley, año 7, octubre de 2003, N° 5, p. 41.

Highton de Nolasco, E.: "El Mercosur y el derecho interno argentino", en Von Bogdandy, A. y otros: *¿Integración suramericana a través del derecho?*, Madrid., Centro de Estudios Políticos y Constitucionales y Max Planck Institut, 2009, p. 553.

Liakopoulos, D. y Romani, M.: *Il ruolo della Corte di Giustizia delle comunità europee*, Padova, Cedam, 2009.

Loianno, A.: "El Protocolo de Olivos y su significado en la evolución del sistema de solución de controversias del Mercosur hacia la institucionalización de un Tribunal Permanente de Justicia", en Bazán, V. (coord.): *Defensa de la Constitución. Garantismo y controles, Libro en reconocimiento al Dr. Germán Bidart Campos*, Bs. As., Ediar, 2003, p. 215.

Martín Rodríguez, P.: "La responsabilidad del Estado por actos judiciales en derecho comunitario", en *Rev. de Derecho Comunitario europeo*, N° 19, 2004, p. 829.

Molina del Pozo C.F.: "La conferencia intergubernamental, los ámbitos de la justicia y los asuntos de interior. Materiales para la reflexión", en AA.VV., *Desafíos del Mercosur*, Bs. As., Ciudad Argentina, 1997, p. 343.

— "La teoría del acto claro", en *Rev. de Derecho Privado y Comunitario* N° 21, 1999, p. 527.

— "Reflexiones en torno a las relaciones Unión Europea-Chile", en *Chile y el Mercosur en América Latina*, Santiago, ed. Jurídica de Chile, 1999, p. 31.

— "Una presentación sobre la Constitución de la Unión Europea", en *Derecho de la Integración*, N° 15, Rosario, Universidad Nacional de Rosario, 2004, p. 43.

— (coord.) *Integración eurolatinoamericana*, Bs. As., Ciudad Argentina, 1996.

— "El Derecho de la Unión en el Tratado Constitucional", en *El derecho privado ante la internacionalidad, la integración y la globalización*, Homenaje al Profesor Miguel A. Ciuro Caldani, Bs. As., ed. La Ley, 2005, pp. 69 y ss.

— "La ciudadanía de la Unión como elemento esencial de las transformaciones del Estado en Europa para el próximo milenio", en Ruiz Díaz Labrano, R. (org. y comp.): *Mercosur-Unión Europea*, Asunción, Intercontinental, 2001, p. 255.

— "La regulación de la cohesión en el contexto de la Unión Europea", en *Foro de Córdoba*, año XIX, abril 2007, N° 113, p. 97.

— "El acuerdo-marco Unión Europea-Mercosur como primer paso en el proceso de integración suprarregional", en *Rev. de Derecho Privado y comunitario*, N° 12, 1996, p. 543.

— "Los avances en las relaciones entre la Unión Europea y el Mercosur", en Stahringer, O. (coord.): *El Mercosur en el siglo XXI*, Bs. As., Ciudad Argentina, 1998, p. 221.

— "Unión Europea. Hacia una progresiva generalización de la codecisión como procedimiento de toma de decisiones", LL 1999-C-1015.

— "La reforma de las instituciones de la Unión Europea y la Revisión de los tratados en la Conferencia Intergubernamental", en Caldani, C. (coord.): *Del Mercosur*, Bs. As., Ciudad Argentina, 1996, p. 15.

Najurieta, M.S.: "El juez nacional ante el desafío de la integración: una nueva exigencia para la formación del magistrado", en *Rev. de la Asociación de Magistrados y Funcionarios de la Justicia Nacional*, N° 23, 1999, p. 51.

Olcese, J.M.: "El derecho transitorio y la aplicación del nuevo Código Procesal Civil", LL Córdoba 1996-889.

Peinado, M.C.: "El protocolo de Olivos y el sistema de solución de controversias del Mercosur. Algunas reflexiones", en Bonesso de Araújo, L.E., y Podetti, H.: *Integración y derecho*, Bs. As., Ediar, 2007, p. 211.

Peña, F.: "La seguridad jurídica en el Mercosur. Notas en torno al caso Cafés La Virginia", en *Rev. de Derecho Privado y Comunitario,* 1994-7-451.

Peña, M.: "El destacado rol del juez nacional en un proceso de integración regional", ED 235-951.

Perotti, A.D., *Tribunal Permanente de Revisión y Estado de Derecho en el Mercosur*, Madrid, Marcial Pons/Konrad Adenauer Stifung, 2008, pp. 17 y ss.

Ramírez-Escudero, S.: "Responsabilidad de los tribunales nacionales y derecho comunitario", en *DeCita* 2004-1, Bs. As., Zavalía, p. 247.

Raya de Vera, E.C.: "Comentario sobre el fallo de la Corte argentina sobre la opinión consultiva en el Mercosur", disponible en *http://www.diputadosmercosur.gov.ar/espaciodeopinion.*

— *Contribuciones reflexiones sobre la jurisdicción consultiva del tribunal permanente de revisión del Mercosur*, disponible en *http://www.eumed.net/libros/2008b/394.*

Rivera, J.C.: "La opinión consultiva en el sistema de solución de controversias del Mercosur", en *Estudios en homenaje a la doctora Berta Kaller Orchansky*, Córdoba, Poder Judicial de la provincia de Córdoba, 2004, pp. 203 y ss.

Rodríguez, M.S.: "Armonización legislativa en materia de salvataje de empresas en el Mercosur", disponible en *http://www.eumed.net/tesis/2010.*

Solá, J.: "El conflicto entre los tratados y las leyes; el caso Cafés La Virginia, 1994", en *Derecho Constitucional,* Bs. As., ed. Lexis Nexis, 2000, p. 294.

Susani, N.: "El alcance del procedimiento de opiniones consultivas establecido por el Reglamento del Protocolo de Olivos", en *Rev. Derecho del Mercosur y de la integración*, La Ley, año 8, marzo de 2004, N° 1, p. 66.

Venderbilt, A.: "The challenge of Law Reform", cit. por Shihata, I.: "La reforma judicial en los países en desarrollo y el papel del Banco Mundial", en *Justicia y desarrollo en América Latina y el Caribe*, Washington, ed. Banco Interamericano de Desarrollo, 1993, p. 287.

Vescovi, E.: "Formación de los magistrados en el proceso de integración y el Mercosur", en *Roma e America, Diritto Romano comune*, Roma, Mucchi, 1998/6, p. 83. Villagrán Kramer, F.: "Los procesos de integración económica y la justicia", en *Justicia y desarrollo en América Latina y el Caribe*, Washington, ed. Banco Interamericano de Desarrollo, 1993, p. 241.

Capítulo IV

El procedimiento ante el Tribunal Permanente de Revisión del Mercosur

Santiago Deluca *

I. Evolución histórica del sistema de controversias del Mercosur

Como se dijo, el sistema de solución de controversias del Mercosur reconoce tres etapas evolutivas que permiten entender este fenómeno integrador sudamericano en forma cabal y que recogen la experiencia de su propio desenvolvimiento, así como la de otros modelos que han servido de base o ejemplo.

I.1. La etapa fundacional

En la oportunidad de la firma del Tratado de Asunción (TA),[1] que dio origen al Mercado Común del Sur (Mercosur), no se previó la existencia de un órgano encargado de la solución de eventuales conflictos en torno a su aplicación o interpretación, así como la de aquellas normas emanadas de los órganos con capacidad decisoria.[2]

No obstante, se incluyó en el articulado de su Anexo III un sistema sencillo, caracterizado básicamente por negociaciones intergubernamentales directas;[3] reflejándose

* Doctor en Derecho y Humanidades por la Universidad Rey Juan Carlos I de Madrid (España). En la actualidad es secretario del Tribunal Permanente de Revisión.

1 . El 26 de marzo de 1991.

2 . Vale decir: Consejo Mercado Común (CMC), Grupo Mercado Común (GMC) y Comisión de Comercio del Mercosur (CCM).

3 . Anexo III, artículo 1: "Las controversias que pudieren surgir entre los Estados parte como consecuencia de la aplicación del Tratado serán resueltas mediante negociaciones directas. En caso de no lograr una solución dichos Estados parte someterán la controversia a consideración del Grupo Mercado Común, el que luego de evaluar la situación formulará en el lapso de sesenta (60) días

el compromiso asumido desde el inicio por los Estados parte de aunar esfuerzos para avanzar en la definición e implementación de un sistema de controversias definitivo.[4]

I.2. El Protocolo de Brasilia

El 17 de diciembre de 1991 se firmó el Protocolo de Brasilia (PB), sobre solución de controversias entre Estados parte del Mercosur. Este protocolo reconoció el carácter provisorio del sistema que delineaba,[5] aunque su aplicación se prolongó hasta 2004, con la sustanciación de diez diferendos sobre cuestiones de diversa índole. Entre otros:[6]

- Laudo del Tribunal Arbitral Ad Hoc del Mercosur constituido para la controversia sobre comunicados Nº 37, del 17 de diciembre de 1997, y Nº 7, del 20 de febrero de 1998, del Departamento de Operaciones de Comercio Exterior (DECEX) de la Secretaría de Comercio Exterior (SECEX): aplicación de medidas restrictivas al comercio recíproco. Árbitros: Juan Carlos Blanco (Uruguay), Guillermo Michelson Irustra (Argentina), João Grandino Rodas (Brasil);
- Laudo del Tribunal Arbitral Ad Hoc del Mercosur constituido para decidir sobre la aplicación de medidas de salvaguardia sobre productos textiles (Res. 861/99) del Ministerio de Economía y Obras y Servicios Públicos. Árbitros: Gary Horlick (Estados Unidos), Jose Carlos de Magalhães (Brasil), Raúl Emilio Vinuesa (Argentina);
- Laudo del Tribunal Arbitral Ad Hoc del Mercosur constituido para entender en la controversia presentada por la República Oriental del Uruguay a la República Federativa del Brasil sobre prohibición de importación de neumáticos remoldeados (*remolded*) procedentes de Uruguay. Árbitros: Raúl Emilio Vinuesa (Argentina), Ronald Herbert (Uruguay), Maristela Basso (Brasil);

---

las recomendaciones pertinentes a las partes para la solución del diferendo. A tal efecto, el Grupo Mercado Común podrá establecer o convocar paneles de expertos o grupos de peritos con objeto de contar con asesoramiento técnico. Si en el ámbito del Grupo Mercado Común tampoco se alcanza una solución, se elevará la controversia al Consejo Mercado Común, para que adopte las recomendaciones pertinentes".

4 . Anexo III, artículo 2: "Dentro de los ciento veinte (120) días de la entrada en vigor del Tratado, el Grupo Mercado Común elevará a los gobiernos de los Estados parte una propuesta de sistema de solución de controversias que regirá durante el período de transición".

Anexo III, artículo 3: "Antes del 31 de diciembre de 1994, los Estados parte adoptarán un sistema permanente de solución de controversias para el Mercado Común".

5 . Artículo 34: "El presente Protocolo permanecerá vigente hasta que entre en vigor el sistema permanente de solución de controversias para el Mercado Común a que se refiere el numeral 3 del Anexo lll del Tratado de Asunción".

6 . Sobre el particular de cada procedimiento y sus Laudos y Aclaratorias se recomienda ampliar en Bertoni, L.: *Laudos arbitrales en el Mercosur*, Ciudad Argentina, 2006.

- Laudo del Tribunal Arbitral Ad Hoc del Mercosur constituido para entender en la controversia entre la República Argentina y la República Oriental del Uruguay sobre incompatibilidad del régimen de estímulo a la industrialización de lana otorgado por Uruguay, establecido por la ley Nº 13.695/68 y decretos complementarios con la normativa Mercosur que regula la aplicación y utilización de incentivos en el comercio intrazona. Árbitros: Ricardo Alonso García (España), Enrique Barreira (Argentina), Eduardo Mazzera (Uruguay).

El PB constituyó el inicio formal de un esquema procedimental sencillo –a la par que originario– dominado por tribunales arbitrales ad hoc (TAH), que reflejaba la influencia de los métodos utilizados en los arbitrajes internacionales de tinte comercial,[7] con matices diferenciales derivados de la propia estructura institucional del Mercosur.[8]

No obstante este gran avance, los TAH no fueron considerados órganos del Mercosur, ni aun hoy, Protocolo de Olivos (PO) mediante, lo son.[9] Ante este panorama, con la firma del Protocolo de Ouro Preto (POP)[10] se diluyeron las expectativas primigenias de consolidar al sistema de solución de controversias como definitivo y dotarlo de una estructura institucional estable e independiente. Este nuevo Protocolo delineó las instituciones u órganos fundamentales del Mercosur[11] y, nuevamente, se omitió hacer referencia a un tribunal u órgano que entendiera ante eventuales conflictos.

I.3. El Protocolo de Olivos: el inicio de la institucionalidad

Con su firma[12] y con la posterior instalación y puesta en funcionamiento del Tribunal Permanente de Revisión (TPR)[13] cambió la estructura conocida y pensada hasta ese momento. No sólo se consolidó el sistema de solución de controversias instituido por el PB, sino que además se creó una instancia permanente (de actuación y reunión

7 . Fundamentalmente las Reglas Modelo de Nueva York para arbitraje internacional comercial.
8 . Sobre el sistema de solución de controversias del Protocolo de Brasilia se recomienda ampliar en Deluca, S.: *Unión Europea y Mercosur: los efectos del derecho comunitario sobre las legislaciones nacionales*, Rubinzal Culzoni, 2003, Caps. IV y VI; Boldorini, M.C.: "Protocolo de Brasilia para la Solución de Controversias", en *Revista de Derecho Privado y Comunitario,* Nº 6, Rubinzal Culzoni, 1994; Czar de Zalduendo, S.: "Solución de Controversias en el Mercosur: Reglamentación del Protocolo de Brasilia", en E.D. de 29/3/99; Bloch, R., Iglesias, D.: *Solución de controversias en el Mercosur,* Ad-Hoc, 1995, y Ruiz Díaz Labrano, R.: *Mercosur: integración y derecho,* Ciudad Argentina, 1998, entre muchos otros autores de primer nivel que han dedicado esfuerzo a la materia.
9 . Más adelante haré mención a una circunstancia particular al respecto.
10 . El 17 de diciembre de 1994.
11 . En el estado actual del proceso de integración prefiero hablar de órganos, ya que refleja de mejor forma el criterio de unidad de momento aún imperante en las distintas instancias que conforman el Mercosur (CMC, CCM, GMC, TPR, Parlamento, etc.).
12 . El 18 de febrero de 2002.
13 . El 13 de agosto de 2004.

ante la convocatoria concreta) que puede entender en primera y única instancia, o bien como tribunal de alzada ante cuestionamientos sobre la aplicación del derecho en un pronunciamiento anterior de un TAH.[14] Es una instancia permanente porque una vez aceptadas sus designaciones sus integrantes deben estar disponibles de modo permanente para actuar ante la convocatoria concreta, pero ello no significa permanencia física diaria en la Sede del Tribunal.[15]

Esta característica, coexistente con los TAH, refleja la naturaleza jurídica peculiar del sistema de solución de controversias del Mercosur, que ha mutado de un sistema arbitral del tipo ad hoc a uno mixto con tendencia a transformarse en uno del tipo institucionalizado.[16]

La afirmación se refuerza con la creación de la Secretaría del Tribunal (ST)[17] y mediante la suscripción del Protocolo modificatorio del Protocolo de Olivos en Río de Janeiro, el 19 de enero de 2007,[18] que incorporó al texto del propio PO la estructura de la ST y transfirió a ésta las competencias actualmente ejercidas por la Secretaría del Mercosur (SM) en torno al proceso de solución de controversias, a excepción de la facultad prevista en el artículo 45 PO de comunicación de la transacción o desistimiento por parte del Estado parte que presentó la controversia.[19]

Es de actuación en instancia única en reemplazo del sistema *ad hoc*, por cuanto las partes en una controversia pueden acordar expresamente someterse directamente y en única instancia al TPR, el cual funcionará y tendrá para el caso las mismas competencias que un TAH.[20]

Es un tribunal de alzada o casación, teniendo en cuenta que cualquiera de las partes en la controversia puede presentar un recurso de revisión al TPR contra el laudo de un TAH, aunque limitado a cuestiones de derecho e interpretaciones jurídicas desarrolladas

14 . Se recomienda la lectura de González Garabelli, C.: *Procesos de integración, Mercosur. Solución de controversias,* Fundación Konrad Adenauer, 2004, principalmente su capítulo IV, donde el autor narra con gran autoridad y claridad las posiciones defendidas por cada uno de los Estados parte respecto de la modificación del sistema de solución de controversias instituido por el PB, permitiéndonos entender a cabalidad los resultados recogidos en el PO.

15 . Conforme artículo 19 PO.

16 . Sobre la metodología y sistemas arbitrales se recomienda ampliar en Caivano, R.: *Arbitraje*, Ad-Hoc, 2da. edición, 2008; Rufino, M.: *El proceso arbitral*, Ad-Hoc, 1992; Robiolo, J.: *Derecho arbitral*, La Ley, 2007, y Moreno Rodríguez, J. (Coord.): *Arbitraje y mediación*, Intercontinental Editora, 2003, entre otros.

17 . Artículo 35 Dec.CMC Nº37/03, Reglamento al Protocolo de Olivos.

18 . Protocolo aún no vigente ante la falta de ratificación y depósito por parte de Paraguay y Uruguay.

19 . Artículo 5 del mencionado Protocolo modificatorio.

20 . Artículo 23 PO. En estos supuestos los laudos del TPR serán obligatorios para los Estados parte en la controversia, no estarán sujetos a recurso de revisión y tendrán con relación a las partes fuerza de cosa juzgada.

en el laudo del TAH. Esta facultad recursiva reconoce una excepción viabilidad en los supuestos de l laudos de TAH dictados en base a los principios *ex aequo et bono.*[21]

Por último, se sumó también al sistema de solución de controversias la posibilidad de que los Estados parte, los órganos con capacidad decisoria, el Parlamento del Mercosur o los Superiores Tribunales de Justicia de éstos recurran al TPR para solicitar opiniones consultivas.[22] Indudablemente, esta nueva herramienta abre la posibilidad para que los particulares comiencen a tomar una mayor intervención en el sistema.[23]

II. Sujetos activos en el sistema de solución de controversias

En el ámbito del Mercosur, quienes pueden intervenir en un procedimiento de solución de controversias son –casi exclusivamente– los Estados parte, ya que formativamente se previó que sólo éstos podrían verse afectados en razón de la interpretación, aplicación o incumplimiento del TA, del POP, de los protocolos y acuerdos celebrados en el marco del TA, de las Decisiones del Consejo Mercado Común (CMC), de las Resoluciones del Grupo Mercado Común (GMC) y de las Directivas de la Comisión de Comercio del Mercosur (CCM).[24]

Los particulares –personas físicas o jurídicas– pueden intervenir o iniciar una reclamación únicamente cuando sus intereses se ven afectados como consecuencia de decisiones adoptadas por los Estados parte, contrarias a normativa emanada de las insti-

21 . Aunque esta discusión resulta un tanto ajena en un sistema de solución de controversias de tinte *arbitral*, soy de la opinión de que el TPR puede funcionar como Tribunal de Casación y no de Alzada o Cámara de Apelaciones, ya que la facultad de revisión que le confiere el Protocolo de Olivos lo es exclusivamente respecto de la aplicación o interpretación del derecho por parte del Tribunal Arbitral *Ad Hoc* y no sobre el análisis de los hechos objeto de la controversia (artículo 17, inciso 2° PO).

22 . Artículo 3 PO.

Por su parte, conforme los términos de los artículos 3 y 4 de la Dec. CMC Nº 37/03 (reglamento del Protocolo de Olivos), las primeras viables por consenso, las segundas a petición de cualquiera de los Superiores Tribunales de Justicia respecto de colisiones o interpretaciones en la aplicación del derecho interno y del Mercosur en el marco de un expediente judicial en trámite.

23 . *Cfr.* Deluca, S.: *Acceso a la Justicia en los Procesos de Integración: del paradigma europeo al Mercosur,* La Ley Online, noviembre de 2007.

En coincidencia, Perotti, A.D.: *Tribunal Permanente de Revisión y Estado de Derecho en el Mercosur*, Cap. V, Marcial Pons, 2007.

24 . Artículos 1 PO y 43 POP.

tuciones Mercosur. Pero no podrán hacerlo cuando esa misma normativa –internalizable o no– afecte sus derechos.[25]

El sistema regulado por el PO se caracteriza por una cantidad exagerada de condicionantes que permiten afirmar que no se trata de una vía de reclamación judicial –jurisdiccional– efectiva, sino más bien de un sistema que permite a los Estados parte tomar conocimiento de qué es lo que el particular reclama, con la facultad discrecional de decidir oportunamente si dará o no curso al reclamo, ya que en su caso el Estado parte, como el GMC, se ve facultado para desecharlo por vía de una resolución que dista de ser transparente, equitativa y motivada.[26]

Ante este gris panorama, una ventaja del sistema se observa, nuevamente, a partir de la inclusión de las opiniones consultivas en el nuevo sistema de solución de controversias[27] y –más precisamente– las que pueden dirigir los Superiores Tribunales Nacionales al TPR.[28]

En estos supuestos, se destaca que –en definitiva– serán los particulares afectados por procesos judiciales nacionales quienes podrán instar a las Cortes a efectuar una consulta que reflejará la postura de los miembros del TPR ante una reclamación concreta, lo que también reporta un beneficio al permitir la adecuación y asimilación normativa "indirecta" por los Estados parte.[29]

25 . Artículo 39 PO. Se recomienda ampliar en Pimentel, L. O.; Dreyzin de Klor, A.: *Esttrutura funcional do sistema de solução de controversias do* Mercoul, Fundación Konrad Adenauer, 2004, pp. 214/218.

26 . Tal es la facultad instrumentada en los artículos 40 y 41 PO.

27 . Artículo 3 PO.

28 . Artículo 4 RPO.

29 . Véanse artículos 2 a 13 RPO.

Ampliar en Czar de Zalduendo, S.: "La competencia consultiva en el Mercosur", L.L. Suplemento Constitucional, 28/11/05, p. 1/11; Fernández Arroyo, D.: "La respuesta del Tribunal Permanente del Mercosur a la primera 'consulta interpretativa'. Escoba nueva siempre barre más o menos", J.A., 2007-III, Fasc.1, pp. 3/13.

Una mención particular merece el trabajo de Peinado, M.C.: "El Protocolo de Olivos y el sistema de solución de controversias del Mercosur. Algunas reflexiones", en Bonesso de Araujo, L. y Podetti, H. (Coord.): *Integración y derecho*, Ediar, 2007, pp. 195/214, ya que la autora, mediante la pauta de reflexiones, efectúa un análisis sumamente claro y arriba a conclusiones concretas utilizando el método comparativo con la UE, que le permiten destacar (a mi criterio acertadamente) las dificultades derivadas de intentar comprender al Mercosur tomando como parámetro traslativo el modelo de integración europeo.

Asimismo, se recomienda la lectura de la obra Negro, S. (Dir.): *Derecho de la integración*, BdeF, 2010, donde distintos autores analizan diferentes opciones de procesos de integración y sus particularidades.

III. Procedimiento general de solución de controversias

Antes de introducirme en aspectos puntuales, conviene tener presente que el procedimiento previsto por el PO es en todo momento contradictorio y público.

El sistema se divide en dos fases. Una administrativa o precontenciosa, conformada por las negociaciones directas y la mediación del GMC, y otra –si se me permite la expresión– jurisdiccional, representada por el proceso arbitral ad hoc o intervención directa del TPR.

III.1. Fase administrativa o precontenciosa

En la fase administrativa o precontenciosa los conflictos procuran resolverse mediante negociaciones directas,[30] y vencidos los plazos para ello –si la controversia no obtuviera solución–, cualquiera de los Estados parte podrá someterla a consideración del GMC. Instada la apertura de esta nueva etapa, el GMC evaluará la situación denunciada, dará oportunidad a las partes para que expongan sus posiciones y requerirá, cuando lo estime necesario, el asesoramiento de expertos. Al término de ello el GMC formulará las recomendaciones que considere oportunas a los Estados parte en la controversia, tendientes a la consecución de la solución del conflicto.[31]

Concluida esa etapa sin que la controversia haya encontrado solución, comienza la fase jurisdiccional.

III.2. Fase jurisdiccional

Concluida la etapa anterior, cualquiera de los Estados parte podrá comunicar a la SM su intención de recurrir al procedimiento arbitral –con intervención de un TAH o del TPR–[32] y deberá aceptar la jurisdicción de ese Tribunal como obligatoria *ipso facto* y sin necesidad de acuerdo especial.[33]

III.2.1. Competencias de los Tribunales *Ad Hoc* y el TPR

El ámbito de aplicación del sistema de solución de controversias debe ser fraccionado en dos. Por un lado, en cuanto a los conflictos entre los Estados parte, y por el otro aquel relacionado con los reclamos efectuados por los particulares.

30 . Artículos 4 y 5 PO.
31 . Artículos 6 a 8 PO.
32 . Artículos 9 y 23 PO.
33 . Artículo 26 PO.

En el primer supuesto, la posible competencia del Tribunal Arbitral o del TPR recae sobre asuntos que versen sobre la interpretación, aplicación o incumplimiento del TA, el POP, los acuerdos que se celebran en su marco, así como de las Decisiones CMC, las Resoluciones GMC y las Directivas CCM.[34]

En cuanto a los reclamos de los particulares, el PO prevé un procedimiento específico ante posibles reclamos de este tipo, con motivo de la sanción o aplicación, por cualquiera de los Estados parte, de medidas legales o administrativas de efecto restrictivo, discriminatorias o de competencia desleal, en violación del TA, de los acuerdos celebrados en el marco del mismo, de las decisiones del CMC o de las resoluciones del GMC.[35]

No obstante, vuelvo a insistir en la facultad discrecional que se ha puesto en manos del los Superiores Tribunales nacionales mediante el nuevo sistema de opiniones consultivas al TPR. De allí que la intervención o competencia pueda ampliarse notoriamente, sin perjuicio del carácter no vinculante que revisten este tipo de pronunciamientos.

III.2.2. Intervención de los TAH y del TPR

Comunicada la voluntad de recurrir a la instancia arbitral y conformado el Tribunal Arbitral (o el TPR), los Estados parte en la controversia informarán a éste acerca de las instancias cumplidas con anterioridad y harán una breve exposición de los fundamentos de hecho o de derecho de sus respectivas posiciones. Luego, el Tribunal deberá expedirse mediante un laudo obligatorio –e irrecurrible en caso de que emane del TPR– para los Estados parte involucrados. Aquí se presenta la novedad apuntada en cuanto al recurso de revisión y la intervención del TPR como tribunal de alzada, cuyo pronunciamiento será –en última instancia– inapelable.[36]

En cuanto a los particulares, el PO prevé un sistema específico. La presentación del reclamo se hace ante la Sección Nacional del Grupo Mercado Común, y se deben aportar elementos que le permitan determinar la verosimilitud de la violación y la existencia o amenaza del perjuicio.[37]

34 . Artículo 1 PO.
35 . Artículo 39 PO.
36 . Artículos 17 y 26, inciso 2º PO.
Asimismo, sobre el procedimiento se recomienda profundizar –entre otros– en Deluca, Santiago, *op. cit.*, pp. 134/140; Dreyzin de Klor, Adriana: *El sistema de solución de controversias en el Mercosur*, L.L., 1995 B, pp. 1194/1203; Pimentel, Luiz Otávio; Dreyzin de Klor, Adriana: *O Sistema de Soluçao de Controvérsias do Mercosul*, en *Soluçao de Controvérsias: OMC, Uniao Européia e Mercosul*, Fundación Konrad Adenauer, 2004, pp. 182/199; Rey Caro, Ernesto: *El Protocolo de Olivos para la solución de controversias en el Mercosur*, Anales de la Academia nacional de Derecho y Ciencias Sociales de Córdoba, vol. XLI, 2002, pp. 205/246, y Bianchi Gómez, Eduardo: *Protocolo de Olivos: modificaciones en el sistema de solución de controversias del Mercosur y perspectivas*, E.D. Administrativo, vol. 2001/2002, pp. 772/778.
37 . Artículo 40 PO.

Presentado el reclamo, la Sección Nacional del GMC que lo haya admitido deberá entablar contactos directos con la Sección Nacional del Estado parte reclamado a fin de buscar una solución inmediata. Si la cuestión es resuelta, se elevan las actuaciones al GMC y se da por finalizada esta etapa.[38] Evaluados los hechos y el derecho del caso –de corresponder dar curso al reclamo-, el GMC convocará a un grupo de expertos para que luego de escuchar al particular y al Estado dictamine si procede o no el reclamo.[39]

Luego de ello comienza la etapa jurisdiccional, dándose intervención al TAH o –en su caso– en instancia única al TPR.

Si bien esta instancia del procedimiento de solución de controversias ha sido diseñada de manera sencilla, no por ello resulta ser la vía más ágil y económica a la que puedan acudir las partes ante la existencia de una controversia. Aun así, el sistema se caracteriza por su flexibilidad, celeridad y obligatoriedad.[40]

IV. Procesos especiales

Con posterioridad a la firma y entrada en vigor del PO se suscribieron sendas decisiones del CMC, a efectos de regular el procedimiento para casos especiales, sea por el tipo de productos o bienes en juego sea por el ámbito en el cual surgen las controversias.

Así, puede encontrarse el procedimiento para casos excepcionales de urgencia y el procedimiento para controversias surgidas de acuerdos emanados de reuniones de ministros del Mercosur.[41]

IV.1. Procedimiento para atender casos excepcionales de urgencia

Conforme a la habilitación dada por el artículo 24 PO,[42] el CMC suscribió la Dec. CMC Nº 23/04,[43] por medio de la cual se implementó un proceso especial para casos

38 . Artículo 41 PO.
39 . Artículos 42 a 44 PO.
40 . Artículos 9 a 24 PO.
Se recomienda profundizar en las obras de doctrina ya citadas en este trabajo.
41 . Si bien mediante Dec. CMC Nº 26/05 se creó este procedimiento especial para controversias originadas de acuerdos emanados de reuniones de ministros definidas en el artículo 3 de la Dec. CMC Nº 02/02, omitiré su análisis debido a que esa decisión aún no se encuentra vigente.
42 . Artículo 24 PO: "El Consejo del Mercado Común podrá establecer procedimientos especiales para atender casos excepcionales de urgencia que pudieran ocasionar daños irreparables a las partes".
43 . Firmada en Puerto Iguazú el 7 de julio de 2004, que conforme al procedimiento establecido por el artículo 40 POP entró en vigor el 8 de agosto de 2009.

particulares de controversias para los cuales los plazos y procedimientos establecidos en el régimen general podrían generar la ineficacia del sistema mismo.

Este proceso especial faculta a los Estados parte a recurrir únicamente ante el TPR,[44] observándose los siguientes requisitos de admisibilidad:[45]

- que se trate de bienes perecederos, estacionales o que por su naturaleza y características propias perdieran sus propiedades, utilidad y/o valor comercial en un breve período de tiempo, si fueran retenidos injustificadamente en el territorio del país reclamado, o de bienes que estuviesen destinados a atender demandas originadas en situaciones de crisis en el Estado parte importador;
- que la situación se origine en acciones o medidas adoptadas por un Estado parte, en violación o incumplimiento de la normativa Mercosur vigente;
- que el mantenimiento de esas acciones o medidas pueda producir daños graves e irreparables;
- que las acciones o medidas cuestionadas no estén siendo objeto de una controversia en curso entre las partes involucradas.

Para declararse admisible la presentación del Estado parte, debe constatarse la sucesión conjunta de los requisitos mencionados. De otra forma, bien podría instarse el proceso sin que existiese conflicto con normas Mercosur, o respecto de bienes o productos que no pueden entenderse incluidos en el listado taxativo expuesto en el inciso a) del artículo mencionado –que justificaría el inicio del procedimiento general establecido por el PO-, o bien instarse un pronunciamiento jurisdiccional del TPR bajo riesgo de repetirse o contradecirse con un análisis o controversia ya en curso.[46]

Al igual que sucede en el marco de los procesos regidos por el sistema general, el Estado parte peticionante deberá presentar su solicitud por escrito ante la Secretaría del Tribunal Permanente de Revisión (ST), que remitirá el escrito a los árbitros de forma inmediata.[47] El escrito deberá contener:

44 . La competencia para entender en estos supuestos no alcanza a los TAH, encontrándose los motivos de ello en la celeridad que se intenta otorgar al procedimiento.

45 . Artículo 2 Dec. CMC Nº 26/04.

46 . Aunque la metodología legislativa resulta un tanto defectuosa, esta previsión se incluyó en la letra del Artículo 6 Dec. CMC Nº 26/04.

47 . Merece un comentario la fórmula escogida para referirse al tiempo en que la ST debe comunicar de la presentación a los árbitros. Adviértase que por el carácter especial de los productos en juego este procedimiento prevé plazos concretos inferiores a los del procedimiento general del PO. Sin embargo, quizá producto del carácter permanente del TPR –que como se dijo no implica permanencia física de los árbitros en su sede-, se estableció una metodología que no estipula un plazo concreto. En consecuencia, advierto este cambio como un factor débil del proceso, ya que hubiera sido preferible imponer un plazo concreto en cantidad de días, acorde con la metodología

- identificación de los bienes involucrados;
- descripción de las circunstancias de hecho que permitan constatar que se cumplen los requisitos indicados en el artículo 2;
- fundamentos que permitan acreditar el incumplimiento o violación de la normativa Mercosur vigente;
- elementos probatorios;
- indicación de los daños graves e irreparables que se derivan o puedan derivarse del mantenimiento de la situación, y
- la medida de urgencia solicitada al tribunal, indicándola concretamente.[48]

Para estos supuestos de urgencia, el TPR se integra con todos sus miembros en todas las etapas referidas a esa medida[49] y deberá expedirse por mayoría en un plazo de seis (6) días corridos[50] sobre la procedencia de la solicitud, pudiendo ordenar, dentro del mismo plazo, la medida de urgencia pertinente.[51] Cuando el TPR desestime la solicitud de una medida de urgencia, el peticionante no podrá pedir otra medida relativa al mismo objeto.[52]

Este tipo de procedimientos recoge también la característica de proceso contradictorio, ya que el Estado parte contra el que se plantea el procedimiento de urgencia podrá presentar las alegaciones que estime convenientes en un plazo de tres (3) días hábiles desde que le fue comunicada la presentación del peticionante.[53]

Si el TPR desestima la solicitud por entender que no se cumplieron los requisitos de admisibilidad de los incisos a) o c) del artículo 2, el peticionante conserva la facultad de iniciar un procedimiento de solución de controversias de conformidad con el PO. Pero si la desestimación deriva de considerar que no hubo violación de normativa Mercosur

general, principalmente porque esta indeterminación puede llevar en forma involuntaria a que el proceso –que debe ser ágil y rápido– se torne obsoleto ante demoras de la más diversa índole.

48 . Artículo 3 Dec. CMC Nº 26/04.

49 . Artículo 4 Dec. CMC Nº 26/04.

50 . Contados a partir del vencimiento del plazo establecido en el artículo anterior, es decir, del artículo 5 Dec. CMC Nº 26/04.

51 . Artículo 6 Dec. CMC Nº 26/04.

Es de destacar que ante este tipo de solicitudes el legislador mercosureño ha sido coherente con la metodología escogida, aplicando para el caso el mismo criterio escogido a la hora de hablar de solicitudes de opiniones consultivas, habilitando al TPR a utilizar los medios de comunicación electrónicos más modernos, con el objetivo final de tornar real la celeridad del proceso pretendida. Por cuanto el mismo artículo continúa expresando: "[...]Para adoptar esta decisión el presidente del TPR se comunicará con los demás árbitros por los medios que considere más idóneos y que posibiliten la mayor celeridad. Los votos serán transmitidos por cualquier medio fehaciente de comunicación. La decisión del TPR será notificada a las coordinaciones nacionales de los Estados parte involucrados por la ST, con copia a la SM".

52 . Artículo 8 Dec. CMC Nº 26/04.

53 . Artículo 5 Dec. CMC Nº 26/04.

peticionante, no podrá iniciar un procedimiento de solución de controversias sobre el mismo objeto.[54]

En el caso de incumplimiento de la medida de urgencia dictada por el TPR, será de aplicación lo dispuesto en el Capítulo IX del Protocolo de Olivos.[55]

Dos curiosidades del procedimiento analizado se observan en su artículo 9, que habilita a que "cualquiera de las partes que se sienta perjudicada por la decisión del TPR podrá solicitar al Tribunal, en un plazo de quince (15) días contados desde la fecha en que le fuera notificada la decisión, que reconsidere la cuestión [...]", debiendo el TPR actuar de conformidad con el procedimiento previsto en el artículo 23 del Protocolo de Olivos.[56] A lo que se agrega que "[...] mientras duren los trámites de la reconsideración solicitada, las medidas de urgencia dispuestas por el TPR deberán ser cumplidas".

¿Por qué curiosidades? Una, porque esta reconsideración, por su naturaleza y alcance, no puede –ni debe– entenderse como aclaratoria en los términos del PO, sino más bien como recurso de revisión, lo que concede al TPR la facultad de efectuar un cambio de 180 grados en lo que pudo haber sido su laudo primigenio. Y dos, porque utilizando la terminología clásica del derecho procesal civil, la tramitación de la reconsideración se desenvuelve –o concede el recurso– bajo efecto devolutivo y no suspensivo, circunstancia que es totalmente ajena a los métodos clásicos de solución de controversias de tinte arbitral.

En cuanto a los honorarios de los árbitros y gastos de funcionamiento, se optó por la misma fórmula escogida para el procedimiento general,[57] habilitándose al TPR para imponer el pago de esos gastos a la parte que haya actuado con malicia temeraria o de mala fe.[58]

54 . Artículo 11 Dec. CMC N° 26/04.
Por su parte, el artículo 10 concluye estableciendo que "Si el peticionante desistiere de la medida, la solicitud caducará de pleno derecho y no podrá pedir otra medida relativa al mismo objeto".
55 . Artículo 7 Dec. CMC Nº 26/04.
56 . Artículo 23 PO "Acceso directo al Tribunal Permanente de Revisión. 1. Las partes en una controversia, culminado el procedimiento establecido en los artículos 4 y 5 de este Protocolo, podrán acordar expresamente someterse directamente y en única instancia al Tribunal Permanente de Revisión, en cuyo caso éste tendrá las mismas competencias que un Tribunal Arbitral Ad Hoc y regirán, en lo pertinente, los artículos 9, 12, 13, 14, 15 y 16 del presente Protocolo.
"2. En este supuesto los laudos del Tribunal Permanente de Revisión serán obligatorios para los Estados parte en la controversia a partir de la recepción de la respectiva notificación, no estarán sujetos a recurso de revisión y tendrán con relación a las partes fuerza de cosa juzgada".
57 . Artículo 36 PO: "Costos – 2. Los gastos y honorarios ocasionados por la actividad de los árbitros del Tribunal Permanente de Revisión serán solventados en partes iguales por los Estados parte en la controversia, a menos que el Tribunal decida distribuirlos en proporción distinta".
58 . Artículo 12 Dec. CMC N° 26/04.
"3. Los gastos a que se refieren los incisos anteriores podrán ser pagados por intermedio de la Secretaría Administrativa del Mercosur. Los pagos podrán ser realizados por intermedio de un

Finalmente, nuevamente de acuerdo con el carácter especial del propio procedimiento instaurado, la norma habilita al TPR para utilizar medios de comunicación a distancia, tales como fax o correo electrónico.[59] Y para el caso de que el TPR considere necesario reunirse, informará previamente a los Estados parte involucrados a efectos de que éstos provean los fondos necesarios para ello.

Nótese que esta necesidad de información no significa que los Estados parte tengan la facultad de decidir sobre la conveniencia o no de esa reunión. Sin embargo, la falta de recursos o de acuerdo de un Estado parte para aceptar el desembolso de esos recursos puede tornar esta cláusula en una facultad de éstos en sentido contrario, circunstancia que en la práctica no sólo no es recomendable, sino que contrariaría la norma misma.

V. La competencia consultiva del TPR

En primer término, corresponde establecer qué se entiende por opiniones consultivas, su alcance y estatus jurídico.

Apelando a los modelos europeo y de la Comunidad Andina de Naciones como referencias de comparación, y teniendo presente que no es correcto hablar en el caso de las opiniones consultivas ni de recursos de prejudicialidad ni de interpretaciones prejudiciales,[60] puede sostenerse que conforme a las previsiones del Reglamento al Protocolo de Olivos (RPO) éstas son:

> "pronunciamientos fundados del Tribunal Permanente de Revisión en torno a preguntas de carácter jurídico respecto de la interpretación y aplicación de las normas Mercosur en un caso concreto, con objeto de resguardar su aplicación uniforme en el territorio de los Estados parte".

Fondo Especial que podrán crear los Estados parte al depositar las contribuciones relativas al presupuesto de la Secretaría Administrativa, conforme al artículo 45 del Protocolo de Ouro Preto, o al momento de iniciarse los procedimientos previstos en los Capítulos VI o VII del presente Protocolo. El Fondo será administrado por la Secretaría Administrativa del Mercosur, la cual deberá anualmente rendir cuentas a los Estados parte sobre su utilización."

59 . Artículo 13 Dec. CMC N° 26/04. Asimismo, ante la obligación que este mismo artículo impone al TPR de prever reglas específicas de comunicación y procedimiento interno, se recomienda la lectura de la Dec. CMC N° 08/05 "Reglas de Procedimiento del Tribunal Permanente de Revisión".

60 . Tal fue la postura asumida por el TPR en las opiniones consultivas Nº 1/2008 y Nº 1/2009.

Sólo pueden solicitar OC los Estados parte y los órganos con capacidad decisoria del Mercosur,[61] aunque con posterioridad también se sumó al listado de sujetos activos el Parlamento del Mercosur.[62]

Finalmente, se otorga competencia activa para solicitar opiniones consultivas a los Superiores Tribunales de Justicia de los Estados parte, dejándose en manos de éstos –en estricta aplicación del principio de subsidiariedad– la facultad de su reglamentación procedimental interna.[63]

En cuanto al alcance, surge de los extractos citados que la interpretación podrá solicitarse únicamente respecto del plexo normativo común, ya sea que se trate de normativa originaria, como lo es el TA, o de normativa derivada de los órganos decisorios del Mercosur, quedando vedada al TPR toda opinión o intervención en torno a hechos o derecho interno de los Estados parte.

Por su parte, resulta necesario poner de manifiesto que conforme lo establece el artículo 11 del RPO "las opiniones consultivas emitidas por el TPR no serán vinculantes ni obligatorias".

Esta ausencia de *imperium* u obligatoriedad, aun cuando puede considerarse su punto débil y llevar a situaciones no deseadas, como el desconocimiento de un pronunciamiento por parte del solicitante,[64] no le quita la importancia ni el valor jurídico emergente del hecho de que para que el TPR pueda expresarse –previamente– ben transitarse determinados procedimientos y buscarse acuerdos[65] que permitan presuponer con la provisoriedad del caso que la opinión consultiva emitida será debidamente aplicada al caso concreto.[66]

Por último, debe hacerse un breve relato del procedimiento que debe observar el TPR ante la solicitud de una opinión consultiva. Aquí conviene resaltar que el régimen genérico del cual se desprenden luego otros más concretos o específicos para solicitar las opiniones consultivas se encuentra regulado en el RPO.

Así, tal como lo prevé el artículo 5 RPO

61 . Artículo 3 RPO. "1. Todos los Estados parte del Mercosur actuando conjuntamente, el CMC, el GMC o la Comisión de Comercio del Mercosur (en adelante CCM) podrán solicitar opiniones consultivas sobre cualquier cuestión jurídica comprendida en el Tratado de Asunción, el Protocolo de Ouro Preto, los protocolos y acuerdos celebrados en el marco del Tratado de Asunción, las Decisiones del CMC, las Resoluciones del GMC y las Directivas de la CCM [...]"

62 . El artículo 13 de su Protocolo Constitutivo (Dec. CMC Nº 23/05) prevé: "El Parlamento podrá solicitar opiniones consultivas al Tribunal Permanente de Revisión".

63 . Artículo 4 RPO "[...] El TPR podrá emitir opiniones consultivas solicitadas por los Tribunales Superiores de Justicia de los Estados parte con jurisdicción nacional. En este caso, las opiniones consultivas se referirán exclusivamente a la interpretación jurídica de la normativa del Mercosur [...]". Asimismo, ver artículo 1 Dec. CMC Nº 2/07.

64 . Situación acontecida en el marco de la Opinión Consultiva Nº 1/07, requerida por la Corte Suprema de Justicia de la República del Paraguay en el caso Northia SA.

65 . Tal es el caso de las opiniones requeridas por los Estados parte que requieren del consenso.

66 . Al respecto resulta oportuno dedicar una lectura pormenorizada a la postura de Perotti, A.: *Tribunal Permanente de Revisión y Estado de Derecho en el Mercosur,* Marial Pons, 2008, Capítulo V.

> "[...] la solicitud de opiniones consultivas se presentará por escrito, formulándose en términos precisos la cuestión respecto de la cual se realiza la consulta y las razones que la motivan, indicando las normas del Mercosur vinculadas a la petición. Asimismo, deberá acompañarse, si correspondiere, toda la documentación que pueda contribuir a su dilucidación."

En estos supuestos el TPR se integra con todos sus miembros, quienes de común acuerdo designan al árbitro que actuará como relator.[67]

Recibida la solicitud, la ST y el presidente del TPR cuentan con un plazo de 4 días corridos, computados a partir del día siguiente de su recepción, para realizar las tareas administrativas y emitir la resolución en torno a la admisibilidad del pedido y la designación del árbitro relator. No se admitirán las solicitudes cuando resulten improcedentes de acuerdo con los artículos 1 a 3 del RPO, o bien se encuentre en curso cualquier procedimiento de solución de controversias sobre la misma cuestión.[68]

Una vez aceptada y designado el relator, el pedido de opinión consultiva se pone en conocimiento de las coordinaciones nacionales, las que en un plazo de 15 días corridos pueden presentar sus eventuales consideraciones. Vencido ese plazo comienza a correr otro de 45 días corridos para que el TPR emita su respuesta. Este pronunciamiento debe fundarse en la normativa Mercosur (originaria y derivada) y puede adoptarse por mayoría, caso en el que a diferencia de los demás pronunciamientos que puede emitir deberá dejar debida constancia de los votos en disidencia si los hubiere.[69]

Emitida la opinión consultiva, el procedimiento se dará por concluido, aunque la reglamentación reconoce dos supuestos más que exceden el marco competencial del TPR y que conllevan a dar por finalizado el procedimiento consultivo:

67 . Artículo 6 RPO "1. Para emitir opiniones consultivas, el TPR estará integrado por todos sus miembros [...] 3. Los miembros del TPR decidirán, de común acuerdo, quién de ellos tomará a su cargo la tarea de coordinar la redacción de la respuesta a la consulta. En caso de no llegarse a un acuerdo al respecto, el presidente del TPR designará por sorteo al árbitro que desempeñará esta tarea [...]".

68 . Artículo 12 RPO.

69 . Artículos 7 y 9 RPO.

Conforme la reciente reforma introducida a este procedimiento mediante Dec. CMC Nº 15/10 –de 2 de agosto de 2010–, se ha extendido el procedimiento en un total de 65 días, con objeto de permitir un mejor desempeño de los árbitros, máxime si se destaca la trascendencia de las consultas que se han elevado hasta la fecha al TPR.

Es de hacer notar que esta modificación es una derivación directa de la Resolución de Presidencia del TPR Nº 3/2009, que dispuso la suspensión del plazo de 45 días corridos para la emisión de la OC, hasta que vencieran los 15 días disponibles por los Estados parte para presentar sus observaciones. Esa decisión se motivó en el hecho de que ante la superposición de plazos los árbitros terminaban contado realmente sólo con 20 a 25 días corridos para emitir sus OC.

- la comunicación al peticionante de que las opiniones consultivas no serán emitidas por alguna causa fundada, tal como la carencia de los elementos necesarios para el pronunciamiento del TPR, y
- el inicio de un procedimiento de solución de controversias sobre la misma cuestión.[70]

Es de destacar que la metodología escogida por la norma Mercosur para el trámite de las solicitudes de opiniones consultivas, así como las comunicaciones y demás actuaciones del TPR, se caracteriza por su modernidad. Esta modernidad se ve representada por el reconocimiento y autorización expresa de la utilización de medios de comunicación a distancia tales como el fax o el correo electrónico, sin que sea obligatorio que el Tribunal se reúna para expedirse (facultad reservada a los árbitros).[71]

V.1. Opiniones Consultivas solicitadas por los Superiores Tribunales de Justicia

En estos supuestos es necesario dejar en claro que la primera condición de viabilidad de una solicitud de opinión consultiva al TPR se ve representada por el hecho de que debe derivar de un proceso judicial jurisdiccional en trámite; es decir que debe tratarse de una consulta actual y vigente. Y el otro requisito que determinará la procedencia o no de la consulta es que el Superior Tribunal de Justicia de que se trate la estime admisible.

Estos requisitos, así como el alcance de estos pronunciamientos consultivos, surgen de la letra del artículo 4 del Reglamento del Procedimiento para la solicitud de Opiniones Consultivas al Tribunal Permanente de Revisión por los Tribunales de Justicia de los Estados Parte del Mercosur (el Reglamento).[72]

Pero hasta aquí me he referido únicamente a los requisitos de admisibilidad desde la óptica del TPR y no de los Superiores Tribunales de Justicia.

En tal sentido, el ya mencionado artículo 4 del RPO que continúa expresando:

70 . Artículo 10 RPO.

71 . Así lo establece el párrafo 2 del mencionado artículo 7 del Reglamento:
"[...] 2. A los efectos de emitir opiniones consultivas, el TPR funcionará mediante el intercambio de comunicaciones a distancia, tales como fax y correo electrónico. En caso de que el TPR estime necesario reunirse, informará previamente a los Estados parte a los efectos de que éstos prevean los fondos necesarios para asegurar su funcionamiento."

72 . Dec. CMC Nº 02/07.
El mencionado artículo 4 del Reglamento refiere: "[...] Las opiniones consultivas solicitadas se referirán exclusivamente a la interpretación jurídica del Tratado de Asunción, del Protocolo de Ouro Preto, de los protocolos y acuerdos celebrados en el ámbito del Tratado de Asunción, de las Decisiones del CMC, de las Resoluciones del GMC y de las Directivas de la CCM".
Las opiniones consultivas solicitadas deberán estar necesariamente vinculadas a causas en trámite en el Poder Judicial o instancias jurisdiccionales contencioso-administrativas del Estado parte solicitante."

"2. El procedimiento para la solicitud de opiniones consultivas al TPR previstas en el presente artículo será reglamentado una vez consultados los Tribunales Superiores de Justicia de los Estados parte" y del artículo 1 del Reglamento: "1. [...] Cada Tribunal Superior de Justicia de los Estados parte, en el ámbito de sus respectivas jurisdicciones, establecerá las reglas internas de procedimiento para la solicitud de opiniones consultivas a que se refiere este Reglamento, verificando la adecuación procesal de la solicitud."

La letra de estas normas Mercosur se ve reflejada en la Acordada N° 7604/07 de la Corte Suprema de Justicia de la República Oriental del Uruguay[73] y en la Acordada N° 13/08 de la Corte Suprema de Justicia de la Nación Argentina,[74] primeras reglamentaciones internas en torno al procedimiento para la solicitud de opinión consultiva de este tipo que –por lo demás– reflejan la cabal aplicación del principio de subsidiariedad en el proceso de integración.

Complementariamente, se destaca la adopción de la Acordada Nº 549[75] por parte de la Corte Suprema de Justicia de la República del Paraguay. Con ella se reglamentó el procedimiento interno para la tramitación de solicitudes de opiniones consultivas, que será instrumentado por su Dirección de Asuntos Internacionales (conforme Acordada Nº 533).[76]

En definitiva, estos esfuerzos mancomunados no implican otra cosa más que, aun cuando el propio sistema de solución de conflictos veda la posibilidad de intervención o reclamación directa de los particulares al TPR,[77] es posible advertir un haz de esperanzas con la apertura de una vía indirecta pero muy concreta para que los particulares –personas físicas y jurídicas– comiencen a tomar una mayor intervención en el sistema.

73 . Del 24 de agosto de 2007.

74 . Del 18 de junio de 2008.

75 . Del 11 de noviembre de 2008.

76 . Respecto del caso de Brasil, que aún no ha reglamentado este procedimiento, cabe aclarar que si bien el Superior Tribunal de Justicia definido por el propio Reglamento es el Supremo Tribunal Federal, los temas o asuntos que eventualmente podrían verse afectados por una solicitud de OC al TPR son más bien de competencia del Superior Tribunal de Justicia. Esta circunstancia trae aparejada una disputa "en silencio" entre ambos tribunales, que poseen ámbitos competenciales bien definidos, sin que ninguno de ellos sea o ejerza superioridad sobre el otro y, en definitiva, genera la complicación de definir internamente quién estará a cargo de la solicitud de OC.

77 . Adviértase que si bien el artículo 39 PO regula el ámbito de aplicación del sistema de solución de controversias del Mercosur respecto de reclamaciones de particulares, de ser aceptado el caso concreto por la sección nacional correspondiente, esta misma sección nacional será la que asumirá la conducción del resto del procedimiento desplazando al particular que presentó el conflicto en forma originaria. Es decir que la participación de los particulares es sólo por representación del Estado parte de su domicilio.

En este punto corresponde aclarar que aun cuando los particulares pueden solicitar en un caso concreto a un juez la sustanciación del procedimiento consultivo y luego éste elevar el pedido al Superior Tribunal de Justicia del que se trate –en aplicación de la reglamentación interna correspondiente-, la facultad consultiva a la que habilita la norma Mercosur corresponde con carácter exclusivo al propio Superior Tribunal de Justicia. Éste puede –llegado el caso– desatender el pedido, modificar las normas de aceptabilidad interna, etc.[78]

Por último, en cuanto al procedimiento, la Dec. CMC Nº 2/07, mediante la cual se adoptó el Reglamento del Procedimiento para la Solicitud de Opiniones Consultivas al Tribunal Permanente de Revisión por los Tribunales Superiores de Justicia de los Estados Parte del Mercosur, no refleja mayores diferencias de la mecánica mencionada en el punto anterior.

Sin embargo, corresponde destacar que ante un pedido de opinión consultiva por un Superior Tribunal de Justicia, además de notificarse a los restantes de tal circunstancia, la totalidad de los Estados parte pueden presentar en un plazo perentorio y a fines exclusivamente informativos sus eventuales consideraciones sobre el tema objeto de la solicitud de opinión consultiva. Esta facultad no implica que puedan cuestionar la validez, aceptación o rechazo de tratamiento de la cuestión llevada a conocimiento del TPR. Su intervención está prevista únicamente a fin de acercar análisis o comentarios relacionados en forma directa con la consulta jurídica realizada, encaminados a lograr la buscada uniformidad de aplicación del derecho Mercosur.[79]

Bibliografía

Bertoni, L.: *Laudos arbitrales en el Mercosur,* Ciudad Argentina, 2006.

Bianchi Gómez, E.: "Protocolo de Olivos: modificaciones en el sistema de solución de controversias del Mercosur y perspectivas", E.D. Administrativo, vol. 2001/2002.

78 . Esta interpretación –que no deja lugar a dudas ni interpretaciones en contrario– surge con claridad del propio texto de la norma, la aplicación del principio de subsidiariedad ya mencionado y la forma en que internamente se ha reglamentado el procedimiento en cada uno de los tres Estados parte que ya lo han hecho.

79 . Así lo expresa el artículo 9 del Reglamento: "Los coordinadores nacionales del GMC podrán, en un plazo de quince días contados a partir de la notificación de recepción de una solicitud de opinión consultiva, conforme el Artículo 6, enviar al TPR, por intermedio de la ST, únicamente con fines informativos, sus eventuales consideraciones sobre el tema objeto de la solicitud de opinión consultiva".

Biocca, S.M.: "Propuesta de sistema permanente de solución de controversias en el Mercosur", en Molina del Pozo, C.F. (coord.): *Integración eurolatinoamericana*, Editorial Ciudad Argentina, 1996.

Bloch, R. e Iglesias, D.: *Solución de controversias en el Mercosur*, Ad Hoc, 1995.

Boldorini, M.C.: "Protocolo de Brasilia para la Solución de Controversias", en *Revista de Derecho Privado y Comunitario*, Nº 6, Rubinzal Culzoni, 1994.

Bonesso de Araujo, L. y Podetti, H. (coord.): *Integración y derecho*, Ediar, 2007.

Caivano, R. J.: *Arbitraje*, Ad Hoc, 2da. Edición, 2008.

Czar de Zalduendo, S.: "Solución de Controversias en el Mercosur: Reglamentación del Protocolo de Brasilia", en *El Derecho*,29/3/99.

— "La competencia consultiva en el Mercosur", en *Revista La Ley*, Suplemento Constitucional, 28/11/05.

Deluca, S.: "Acceso a la Justicia en los Procesos de Integración: del paradigma europeo al Mercosur", en *La Ley Online*, noviembre de 2007.

— *Unión Europea y Mercosur: los efectos del derecho comunitario sobre las legislaciones nacionales*, Rubinzal Culzoni, 2003.

— *"La actualidad del Tribunal Permanente de Revisión"*, disponible en [URL] *www.aduananews.com.ar*, Nº 85, noviembre de 2008.

Dreyzin de Klor, A.: "El sistema de solución de controversias en el Mercosur", en *Revista La Ley*, tomo 1995 B.

Fernández Arroyo, D.: "La respuesta del Tribunal Permanente del Mercosur a la primera consulta interpretativa. Escoba nueva siempre barre más o menos", en *Jurisprudencia Argentina*, tomo 2007-III, Fasc. 1.

González Garabelli, C.A.: *Procesos de Integración. Mercosur. Solución de Controversias*, Fundación Konrad Adenauer, 2004.

Moreno Rodríguez, J.A. (Coord.): *Arbitraje y mediación*, Intercontinental Editora, 2003.

Negro, S. (Dir.): *Derecho de la Integración*, BdeF, 2010.

Perotti, A.D.: *Tribunal Permanente de Revisión y Estado de Derecho en el Mercosur*, Marcial Pons, 2008.

Pimentel, L.O. y Dreyzin de Klor, A.: *Esttrutura funcional do sistema de solução de controversias do Mercosur*, Fundación Konrad Adenauer, 2004.

Rey Caro, E.: "El Protocolo de Olivos para la solución de controversias en el Mercosur", *Anales de la Academia Nacional de Derecho y Ciencias Sociales de Córdoba*, vol. XLI, 2002.

Robiolo, J.A.. *Derecho arbitral*, La Ley, 2007.

Rufino, M.A., *El proceso arbitral*, Ad Hoc, 1992.

Ruiz Díaz Labrano, R., *Mercosur: integración y derecho*, Ciudad Argentina, 1998.

Capítulo V

El Tratado de Asunción en sus veinte años: fuente para la reforma institucional y la creación de órganos comunes, con especial referencia al Tribunal del Mercosur

Roberto Jesús Ruiz Díaz Labrano*

I. El Tratado de Asunción visto desde sus principales objetivos

Cumplidos veinte años del Tratado de Asunción, que creó el Mercosur,[1] es imposible no efectuar un análisis de su evolución y desarrollo. Consideramos que para tal efecto es imprescindible volver sobre los objetivos y metas que se tuvo al momento de la firma, sobre los grandes lineamientos en el momento y coyuntura histórica de celebración del acuerdo, único modo de confrontar sus logros con la situación y etapa en que se encuentra el proceso de integración, de modo tal de poder analizar su proyección institucional.

Un tratado generalmente refleja de manera expresa o tácita los motivos que impulsaron su suscripción; en tal sentido, no dudamos en apuntar que uno de los más importantes objetivos del Tratado de Asunción fue la urgencia de encarar un mecanismo que permitiera "acelerar" fórmulas para contrarrestar la profundización del desarrollo económico y social negativo en la región.[2]

* El Dr. Roberto Ruiz Díaz Labrano es miembro titular del Tribunal Permanente de Revisión del Mercosur, profesor titular de la Cátedra de Derecho Internacional Privado y de la Cátedra de Derecho de la Integración. Director del Instituto de Derecho de la Integración de la Facultad de Derecho de la Universidad Nacional de Asunción. Es profesor en la Maestría de Derecho Internacional Privado e Integración de la Universidad de Buenos Aires; actual presidente en ejercicio de la Asociación Paraguaya de Derecho Internacional y miembro de la Academia Paraguaya de Derecho.

1 . El Tratado de Asunción, que creó el Mercado Común del Sur Mercosur, fue suscripto el 26 de marzo de 1991 y está en vigencia desde el 29 de noviembre de 1991.

2 . Sólo recientemente se ha trazado en general un plan de acción que tendría que conducir en aproximadamente diez años a un estatuto de la ciudadanía del Mercosur; también se ha elaborado

En la idea de la integración como respuesta, se buscaba también revertir de algún modo las políticas nacionales que hasta ese momento caminaban a destiempo con la corriente de liberalización del comercio internacional y los desafíos de la globalización. Por supuesto, no dudamos de que existía la firme intención de afianzar la democratización reiniciada en la región.

El tratado refleja cuál era el propósito u objetivo de desarrollo económico –ampliar el acceso a los mercados-, teniendo en cuenta que los mercados nacionales se encontraban acorralados en las limitaciones derivadas de un excesivo proteccionismo, de políticas destinadas a no permitir el ingreso de productos al mercado nacional como fórmula equivocada para garantizar el crecimiento.

Estas medidas habían tenido como resultado y contrapartida otras de carácter proteccionista, limitando y obstaculizando el intercambio de bienes y servicios y, en general, el acceso al mercado, incluso al de los países vecinos. Esta situación impedía un desarrollo capaz de generar una producción de bienes con posibilidades de competir en el mercado internacional,[3] retrasando el desarrollo tecnológico e industrial.

La apuesta por un proceso de integración se inspiró en el éxito alcanzado por las Comunidades Europeas, hoy Unión Europea,[4] que habían demostrado todo lo que se podía lograr, no sin dificultades, pero con persistencia y metas fijas, a través de la integración y de la aplicación de políticas comunes.

El ejemplo del proceso europeo respaldaba la idea de encontrar por medio de la integración las vías adecuadas de recomponer la relación de confianza entre los Estados apostando a un mercado regional como nueva fórmula, en especial porque el empleo de las políticas de sustitución de importaciones como único mecanismo de desarrollo resultó insuficiente e ineficaz frente a los nuevos desafíos de la economía mundial.

La idea reforzada por la frustración de los intentos de integración destinados a generar una zona de libre comercio latinoamericano, que no conseguían sortear las dificultades de armonización de intereses y de inestabilidad política, indicaba como solución transitoria una integración regional más pequeña con objetivos que permitieran, sobre la base del esfuerzo e interés comunes, la adopción de políticas de desarrollo regional. Sin duda alguna, ésta fue la decisión más adecuada, frente a un mundo que aceleraba la

---

un Plan Estratégico de Acción Social (PEAS). Las últimas reuniones se han caracterizado por poner el acento en la integración social y ciudadana, de modo que los objetivos económicos no estén divorciados de las necesidades y objetivos de los ciudadanos.

3 . El Tratado de Asunción, al respecto, afirma: "Teniendo en cuenta la evolución de los acontecimientos internacionales, en especial la consolidación de grandes espacios económicos y la importancia de lograr una adecuada inserción internacional para sus países".

4 . Los Estados suscriben el Tratado a través de sus representantes, "expresando que este proceso de integración constituye una respuesta adecuada a tales acontecimientos".

marcha por la mundialización de la economía,[5] sin abandonar la perspectiva de alcanzar la integración latinoamericana en el futuro.[6]

El reclamo de una sociedad más justa, de políticas más adecuadas para acortar la brecha entre ricos y pobres, el compromiso de apertura y de democratización de los Estados de la región y la preocupación relacionada con la justicia social ha estado presente en el Tratado de Asunción. Sin embargo, ninguna política en tal sentido podía ser efectiva sin desarrollo económico, lo que explica tal vez que las metas y objetivos de carácter social, si bien fueron enunciados, tuvieran un inicio mucho más tardío y, por supuesto, sigan siendo una cuestión pendiente.

Al momento de la suscripción del Tratado, los Estados destacaron que los objetivos estaban supeditados a un proceso de integración que optimizara el aprovechamiento de los recursos disponibles en la región, la complementación de los sectores de la economía de los Estados parte y la adopción de políticas macroeconómicas coordinadas, a fin de evitar la parálisis anterior, producto de la falta de coordinación o de diálogo, como también de una competencia entre los Estados de la región que terminaba limitando las posibilidades de expansión hacia otros mercados.

En el proyecto común de integración estuvo presente la preocupación de otra limitante dentro de la realidad regional: las dificultades derivadas de la escasa conexión física a través de carreteras u otros medios que permitieran y facilitaran el intercambio comercial. El gran espacio físico que abarca la región, a la inversa de lo que se sostenía a través de las teorías geopolíticas de confrontación, exigía vertebrar vías de comunicación y acceso para facilitar la circulación y el intercambio, una de las condicionantes más importantes para crear y desarrollar un mercado común. Aun declarado en el tratado, se puede apreciar que sólo recientemente se han adoptado decisiones que reconocen la necesidad de superar este importante déficit, que no es sino una de las grandes debilidades del proceso[7] y una urgente necesidad.

El Tratado de Asunción, como se observa, no ha sido sólo un acuerdo de integración. Es un marco integral de prioridades regionales y de principios a los cuales los Estados deben ajustar su conducta. Esto se puede apreciar en el caso de la política mercosureña

5 . A este respecto, el Tratado de Asunción expresa: "Considerando que la ampliación de las actuales dimensiones de sus mercados nacionales, a través de la integración, constituye condición fundamental para acelerar sus procesos de desarrollo económico con justicia social".

6 . El Tratado señala que los Estados parte son "conscientes de que el presente Tratado debe ser considerado un nuevo avance en el esfuerzo tendiente al desarrollo en forma progresiva de la integración de América Latina, conforme al objetivo del Tratado de Montevideo de 1980".

7 . En términos de planificación, por Decisión CMC N° 34/06, se resolvió establecer directrices para un plan de superación de las asimetrías en el Mercosur, atendiendo a que los Estados parte presentan marcadas diferencias en su desarrollo económico, en su tamaño relativo y ubicación geográfica que dificultan a los socios menores aprovechar plenamente los beneficios potenciales de la integración. Por este motivo, es necesario adoptar medidas para saldar esas diferencias, en especial con relación a Paraguay, debido a su condición de país sin litoral marítimo.

de preservación del medio ambiente, un compromiso hacia lo que constituye un bien común de la humanidad que no es propio o exclusivo de ningún país. Por este motivo, su preservación y las medidas de protección deben ser armonizadas y observadas en conjunto con todas las demás políticas de desarrollo, para evitar lo que venía sucediendo: la explotación inadecuada de los abundantes recursos naturales sin ningún análisis y prevención sobre repercusiones ambientales negativas.

Los principios de complementariedad económica y armonización de las políticas macroeconómicas son instrumentos esenciales contenidos en el Tratado, pero como ha quedado dicho lo son también el adecuado uso de nuestros recursos naturales y la protección del medio ambiente.[8] Este último, contemplado de este modo en el Tratado de Asunción, no constituía por tanto una mención adjetiva sino esencial para la región y para el futuro del mundo.[9]

La coordinación y la complementación de políticas económicas fueron condicionadas a los principios de gradualidad, flexibilidad y equilibrio. El primero presuponía evitar crear distorsiones económicas graves y la necesidad de adaptación del mercado, evitando así medidas drásticas, de modo tal que la construcción del mercado común se efectuara por etapas. El principio de gradualidad dejaba abiertas las puertas a que, de ser necesario, los plazos previstos fueran ampliados o reajustados, como de hecho ha venido sucediendo, lo que impide muchas veces la profundización del proceso de integración, debido al uso excesivo que se ha hecho de aquel principio.

La flexibilidad a la que alude el Tratado de Asunción está referida al reconocimiento de situaciones especiales, a fin de permitir excepciones en las medidas comunes adoptadas ante los efectos negativos especialmente relevantes para la economía de cualquiera de los Estados, o cuando las dificultades de ritmo así lo ameritaran. Estas situaciones, sin embargo, deben ser aplicadas de forma excepcional y monitoreando sus resultados.

La región no ha logrado administrar adecuadamente este principio, sobre todo porque debía ser compatibilizado con otro no menos importante –el principio de equilibrio-, tendiente a un desarrollo armónico, de modo tal que las medidas adoptadas no se reflejen en un grave perjuicio para una de las partes o un beneficio desmedido para la otra, en claro reconocimiento de las diferencias de desarrollo entre los Estados parte y en sus propias regiones.

El principio significa compartir y distribuir tanto el costo social y económico como los beneficios de la integración;[10] hemos observado no obstante que las asimetrías siguen siendo la gran dificultad que no ha conseguido superar el Mercosur. Este problema ha

8 . Bertucci, R., *et al*: *Mercosur y medio ambiente*, Ciudad Argentina, Buenos Aires, 1996.

9 . Ruiz Díaz Labrano, R.: *Mercosur, integración y derecho*, Ciudad Argentina e Intercontinental Editores, Buenos Aires, 1998.

10 . "Los principios de gradualidad, flexibilidad y equilibrio informan, dan sentido y contenido a todo el proceso de creación y conformación del Mercosur, y deben ser aplicados en cada etapa y a cada negociación relativa a los derechos y deberes de las partes". Gross Spiell, H.: "El Tratado

sido enfrentado con poca intensidad y discontinuamente, cuando debería ser una de las grandes prioridades del proceso de integración.

Desde el ángulo de la motivación política, no cabe duda alguna de que se debió al riesgo de que los dos grandes países de la región quedaran aislados, o envueltos en una rivalidad permanente, que por lo demás era alentada y creada por alas del proceso de intervención militar,[11] para que esos sectores volvieran a inquietar e incluso interferir el proceso de democratización.

La integración regional iniciada por Raúl Alfonsín y José Sarney,[12] que derivaría finalmente en la suscripción del Tratado de Asunción, es respuesta al impulso para la integración realizado por ambos estadistas, que eran absolutamente conscientes de la necesidad de consolidar la democracia y la estabilidad en la región;[13] la invitación a Paraguay y Uruguay fue parte de este importante y fundamental objetivo político.

Se trataba, además, de acompañar y apuntalar el proceso de democratización regional, que no debe ser considerado un hecho aislado o particular de la región, sino como en realidad lo era, una corriente o una verdadera ola democratizadora de nivel mundial[14] y

de Asunción: una aproximación a su problemática jurídica", en *Revista de la Facultad de Derecho de Montevideo,* julio-diciembre de 1991, N° 1, p. 21.

11 . "El giro hacia el autoritarismo comenzó en Perú, en 1962, cuando las fuerzas armadas intervinieron para cambiar el resultado de unas elecciones. Al año siguiente, un civil conveniente para los militares fue elegido presidente, pero fue derrocado por otro golpe militar en 1968. En 1964, golpes militares derrocaron a los gobiernos civiles de Brasil y Bolivia. Siguieron la Argentina en 1966 y Ecuador en 1972. En 1973 se impusieron regímenes militares en Uruguay y Chile." (Huntington, S.P.: *La Tercera Ola. La democratización a fines del siglo XX*, Paidós, Madrid, 1994, p. 31).

12 . En 1985, con la Declaración de Foz de Iguazú se creó una Comisión Mixta de Alto Nivel para la Integración entre la Argentina y Brasil, y en 1990 suscribieron y registraron en ALADI un Acuerdo de Complementación Económica en el que sistematizaron y profundizaron los acuerdos comerciales bilaterales preexistentes. En ese mismo año, representantes de ambos países se reunieron con autoridades de Uruguay y Paraguay, que habían iniciado el proceso de democratización, para conformar una integración más amplia, lo que se logró con la firma del Tratado de Asunción, al año siguiente.

13 . Los presidentes Carlos Menem (Argentina) y Fernando Collor de Melo (Brasil) suscribieron, el 6 de julio de 1990, el Acta de Buenos Aires, en la que definieron el objetivo de "Establecer un Mercado Común entre la República Argentina y la República Federativa de Brasil, el que deberá encontrarse definitivamente conformado el 31 de diciembre de 1994"; el anexo del Acta de Buenos Aires contiene las bases que luego se plasmaron en el sistema de reducción arancelaria de la primera etapa de la integración del Mercosur, en la que también se sumaron Paraguay y Uruguay.

14 . Estos cambios se realizan de un modo profundo en Europa Oriental. "Cuando la Unión Soviética acepta la llegada al poder de no comunistas en Polonia en 1989, la ola de democratización avanzaría sobre Europa Oriental: Hungría en septiembre, Alemania Oriental en octubre, Checoslovaquia y Bulgaria en noviembre, Rumania en diciembre". (Huntington, S.P., *op.cit.*). Luego, la caída del muro de Berlín, el acto simbólico más visible, constituyó un acontecimiento inesperado e impredecible para el analista más agudo, porque condujo aceleradamente a la reunificación alemana, que pocos esperaban sucediera en ese siglo. Entre julio y agosto de 1989 ya era incontenible la marea humana que huía hacia Alemania Occidental, que se convirtió en una mani-

exigencia de la nueva realidad económica mundial, así como condición para la concertación y profundización de bloques económicos del mundo globalizado.[15]

En la referencia que se efectúa a la evolución de los acontecimientos internacionales, y en especial a la consolidación de grandes espacios económicos, queda reflejada la necesidad de comprender y aplicar nuevas reglas de participación en el mercado internacional y de representación política internacional conformes a un bloque y proceso de integración. Es evidente que tanto en lo político como en lo económico y aun para los más pesimistas no existía alternativa –ni existe a nuestro modo de ver– más que la integración, si se pretende una participación e inserción internacional, para lo cual es menester superar los pasos tímidos y desistir de las actitudes egoístas.

El Mercosur que no se observa desde esta perspectiva es evaluado exclusivamente en términos de las dificultades con que ha tropezado en la realización de los objetivos trazados a futuro (en análisis que ignoran el rol que tiene en la consolidación de la democracia en la región), ignorando que la integración política y económica –con sus marchas y contramarchas– sigue la única alternativa viable frente al aislamiento.

No es correcto analizar el proyecto sólo en situaciones coyunturales o en las dificultades que se han presentado en su desarrollo sin considerar que en definitiva son

---

festación popular que terminó en el derrumbamiento del muro de Berlín, tras lo cual se produjo el derrumbe del gobierno en Alemania Oriental. Producida la desarticulación de Alemania del Este, se sucedieron sin solución de continuidad la caída de los gobiernos comunistas en Checoslovaquia, Bulgaria y Rumania, y en prácticamente todos los países de Europa del Este se llamó a elecciones relativamente libres. A estos hechos políticos de gran impacto internacional siguieron otros no menos relevantes, como el desmantelamiento de la Unión de las Repúblicas Socialistas Soviéticas (URSS), poniendo fin abruptamente a la Guerra Fría. Estos acontecimientos de fuerte contenido político e histórico y de fuerte repercusión económica sorprendieron al mundo, a pesar de que la *Perestroika* de Mijail Gorvachov ya señalara la gran apertura que permitió la elección democrática de Boris Yeltsin. (Ruiz Díaz Labrano, R., *op. cit.*).

15 . Las Partes Contratantes del GATT (*General Agreement on Tariffs and Trade* – Acuerdo General de Tarifas y Comercio) el 28 de noviembre de 1979 decidieron otorgar un "trato diferenciado y más favorable, reciprocidad y mayor participación de los países en desarrollo", mediante la "cláusula de habilitación", permitiendo otorgar preferencias arancelarias, y en las condiciones que pueden establecerse, preferencias no arancelarias, en concesiones otorgadas mutuamente por países en desarrollo en el marco de acuerdos comerciales "generales o regionales", de acuerdo con lo establecido en el apartado c) del párrafo 2 de la cláusula. Sobre la base de esa cláusula de habilitación, la ALADI se constituyó en área de integración "regional" (cláusula novena del preámbulo del Tratado de Montevideo 1980). La cláusula de habilitación es resultado de la Ronda de Tokio y ubica el trato discriminatorio en favor de los países en desarrollo dentro del contexto del GATT, cuyo basamento es el principio de la cláusula de la nación más favorecida dispuesta en el artículo I del GATT. La no reciprocidad permite que los países desarrollados confieran un tratamiento especial y diferenciado en favor de los países en desarrollo, mediante concesiones especiales, o que simplemente tomen nota de que un grupo regional de esos países ha decidido establecer un sistema de comercio preferencial, desviándose de la aplicación incondicional de la cláusula de más favorecido del GATT a fin de otorgar un tratamiento diferenciado y más favorable a los países en desarrollo.

superables. Posiciones negativas que alientan la salida del Mercosur, sin considerar las consecuencias o los efectos de un aislamiento internacional, sin prever los "costos" de salir del proceso y sin señalar en definitiva cuál será el futuro de los Estados en la región, aislados y compitiendo en un mercado absolutamente abierto, sin alcanzar aún los niveles necesarios, no aportan absolutamente nada. Por el contrario, son voces inútiles que conducen innecesariamente a la desvalorización de un gran proyecto, a juzgar por los objetivos plasmados en el tratado que se encuentran aún vigentes.

En un análisis objetivo, basta considerar lo que ha aportado al afianzamiento de la democracia y a que la región siga siendo un escenario económico activo o potencialmente activo dentro de una economía mundial para analizar las vertientes positivas del Mercosur. Basta, al mismo tiempo, imaginar lo que hubiera sido de la región si los Estados hubieran permanecido aislados unos de otros o sin la representatividad que a nivel internacional tiene la región, a punto tal de interesar estratégicamente a la Unión Europea para un acuerdo entre ambos bloques.

La actitud debería ser totalmente inversa, para lo cual es necesario comprender cuánto se debe y puede esperar del proceso de integración regional, único modo de apreciar las ventajas de la integración y de tener una actitud positiva que lleve a superar las dificultades que se oponen u obstaculizan o desalientan avanzar en la profundización de la integración.

La actualidad del Tratado de Asunción se refleja en otros aspectos considerados en él que, lejos de perder vigencia, son la clave del desarrollo futuro, como la necesidad/urgencia de promover el desarrollo científico y tecnológico, modernizar los medios y recursos para que los bienes y servicios[16] contribuyan a mejorar las condiciones de competitividad y facilitar el acceso a otros mercados, lo cual se traducirá necesariamente en el mejoramiento del nivel de vida.

Está explícitamente plasmado en el Tratado y forma parte de sus grandes objetivos apostar al desarrollo científico y tecnológico. No obstante, la región no ha logrado plasmar un plan y adoptar las medidas necesarias en esta dirección, o lo ha hecho desarticuladamente y no de forma armonizada; tampoco se han aplicado los recursos necesarios y sólo recientemente se ha tomado conciencia de la importancia que tienen para el desarrollo la tecnología, la innovación y la creatividad.

La región ya ha perdido un valioso tiempo en devaneos políticos y excusas por razones coyunturales, pese a que en el propio instrumento fundacional se evidencia que los Estados parte deben aplicar todos sus esfuerzos y recursos hacia una política común destinada a superar las diferencias ya existentes con los países desarrollados, en lograr una economía sustentada en una producción de bienes y servicios de alto nivel y en tomar

16 . El Tratado de Asunción refiere: "Convencidos de la necesidad de promover el desarrollo científico y tecnológico de los Estados parte y de modernizar sus economías para ampliar la oferta y la calidad de los bienes y servicios disponibles a fin de mejorar las condiciones de vida de sus habitantes".

en consideración invertir en investigación y desarrollo, en innovación y en creatividad como política nacional y regional.

De lo expuesto se puede apreciar que los grandes objetivos previstos en el Tratado de Asunción están plenamente vigentes, que la integración sigue siendo la respuesta adecuada para lograr el crecimiento y el desarrollo regional, por lo cual se debe poner fin a todos los obstáculos que se opongan a su desarrollo, así como al manto de dudas que cubren innecesariamente el proyecto, a tomar las decisiones adecuadas y necesarias para que el proceso de integración avance y logre sus metas, ninguna de las cuales, como se ha visto, ha dejado de estar vigente.

II. El proceso de consolidación de la Unión Aduanera

Como se puede apreciar, no tenemos una visión pesimista del proceso; antes bien, estamos cada vez más seguros de que muchas respuestas se encontrarán en una mayor integración, en una profundización del proyecto sin retaceos ni demoras, pero para tal efecto es necesario apreciar objetivamente los obstáculos o dificultades que atraviesa el Mercosur. Es con esta visión que pretendemos encarar una reflexión sobre la situación que atraviesa el proceso de integración al cumplir sus veinte años.

En tal sentido, recordamos que como objetivo específico y como proceso de integración el Tratado de Asunción hizo evidente que aspira a convertirse en algún momento en un Mercado Común, tal como surge del capítulo I, en que el que refiere a los "propósitos y principios", y cuyo artículo 1º enuncia expresamente: "Los Estados deciden constituir un Mercado Común que deberá estar conformado al 31 de diciembre de 1994".

Alcanzar este propósito debería implicar la libre circulación de bienes, servicios y factores productivos entre los países miembros; el establecimiento de un arancel externo común; la necesaria coordinación de políticas macroeconómicas y sectoriales entre los Estados parte, y el compromiso de éstos de armonizar sus legislaciones en las áreas pertinentes.

Este propósito central del Tratado de Asunción fue inserto con la seguridad de que los pasos hacia constituir un mercado interior serían firmes, que se encaminarían las medidas necesarias, que se efectuarían las reformas constitucionales y legales para facilitar la integración y encaminar al proceso hacia un sistema comunitario, teniendo en cuenta que el funcionamiento adecuado de un mercado único resulta impensable sin un proyecto común profundizado.

En sus veinte años, el Mercosur no ha podido superar ni en su sistema normativo ni en su sistema institucional la etapa exclusivamente intergubernamental, y desde el punto de vista económico no ha logrado ser más que una unión aduanera imperfecta, denominada así porque no ha terminado de conformarse como tal, por las excepciones y limitaciones que aún existen para su concreción, debido a la falta de articulación de una legislación comunitaria.

Se afirma que el Mercosur ha constituido la unión aduanera a partir del 1° de enero de 1995. Tal afirmación implica la sustitución de los territorios aduaneros nacionales por uno solo, la eliminación de los obstáculos arancelarios en el territorio integrado, la eliminación y prohibición de restricciones no arancelarias y, lo más importante, el establecimiento de un arancel externo común. Este conjunto de elementos significa la existencia de una política comercial común entre los Estados parte.

La noción de unión aduanera imperfecta, como se refiere a la etapa en que se encuentra el Mercosur, es lo adecuado para afirmar precisamente que esos elementos aún no están reunidos, por las perforaciones –excepciones– al arancel externo común y porque no se han concretado las condiciones para su funcionamiento.

En el proceso de integración siguen vigentes listas de excepciones establecidas al arancel externo común (AEC), tales como el tratamiento diferenciado respecto de bienes de capital, productos informáticos y de telecomunicaciones; los regímenes especiales de importación que excluyen el pago del arancel externo común para ciertos insumos y bienes con la finalidad de promoción de la producción y exportación de ciertos sectores por su impacto económico; las medidas de defensa comercial y salvaguarda, así como los numerosos acuerdos bilaterales entre los Estados parte con terceros Estados.[17]

En la práctica, también existen numerosos obstáculos fundados en estas excepciones, pero que no se ajustan a los presupuestos previstos para aquéllas, lo que lleva a una suerte de descreimiento sobre la efectividad de la normativa y respeto sobre los principios propios de una integración.

La falta de cumplimiento de los plazos previstos para la eliminación definitiva de estas excepciones y, hasta hace poco, la falta de medidas para la eliminación del doble del arancel externo común a los productos de terceros Estados, cuya reexportación se produce a otro Estado parte; los obstáculos a la libre circulación de bienes entre los Estados parte y los mecanismos para la determinación de origen ponen permanentemente en duda la existencia del territorio aduanero común.

La necesidad de destrabar la visión de estancamiento, de consolidar la unión aduanera y las posibles negociaciones de un acuerdo con la Unión Europea llevaron a volver

17 . El universo comprendido en el arancel externo común es de 8500 posiciones de la Nomenclatura del Sistema Armonizado. Se establecieron excepciones (Argentina 232, Brasil 232, Uruguay 212 y Paraguay 253). Se estableció un régimen de convergencia en relación con los bienes de capital que quedó fijado en un arancel máximo del 14%, se establecieron convergencias ascendentes y descendentes que deberían ser cumplidas por la Argentina y Brasil para 2001 y para Uruguay para 2006. En relación con los bienes informáticos y de telecomunicaciones, se estableció un arancel máximo de 16%, con convergencias ascendentes y descendentes hasta 2006. Por último, se estableció un régimen de adecuación, que constituyen los productos exceptuados, conforme a la Dec. 5/94 del Consejo Mercado Común que autoriza a los Estados parte a "presentar una lista reducida de productos" que requieran un tratamiento arancelario especial.

a verificar los obstáculos para su supresión. Tal situación condujo a la elaboración de un nuevo Código Aduanero del Mercosur, en el cual se buscara superar las objeciones realizadas al Código que fue elaborado y aprobado como Protocolo, pero que no entró en vigor. El actual se respalda sólo en una Decisión del Consejo del Mercado Común cuyo respaldo jerárquico normativo, si bien tiene fuerza obligatoria para los Estados parte, es inferior al anterior.

Para la elaboración del nuevo Código se constituyó un grupo ad hoc dependiente del Grupo Mercado Común,[18] el cual presentó un proyecto que fue aprobado por la Decisión N° 27/10 del Consejo Mercado Común.[19] En su artículo 1º, resuelve "aprobar el Código Aduanero Mercosur", disponiendo que la decisión deberá ser incorporada al ordenamiento jurídico de los Estados parte.[20]

Como ámbito de aplicación, el código y sus normas reglamentarias "constituyen la legislación aduanera común del Mercado Común del Sur" que "se aplicará a la totalidad del territorio de los Estados parte y a los enclaves concedidos a su favor y regulará el tráfico internacional de los Estados parte del Mercosur con terceros países o bloques de países".[21]

Otra de las medidas adoptadas para buscar la consolidación de la Unión Aduanera ha sido el mecanismo para la "eliminación del doble cobro del arancel externo común y

18 . Por Decisión CMC Nº 25/06 se creó un grupo ad hoc, dependiente del Grupo Mercado Común, que tiene a su cargo la redacción del Proyecto de Código Aduanero del Mercosur. Por Decisión Mercosur/CMC/DEC. Nº 15/07, Art. 2, el proyecto de Código Aduanero del Mercosur debería haber estado listo para la consideración del Consejo del Mercado Común en su última reunión de 2007.

19 . Mercosur/CMC/DEC. Nº 27/10, dictado teniendo presente el Tratado de Asunción, el Protocolo de Ouro Preto, las Decisiones Nº 01/92, 25/94, 26/03, 54/04, 25/06 del Consejo del Mercado Común y la Resolución Nº 40/06 del Grupo Mercado Común.

20 . La Dec. Nº 27/10 también dispuso en su artículo 2º que "durante los próximos seis meses, los Estados parte harán las consultas y gestiones necesarias para la eficaz implementación del mismo dentro de sus respectivos sistemas jurídicos". Asimismo, en el Art. 3 se establece que "los Estados parte se comprometen a armonizar aquellos aspectos no contemplados en el Código Aduanero Mercosur que se aprueba en el artículo 1".

21 . Art. 1º del Código Aduanero del Mercosur: "1. El presente Código y sus normas reglamentarias y complementarias constituyen la legislación aduanera común del Mercado Común del Sur (Mercosur), establecido por el Tratado de Asunción del 26 de marzo de 1991; 2. La legislación aduanera del Mercosur se aplicará a la totalidad del territorio de los Estados parte y a los enclaves concedidos a su favor y regulará el tráfico internacional de los Estados parte del Mercosur con terceros países o bloques de países; 3. La legislación aduanera del Mercosur no se aplicará a los enclaves concedidos en favor de terceros países o bloques de países; 4. Las legislaciones aduaneras de cada Estado parte serán aplicables supletoriamente dentro de sus respectivas jurisdicciones en aquellos aspectos no regulados específicamente por este Código, sus normas reglamentarias y complementarias; 5. Mantendrán su validez, en cuanto no se opongan a las disposiciones de este Código, las normas dictadas en el ámbito del Mercosur en materia aduanera; 6. Mantendrán su validez los tratados internacionales que se encuentren vigentes en cada Estado parte a la fecha de entrada en vigor de este Código."

distribución de la renta aduanera", por medio de la Decisión Nº 54/04 del CMC, que constituye una solución parcial, por cuanto sólo acorta el universo de productos a los cuales se elimina el doble cobro y se distribuye la renta aduanera a los productos finales importados por un Estado parte que cumple con la Política Arancelaria Común (PAC).

Esto significa que para el producto específico deberá estar vigente –sin excepciones– el AEC, en tanto ese producto sea reexportado a terceros Estados. Esto excluye nuevamente aquellos productos que, aun cumpliendo con el PAC, son destinados a otro Estado parte, al igual que productos importados por un Estado parte que cumplen con la PAC y a los cuales se incorporan otros bienes como parte de un proceso productivo, a los cuales se les da tratamiento de bienes originarios. Fueron excluidos los productos del sector automotor, el azúcar, las listas de excepciones al AEC, los tejidos, vestimenta y calzado, las perforaciones consolidadas en la OMC, los bienes de capital y los bienes de informática y telecomunicaciones.[22]

Estas medidas auspiciosas están sujetas a una serie de mecanismos que pueden ser interferidos por la burocracia institucional, que también debe ser eliminada, porque obstaculiza el avance y hasta las grandes decisiones adoptadas por el Consejo del Mercado Común.

Lo cierto es que en el proceso se perciben dudas y temores para su profundización. Son indudables, sin embargo, la decisión y la audacia de los fundadores o inspiradores del proceso de integración, que por supuesto nunca desconocieron las dificultades, pero con posición firme señalaron la necesidad de una integración profunda, respetuosa, armónica, y de un desarrollo equilibrado y solidario, que reconozca las asimetrías y que apunte a superarlas. Esto último se ha convertido en una deuda pendiente, pero que es imprescindible saldar, si se pretende realmente el desarrollo y crecimiento de la región.

III. El Mercosur y las instituciones

Las instituciones que todo esquema de integración establece y a las cuales atribuye competencias son, en la medida del desarrollo de aquéllas, los motores de los procesos de

22 . Dada la complejidad de implementar una norma como la Decisión Nº 54/04 del CMC, principalmente porque abarca la resolución del tema de la distribución de la renta aduanera entre los Estados parte, se estableció un cronograma de dos etapas. La segunda etapa plantea condiciones previas que debían ser resueltas, como la sanción del Código Aduanero Mercosur, la interconexión en línea de los sistemas informáticos de las administraciones aduaneras de los Estados parte, por ser necesario para el otro requisito el establecimiento del mecanismo de distribución de la renta aduanera. El estancamiento en la construcción de la Unión Aduanera a su vez representa dificultades para avanzar en negociaciones como las emprendidas con la Unión Europea, además de las internas.

integración. A ellas corresponde, en la medida y alcance de las competencias delegadas por los Estados, impulsar el proceso de integración, con mayor o menor éxito, con mayor o menor dedicación y responsabilidad.

Las diferencias entre el sistema intergubernamental y el comunitario, sobre las competencias y el modo de ejercerlas por medio de los órganos o instituciones, son netas. En el primero, la conducción de los representantes es centralizada, dependiente del poder central de cada Estado, y en el caso del Mercosur debe además ser consensuada. En el sistema comunitario, los órganos comunitarios poseen independencia, sus representantes no se ciñen a un interés nacional. Salvo en aquellos intereses que también tengan naturaleza intergubernamental, el interés es siempre regional y de cumplimiento de los fines y objetivos comunes, y las decisiones son adoptadas por mayorías calificadas, conforme lo acordado por los Estados miembro.

En un sistema netamente intergubernamental como el del Mercosur, la responsabilidad de lo efectuado o lo que se ha dejado de hacer se deriva y atribuye, aun cuando no sean integrantes de los órganos, a la voluntad o falta de voluntad política de los jefes de Estado, porque en un sistema de esta naturaleza de lo que decidan ellos o de lo que instruyan a sus respectivas representaciones depende el progreso del proceso. En la percepción general de los ciudadanos, son los responsables de lo que suceda o deje de suceder, por lo que es importante que comprendan la responsabilidad histórica que les compete y cómo se evaluará lo que hayan aportado a la integración.

En nuestro proceso de integración, la responsabilidad se diluye en una serie de órganos o instituciones, cuyos miembros se supone representan la "voluntad política" o el "interés nacional" dentro del proceso de integración, o en todo caso interpretan la orientación de cada uno de estos intereses. La representación más visible y el rol protagónico, como también la mayor responsabilidad, la tienen los ministros de Relaciones Exteriores, que canalizan la política exterior conforme a las orientaciones de los jefes de Estado.

En las cuestiones técnicas, otros órganos de menor jerarquía intervienen. Sus representantes en la práctica son los verdaderos protagonistas, aun cuando muchas veces estén ocultos tras muchas de las medidas que se adoptan como decisiones por el Consejo del Mercado Común. Esta estructura de descentralización/centralización, en otras de las críticas que se efectúan al sistema, muchas veces diluye la responsabilidad sobre las medidas que terminan siendo adoptadas, o la falta de coordinación y armonización que se puedan percibir.

Hechas estas aclaraciones, haremos referencia a los órganos del Mercosur, los cuales el Protocolo de Ouro Preto,[23] determina como "órganos con capacidad decisoria, de naturaleza intergubernamental": el Consejo del Mercado Común, el Grupo Mercado Común y la Comisión de Comercio del Mercosur.[24]

23 . Art. 2º del Protocolo de Ouro Preto.

24 . Los mecanismos de consulta han sido habilitados por la Comisión de Comercio del Mercosur por medio de la Directiva Nº 17/99, que en su Art. 1° dispuso que "los Estados parte podrán

De entre los órganos citados, el Consejo del Mercado Común (CMC) es el órgano de mayor jerarquía del Mercosur, al cual incumben la conducción política del proceso de integración y la toma de decisiones para asegurar el cumplimiento de los objetivos establecidos por el Tratado de Asunción y alcanzar la constitución de un Mercado Común como objetivo principal previsto en el Tratado. El Consejo se expide a través de decisiones jurídicas que dentro de la estructura normativa orgánica e institucional del Mercosur son normativamente prevalentes, como también sobre aquellas normas internas que le sean contrapuestas en el mismo ámbito de competencia.

Todos estos órganos son de naturaleza intergubernamental, por lo que tienen una limitada autonomía de las representaciones de cada Estado parte, al poseer restricciones para adoptar normas sin previamente recibir las instrucciones y mandatos de los órganos estatales; la manifestación de esta condición es la necesidad de consenso para la adopción de cualquier medida o la adopción de cualquier normativa.

Luego de estas instituciones, se han creado otras, como el Consejo de Representantes Permanentes, el Tribunal Permanente de Revisión por el Protocolo de Olivos y el Parlamento del Mercosur,[25] como sustituto de la Comisión Parlamentaria Conjunta.[26] Estos dos últimos son hitos importantes en el desarrollo institucional del Mercosur. El primero porque apunta a una justicia comunitaria y el segundo porque abrió las puertas del proceso de integración hacia un sistema de representación más amplio, por el método de elección de sus miembros previstos por elecciones directas, por consiguiente, la primera institución no elegida exclusivamente por los gobiernos centrales de los Estados parte.

Se destaca entre los grandes objetivos para el Parlamento del Mercosur el de fortalecer y profundizar el proceso de integración. Se consideró, además, que la institución habría

presentar Consultas en la Comisión de Comercio del Mercosur (CCM) a uno o más Estados parte sobre las materias de competencia de ésta". Estas consultas, que sólo pueden ser formuladas en el ámbito de competencia de la CCM, no tienen carácter vinculante y de acuerdo con el Art. 11° de la Directiva, "la aplicación del presente Mecanismo de Consultas no impide a un Estado parte recurrir en cualquier momento al Procedimiento General de Reclamaciones (Anexo al Protocolo de Ouro Preto) o al Procedimiento de Solución de Controversias".

25 . Mercosur/CMC/DEC. N° 23/05 "Art. 1 – Aprobar la suscripción del Protocolo Constitutivo del Parlamento del Mercosur". El Protocolo de creación fue suscripto en Montevideo el 9 de diciembre de 2005. El Parlamento de Mercosur debía comenzar a funcionar antes del 31 de diciembre de 2006, pero finalmente concretó su primera reunión el 7 de mayo de 2007, dejando de existir la Comisión Parlamentaria Conjunta.

26 . La Comisión Parlamentaria Conjunta (CPC) fue creada por el Tratado de Asunción (1991) en su Art. 24 como canal de comunicación entre los Poderes Ejecutivos y los Congresos de cada Estado parte. El Protocolo de OP y los Arts. 22 a 27 del Tratado de Asunción redefinen y amplían el rol de la CPC. En diciembre de 2004, el CMC aprobó la Decisión 49/04, que fija como fecha el 31 de diciembre de 2006 para finalizar la instanciación del Parlamento del Mercosur, sobre la base del proyecto que prepararía la propia CPC, que había sido encomendado a esta institución en ocasión de la XXVII Cumbre de Presidentes de Ouro Preto, el 17 de diciembre de 2004 el Consejo del Mercado Común (CMC).

de contribuir a la constitución de un espacio sudamericano, que promovería un marco institucional equilibrado y eficaz que permitiera crear las normas que garantizaran un ambiente de seguridad jurídica y previsibilidad normativa, si bien en realidad lo más importante era constituir un órgano que reflejara el pluralismo y la diversidad de regiones y que contribuyera a la democracia, la participación, la representatividad, la transparencia y la legitimidad social, sin dejar de cumplir el objetivo de armonización legislativa.

Pese a su reciente conformación institucional, el Parlasur –al igual que todas las demás instituciones– atraviesa dificultades, cuestionamientos relacionados con incumplimientos económicos y derivados de su futura integración, que establece la supremacía de legisladores brasileños y argentinos, más allá de los cuestionamientos en torno al hecho de que aún no se ha celebrado la elección de los nuevos integrantes electos en tres de cuatro Estados parte. Todas éstas son críticas que aparecen pero que no restan mérito a lo que representa una institución que busca hacer hoy la voz de los ciudadanos en el proceso de integración.

Lo cierto es que fuera de los hechos remarcables señalados no se puede afirmar que se hayan dado pasos significativos hacia un sistema comunitario y a una integración más profundizada. Los órganos están influidos y de cierta forma inficionados por el carácter intergubernamental que caracteriza las instituciones del Mercosur, proceso que requiere actitudes más decididas a favor de los grandes objetivos señalados en el Tratado de Asunción.

Para buscar respuestas o resolver lo que se considera el déficit institucional se ha creado el Grupo *Ad Hoc* de Alto Nivel para la Reforma Institucional (GANRI), que deberá proponer las reformas necesarias o sugerir un cambio estructural más profundo. Entre sus objetivos está precisamente proponer el fortalecimiento del sistema de solución de controversias, del cual nos habremos de ocupar a continuación, porque refleja más que ninguna otra institución todo lo que venimos exponiendo, sobre lo que es necesario realizar para sacudir el proceso.

Sin dejar de lado la relevancia fundamental que posee el Parlamento del Mercosur (Parlasur) para el futuro del proceso de integración, nos abocaremos a analizar el sistema de solución de controversias, la etapa en que se encuentra y lo que se puede esperar en el futuro.

IV. El Tribunal Permanente y la Evolución hacia un Tribunal de Justicia Comunitario

En el Mercosur, el Sistema de Solución de Controversias desde el inicio ha adoptado un sistema arbitral no jurisdiccional, sistema que ha venido evolucionando sin modificar su naturaleza arbitral hasta el actual Tribunal Permanente de Revisión, por lo que se encuentra aún lejos de competencias y atribuciones como las que han sido otorgadas a los Tribunales de Justicia de las Comunidades Europeas, denominados, desde el Tratado de Lisboa, Tribunales de Justicia de la Unión Europea.

El sistema de solución de controversias en el Mercosur, casi inexistente al momento de la suscripción del Tratado de Asunción, se crea realmente a partir de los Tribunales *Ad Hoc* "TAH"[27] previstos en el Protocolo de Brasilia,[28] que subsisten como una suerte de primera instancia del Tribunal Permanente de Revisión, creado por el Protocolo de Olivos (suscripto el 18 de febrero de 2002),[29] y finalmente instalado el 13 de agosto de 2004, en la ciudad de Asunción, Paraguay.

El Protocolo permite la opción de foros a los Estados mercosureños, en la medida en que sean parte de otros sistemas, como el de la Organización Mundial de Comercio, y establece que la intervención en la etapa de negociación del Grupo Mercado Común, antes obligatoria, se torne optativa.

El TPR se integra con cinco juristas como miembros titulares e igual cantidad de suplentes, que deben ser nacionales de los Estados parte y duran dos años, pudiendo ser reelegidos. El quinto árbitro es elegido de una lista de ocho miembros propuestos, dos por cada Estado parte, y dura tres años, siendo su cargo renovable. Los miembros electos deben estar en disponibilidad permanente, pero no tienen la obligación de residir en la ciudad sede del Tribunal.

El ámbito de competencia según el Protocolo de Olivos,[30] o lo que sería el ámbito de aplicación, está limitado a las controversias entre los Estados parte y a los órganos del Mercosur, por lo que excluye la posibilidad de que otra persona pueda instar di-

27 . Los Tribunales *Ad Hoc* (TAH) se integran con tres miembros propuestos y electos de la lista de doce posibles árbitros que designan los Estados parte. Cada Estado parte en la controversia elige un titular y un suplente de la citada lista y el tercer árbitro es elegido de común acuerdo o por sorteo, no pudiendo se nacional del Estado parte en controversia.

28 . Suscripto el 31 de diciembre de 1991, vigente desde abril de 1993. El Protocolo de Ouro Preto incorporó al sistema del Protocolo de Brasilia la intervención de la Comisión de Comercio del Mercosur en las reclamaciones relacionadas con su área de competencia. En ambos casos, tanto el sistema introducido por el Protocolo de Brasilia como la extensión efectuada por el Protocolo de Ouro Preto son considerados de carácter provisional.

29 . El Protocolo de Olivos, suscripto el 18 de febrero de 2002, entró en vigor en enero de 2004 y establece el nuevo Sistema de Solución de Controversias en el Mercosur. La sede del Tribunal es el edificio Villa Rosalba en la capital paraguaya, por cuyo motivo se refiere a Asunción como Capital Jurídica del Mercosur.

30 . De acuerdo con el Art. 1º del Protocolo de Olivos, "las controversias que surjan entre los Estados parte sobre la interpretación, aplicación o incumplimiento del Tratado de Asunción, del Protocolo de Ouro Preto, de los protocolos y acuerdos celebrados en el marco del Tratado de Asunción, de las Decisiones del Consejo Mercado Común, de las Resoluciones del Grupo Mercado Común y de las Directivas de la Comisión de Comercio del Mercosur serán sometidas a los procedimientos establecidos en el presente Protocolo".

rectamente el procedimiento para la constitución del Tribunal *Ad Hoc* o para instar o recurrir directamente al Tribunal Permanente de Revisión. Ésta una de las críticas más severas que recibe de forma permanente el sistema.

El Tribunal Permanente de Revisión[31] oficia de órgano de revisión de los laudos emitidos por los Tribunales *Ad hoc*, o según sea el caso actúa directamente como instancia única, de mediar acuerdo entre los Estados parte en la controversia. A este mismo se le atribuye además la competencia para responder opiniones consultivas.

La posibilidad de evacuar opiniones consultivas es un instrumento fundamental para armonizar la interpretación del derecho, un gran paso para la seguridad jurídica en la aplicación e interpretación coherente del derecho del Mercosur. Lamentablemente no se habilitó aún la posibilidad de que las opiniones tengan carácter vinculante, a diferencia de las cuestiones prejudiciales que pueden ser resueltas por el Tribunal de Justicia de la Unión Europea, cuyas resoluciones tienen tal carácter.

En efecto, el Protocolo de Olivos dispuso que el Consejo del Mercado Común "podrá" establecer mecanismos relativos a la solicitud de opiniones consultivas sobre las fuentes jurídicas del Mercosur ante el Tribunal Permanente de Revisión (TPR),[32] órgano al cual otorgó la potestad de evacuar opiniones consultivas con los alcances y límites establecidos por la reglamentación.[33]

El Protocolo de Olivos, en su artículo 3º, en efecto, dispuso que "el Consejo del Mercado Común podrá establecer mecanismos relativos a la solicitud de opiniones consultivas al Tribunal Permanente de Revisión definiendo su alcance y sus procedimientos". Esto es, se limitó a introducir la posibilidad de requerir opiniones consultivas, pero no estableció el procedimiento ni especificó si las consultas versarían exclusivamente sobre cuestiones normativas relacionadas con las fuentes jurídicas del Mercosur; si podrían referirse a las consideraciones de hechos o si se limitarían a la compatibilidad normativa entre fuentes jurídicas comunes y las fuentes nacionales de los Estados parte.

En principio, tampoco determinó quiénes estarían legitimados para plantear las consultas, si lo podrían hacer los Estado parte, las instituciones, los órganos judiciales nacionales, los Tribunales *Ad Hoc* o los particulares, o si las consultas serían directas

31 . El Tribunal Permanente del Mercosur implica la posibilidad de contar con jueces o, como aún se los denomina, "árbitros" de mayor permanencia, teniendo en cuenta que el Sistema del Protocolo de Brasilia sólo admitía el sistema arbitral ad hoc.

32 . El Tribunal Permanente está integrado por cinco árbitros. Cada Estado parte del Mercosur designará un árbitro y su suplente por un período de dos años, renovable por no más de dos períodos consecutivos. El quinto árbitro es designado por un período de tres años no renovable. Salvo acuerdo en contrario de los Estados parte, será elegido por unanimidad, de la lista a que hace referencia este numeral, por lo menos tres meses antes de la expiración del mandato del quinto árbitro en ejercicio. Dicho árbitro tendrá la nacionalidad de alguno de los Estados parte del Mercosur.

33 . Mercosur/CMC/DEC. N° 37/03.

o indirectas.[34] No explicitó tampoco si las opiniones tendrían carácter vinculante, si operarían con efecto integrador del derecho o si sólo serían interpretativas sin carácter vinculante. Todas estas cuestiones quedaron sujetas a la decisión del Consejo Mercado Común, incluyendo, como señaláramos, la oportunidad de su aplicación.

Todas estas cuestiones fueron resueltas en la Reglamentación efectuada por el Consejo del Mercado Común por medio de la Decisión N° 37/03, verdadero instrumento habilitador del mecanismo de consultas sobre el derecho del Mercosur, pero sin habilitar que las opiniones sean vinculantes.

A nuestro modo de ver se perdió –por lo menos temporalmente– la oportunidad de ir generando una jurisprudencia armónica del derecho de la integración que por el efecto vinculante fuera moldeando la aplicación e interpretación del derecho común. Nada obsta, sin embargo, teniendo en cuenta la facultad delegada por el Protocolo de Olivos, que por el mismo mecanismo de una decisión del Consejo del Mercado Común se modifique la restricción.

El carácter vinculante de las opiniones consultivas hubiera sido un eficaz medio de profundización del sistema jurídico del Mercosur, un instrumento útil para la correcta interpretación y aplicación del derecho de la integración por los órganos judiciales nacionales,[35] así como para los Estados parte y las instituciones.[36]

Por su actual naturaleza y por la situación de indefinición sobre el avance institucional, el Tribunal Permanente de Revisión del Mercosur, a pesar de poseer la infraestructura necesaria para operar y la auspiciosa iniciativa de nominar juristas o especialistas en temas comunitarios y de integración, no ha sido utilizado ni por los Estados ni por los órganos del Mercosur en correspondencia con el cúmulo de situaciones conflictivas que ameritarían recurrir al procedimiento.

Se podría decir que dentro de la política institucional del Mercosur se encuentra aguardando una propuesta para abrir un mecanismo más ágil de acceso a la instancia para

34 . Por ejemplo, consulta directa por los órganos institucionales, los Estados parte, los órganos judiciales nacionales, los particulares, los demás órganos, o consultas indirectas a través de las instituciones.

35 . *Cfr.* Pérez Otermin, J.: Jornadas Académicas sobre el Protocolo de Olivos para la Solución de Controversias del Mercosur, Montevideo 10/6/2002, citado por Dreyzin de Klor, A. en *El reglamento del Protocolo de Olivos. Algunas anotaciones,* donde también refiere: "A efectos de ampliar la protección de las personas físicas y jurídicas de carácter privado, debiera admitirse la consulta proveniente de instancias inferiores, en las que son resueltas la gran mayoría de las causas".

36 . *Cfr.* Dreyzin de Klor, A.: "La relevancia de avanzar hacia una interpretación uniforme del derecho del Mercosur articulando los medios idóneos es núcleo central en torno al cual debe girar el mecanismo de solución de conflictos. Si bien todas las innovaciones acordadas en el nuevo texto enraízan en la idea de afianzar y consolidar la seguridad jurídica en el bloque, entendemos que en la medida en que no se arbitren los métodos necesarios para confluir en la adopción de este mecanismo los derechos de los ciudadanos no estarán debidamente resguardados". Véase "El Protocolo de Olivos", presentado en el Forum Brasil– Europa organizado por la Fundación Konrad Adenauer y la Universidad Federal de Santa Catarina, Florianópolis, 22-24 de noviembre de 2002.

la solución de controversias o para dirimir las cuestiones en las cuales las negociaciones no han avanzado o se encuentran estancadas y donde la solución jurídica conforme a la normativa puede constituir un importante apoyo al proceso de integración.

Se supone que se aguarda la reforma institucional general. La consideramos innecesaria, teniendo en cuenta que en nada puede variar los cambios funcionales de los órganos o instituciones del Mercosur, con la posibilidad de avanzar hacia un sistema común de mayor profundidad.

Ciertamente, se han producido acontecimientos que han movilizado seriamente la intención de reformular el sistema arbitral y convertirlo en un órgano jurisdiccional común, pero esa iniciativa no ha nacido en el CMC como órgano natural para impulsar las modificaciones.

En efecto, como derivación del Acuerdo Político del 18 de octubre de 2010 entre los cancilleres de los Estados parte, remitido al Consejo del Mercado Común para su operatividad y referido básicamente a la representación proporcional atenuada para la composición del Parlamento del Mercosur,[37] también se definió un Acuerdo Político para avanzar hacia un Tribunal de Justicia del Mercosur.

Sobre la base de la declaración política por iniciativa del Parlamento del Mercosur, este último expuso seriamente que para consolidar el proceso de integración y aspirar a lograr establecer un Mercado Común como mayor objetivo del Tratado de Asunción se vuelve imprescindible encarar la dimensión judicial y jurídica del proceso de integración.

La propuesta sobre la dimensión judicial y del derecho del Parlasur es más que una sugerencia: es una propuesta programática porque incluye una fórmula de composición del órgano jurisdiccional al cual apuesta, posición que obliga a examinar seriamente su viabilidad o cuál debe ser el más adecuado para el funcionamiento de un órgano jurisdiccional comunitario en el Mercosur.

La recomendación efectuada con este alcance fue acogida por la decisión del CMC Nº 28/10, incluida como la propuesta b). En lo que se refiere a la propuesta, tiene dos pilares: señala la urgencia de construir un Parlamento representativo de la realidad regional, por un lado, y por otro, apunta a un sistema jurisdiccional para el Mercosur que favorezca, en la interpretación y la aplicación del derecho común, una instancia que resuelva los problemas propios que se suscitan en un proceso de integración.

La otra motivación sería satisfacer la inquietud de los Estados de menor dimensión sobre el incumplimiento o cumplimiento inadecuado o deficiente de los acuerdos –perforaciones al Arancel Externo Común– para obtener el acuerdo de ruptura del sistema de representación igualitaria en la composición de miembros del Parlamento del Mercosur.

37 . En el primer período, Brasil contará con 37 parlamentarios; la Argentina, con 26; mientras que Paraguay y Uruguay contarán con 18 cada uno. En el segundo período, que determinará la composición final del Parlamento del Mercosur, Brasil tendrá 75 parlamentarios; la Argentina, 43, y Paraguay y Uruguay tendrán 18.

En el análisis del futuro del sistema de solución de controversias, la propuesta parlamentaria se convierte en un documento que el Grupo de Alto Nivel para la Reforma Institucional (GANRI) tendrá que considerar seriamente, porque además lleva además el aval de las máximas instancias jurisdiccionales nacionales de los Estados parte, que en un giro importante sobre instancias jurisdiccionales comunes en el Mercosur apuntalan la idea de un órgano de tipo jurisdiccional.

Se ha propuesto la constitución de un órgano jurisdiccional con una composición a través de la integración del Tribunal del Mercosur, con un miembro o miembros de las respectivas Cortes Supremas de Justicia. Esta composición implicaría un cambio substancial, partiendo de que se estaría constituyendo un órgano jurisdiccional, superando la etapa de las competencias arbitrales, y se tendrían que armonizar –adecuar– las normas de orden interno, reordenando y ampliando en algunos casos las competencias propias de los órganos jurisdiccionales nacionales.

Esta propuesta, que además plantea un diálogo entre el Parlamento del Mercosur y el Foro de Cortes Supremas de Justicia para la elaboración de un proyecto de norma[38] –la posibilidad de un Protocolo, o de una norma de institucionalización vía Consejo del Mercado Común-, es un elemento vivificante, si se entiende que ningún proceso de integración que no esté dotado de un sistema, arbitral o jurisdiccional y de los mecanismos, recursos y marcos normativos adecuados, no podrá cumplir tan importante función.

La recomendación plantea[39] la evaluación de las propuestas. En tal sentido, consideramos necesario tener presentes los proyectos que sean elaborados por la representación de los Estados parte, la socialización de estos con el sector privado,[40] siendo imprescindible a nuestro modo de ver la opinión del Tribunal Permanente de Revisión del Mercosur, institución que podría contribuir con sugerencias sobre la base de la experiencia recogida, porque la recomendación impulsa "aprobar un proyecto de norma que modifique el Protocolo de Olivos y revea las normas reglamentarias del Tribunal Permanente de Revisión".

En este sentido, sería un dato no menor el hecho de que haya un acuerdo político de someter al arbitrio del TPR las controversias que surgieron entre los Estados Parte. Pero a la vez, también es necesario destacar que aún no se ha generado una instancia adecuada de reclamos para los particulares frente a órganos especializados del Mercosur, como si

38 . Recomendación del Parlamento del Mercosur del 28 de abril de 2009, numeral 1. "Proponer una agenda de trabajo, invitando al Foro Permanente de Cortes Supremas del bloque, que culmine con la aprobación de un proyecto de norma para la creación de un Tribunal de Justicia del Mercosur a más tardar durante el segundo semestre de 2010".

39 . Recomendación del Parlamento del Mercosur de fecha 28 de abril de 2009, numeral 2: "Evaluar las propuestas y aprobar un proyecto de norma que modifique el Protocolo de Olivos y revea las normas reglamentarias del Tribunal Permanente de Revisión, con el objetivo de dotarlo de nuevas atribuciones, tales como la condición vinculante de las opiniones consultivas, la facultad para establecer medidas compensatorias, así como afianzar las existentes".

40 . Las instituciones privadas como el Consejo de Colegios y Órdenes de Abogados del Mercosur (COADEM) e institutos o instituciones especializados.

se ha hecho en la Unión Europea y que tampoco se ha logrado el objetivo principal del Tratado de Asunción: la constitución de un Mercado Común en nuestra región.

Un objetivo de esta naturaleza debe contemplar medidas a corto y largo plazo y prever la transición entre el actual sistema y el siguiente. Por de pronto, se presenta imprescindible, como parte de esta evolución, dotar al Tribunal Permanente de Revisión de la posibilidad de emitir opiniones consultivas vinculantes, mejorar su funcionalidad y el acceso de los Estados, los órganos y los particulares, en la medida en que guarden relación con obstáculos al comercio de carácter urgente que resulten manifiestamente incompatibles con la normativa del Mercosur.

El establecimiento de un Tribunal de Justicia del Mercosur implica un gran desafío, porque se debe modificar o dejar sin efecto el Protocolo de Olivos, en cuyo marco se creó el Tribunal Permanente de Revisión, lo que significa la reestructuración de todo el sistema de solución de controversias. Pero todo desafío es poco si se trata de brindar certeza y seguridad jurídica. Y un órgano jurisdiccional regional es la respuesta para lograrlo.

V. Conclusión

Extrayendo las principales ideas expuestas, que resumen nuestra visión sintética de estos veinte años del Mercosur con sentido o expectativa positiva sobre su futuro, pero reconociendo las dificultades que atraviesa, podemos concluir en general en lo siguiente:

- La región ha perdido ya un valioso tiempo en devaneos políticos y excusas por razones coyunturales, pese a que en el propio instrumento fundacional se evidencia que los Estados parte deben aplicar todos sus esfuerzos y recursos hacia una política común destinada a superar las diferencias ya existentes con los países desarrollados, hacia lograr una economía sustentada en una producción de bienes y servicios de alto nivel y hacia tomar en consideración el hecho de que invertir en investigación y desarrollo (en innovación y en creatividad) es lo más importante como política nacional y regional.
- De lo expuesto se puede apreciar que los grandes objetivos previstos en el Tratado de Asunción están plenamente vigentes, que la integración sigue siendo la respuesta adecuada para lograr el crecimiento y desarrollo regional, por lo cual se debe poner fin a todos los obstáculos que se opongan a su desarrollo, al manto de dudas que caen innecesariamente sobre el proyecto. Es necesario tomar las decisiones adecuadas para que el proceso de integración avance y logre sus metas, ninguna de las cuales, como se ha visto, ha dejado de estar vigente.

- En el proceso de integración del Mercosur la responsabilidad se diluye en una serie de órganos o instituciones cuyos miembros o representantes se supone representan la voluntad política o el interés nacional dentro del proceso de integración, o en todo caso interpretan la orientación de cada uno de estos intereses. La representación más visible y el rol protagónico, como también la mayor responsabilidad, los tienen los ministros de Relaciones Exteriores, que canalizan la política exterior conforme a las orientaciones de los jefes de Estado.
- En las cuestiones técnicas, otros órganos de menor jerarquía intervienen y sus representantes en la práctica son verdaderos protagonistas, aun cuando muchas veces permanezcan ocultos detrás de muchas de las medidas que se adoptan como decisiones por el Consejo del Mercado Común. Esta estructura de descentralización centralizada, otra de las críticas que se efectúan al sistema, muchas veces diluye la responsabilidad sobre las medidas que terminan siendo adoptadas o la falta de coordinación y armonización que se pueda percibir.
- Todos los órganos del Mercosur, incluso los que poseen capacidad decisoria (CMC, GMC, CCM), son de naturaleza intergubernamental, por lo que tienen una limitada autonomía de las representaciones de cada Estado parte y restricciones para adoptar normas sin previamente recibir las instrucciones y mandatos de los órganos estatales. La manifestación de esta condición es la necesidad de consenso para la adopción de cualquier medida o de cualquier normativa, que muchas veces traba el proceso ante la falta de competencias comunitarias.
- El Tribunal Permanente de Revisión por el Protocolo de Olivos y el Parlamento del Mercosur como sustituto de la Comisión Parlamentaria Conjunta son hitos importantes en el desarrollo institucional del Mercosur. El primero, porque apunta a una justicia comunitaria, y el segundo, porque abrió las puertas del proceso de integración hacia un sistema de representación más amplio, por el método de elección de sus miembros previsto por elecciones directas.
- El establecimiento de un Tribunal de Justicia del Mercosur implica un gran desafío: se deberá modificar el Protocolo de Olivos, en cuyo marco se creó el Tribunal Permanente de Revisión. No obstante, si se considera que un órgano jurisdiccional regional o comunitario es la respuesta, la reestructuración de todo el sistema de solución de controversias –que permita una mayor agilidad, certeza y seguridad jurídica, así como un mayor acceso a la justicia común– no debería demorar en llegar.
- No debemos tener una visión pesimista sobre el futuro del proceso; antes bien, debemos estar seguros de que muchas respuestas se encontrarán en una mayor integración, en una profundización del proyecto sin retaceos ni demoras. Para tal efecto, es necesario apreciar objetivamente los obstáculos o dificultades que atraviesa el Mercosur y efectuar sin demora las reformas necesarias para avan-

zar hacia las instituciones comunes, otorgándoles las competencias necesarias para estructurar finalmente el Mercado Común del Sur, principal objetivo del Tratado de Asunción.

Bibliografía

Bertucci, R. *et al.*: *Mercosur y medio ambiente*, Ciudad Argentina, Buenos Aires, 1996.

Dreyzin de Klor, A.: "El Protocolo de Olivos", presentado en Forum Brasil-Europa, organizado por la Fundación Konrad Adenauer y la Universidad Federal de Santa Catarina, Florianópolis, 22-24 de noviembre de 2002.

Gross Spiell, H.: "El Tratado de Asunción: una aproximación a su problemática jurídica", en *Revista de la Facultad de Derecho de Montevideo,* julio-diciembre de 1991, N° 1, p. 21.

Huntington, S.P.: *La Tercera Ola. La democratización a fines del siglo XX*, Paidós, Madrid, 1994.

Pérez Otermin, J.: Jornadas Académicas sobre el Protocolo de Olivos para la Solución de Controversias del Mercosur, Montevideo, 10/6/2002.

Ruiz Díaz Labrano, R.: *Mercosur, integración y derecho*, Ciudad Argentina e Intercontinental Editores, Buenos Aires, 1998.

Capítulo VI

El Tribunal de Justicia de la Unión Europea después de la entrada en vigor del Tratado de Lisboa

Carlos Francisco Molina del Pozo *

I. Introducción[1]

El escenario post-Segunda Guerra Mundial ha dejado grandes legados positivos y negativos a los que lo sucedieron. Se advierte entre los europeos el deseo de superar la división económica y política que existía en Europa para poner fin a una larga historia de conflictos y enfrentamientos armados. A partir de entonces la puesta en marcha de una importante cantidad de procesos de integración regional en el escenario internacional.

En efecto, los orígenes de la Unión Europea se remontan a fines de la Segunda Guerra Mundial, cuando, en 1951, se creó la Comunidad Europea del Carbón y del Acero en París, tras la Declaración Schuman.

Con la finalidad de constituir la Comunidad Europea, los Estados miembro suscribieron los tratados constitutivos de las Comunidades Europeas, posteriormente de la Unión Europea, que cuentan con instituciones facultadas para adoptar normas jurídicas en ámbitos concretos.

El artículo 2 del nuevo TUE proclama los valores fundamentales de la Unión Europea, a saber:

* Doctor en Derecho. Catedrático de Derecho Administrativo. Catedrático Jean Monnet *ad personam* de Derecho Comunitario. Director del Centro de Documentación Europea, Universidad de Alcalá de Henares (Madrid, España). Presidente del Instituto Eurolatinoamericano de Estudios para la Integración (IELEPI).

1 . El autor quiere manifestar su agradecimiento a Estefanía Flores por su colaboración en la preparación de este trabajo.

> "[...] La Unión se fundamenta en los valores de respeto de la dignidad humana, libertad, democracia, igualdad, Estado de Derecho y respeto de los derechos humanos, incluidos los derechos de las personas pertenecientes a minorías. Estos valores son comunes a los Estados miembro en una sociedad caracterizada por el pluralismo, la no discriminación, la tolerancia, la justicia, la solidaridad y la igualdad entre mujeres y hombres [...]"

El objetivo de la Unión es promover estos valores, además de la paz y el bienestar de sus pueblos, a los que se unen otros objetivos más específicos, como el fomento de la justicia y la protección social, la lucha contra la exclusión social y la protección de los derechos del niño. La Unión apuesta también por elevar la protección y mejora de la calidad del medio ambiente, en el marco de un crecimiento económico, progreso social, científico y técnico bajo los criterios de la sostenibilidad.

Dentro de este contexto es que a continuación efectuaremos el análisis de una de las instituciones de la Unión Europea, el Tribunal de Justicia, con las modificaciones introducidas por el Tratado de Lisboa.

II. Tribunal de Justicia de la Unión Europea

Al constituir la Comunidad Europea un Estado de Derecho donde gobernantes y gobernados quedan sometidos al imperio de la ley, no podía faltar la existencia de un Poder Judicial junto con los poderes Legislativo y Ejecutivo, resultado de la división clásica de poderes de los sistemas democráticos que la integran. Es por ello que en 1952, en virtud del Tratado CECA, se creó el Tribunal de Justicia de las Comunidades Europeas, con sede en Luxemburgo.

El Tribunal de Justicia es el órgano supremo del sistema jurisdiccional comunitario y está considerado como la institución más prestigiosa e independiente, siendo el garante de toda actividad en el seno de la Comunidad.

La existencia de un Tribunal de Justicia es fundamental para el proceso de integración europea, dado que es una forma eficaz de resolución de conflictos, cualquiera sea el proceso de integración que podamos considerar. Su presencia supone que tanto los Estados como las instituciones soportan un control dirigido a las competencias que respectivamente tienen atribuidas. El hecho de encontrarse sometidos a normas comunes debe complementarse con el de que se mantenga la uniformidad en su aplicación. Así pues, el Tribunal de Justicia ejerce la función básica de garantizar el cumplimiento del derecho comunitario en la interpretación y aplicación de los Tratados.

En el desarrollo de esta doble función, el Tribunal de Justicia ha llevado a cabo una gran labor: por un lado, consiguiendo que la aplicación de este derecho fuese uniforme, y por otro, en virtud de ser el máximo intérprete de aquél, ha venido a rellenar lagunas y a delimitar sus caracteres.

Su principal tarea consiste en controlar la legalidad de los actos de la Unión y garantizar la interpretación y la aplicación uniformes del derecho de ésta. El Tribunal también garantiza que los Estados miembro y las instituciones de la UE cumplan la ley. Tiene poder para resolver conflictos legales entre Estados miembro, instituciones de la UE, empresas y particulares.

A través de su jurisprudencia, el Tribunal de Justicia ha establecido la obligación de las administraciones y de los órganos jurisdiccionales nacionales de aplicar plenamente el derecho de la Unión dentro de su esfera de competencia y de proteger los derechos que éste otorga a los ciudadanos, descartando para ello cualquier disposición contraria del derecho nacional, ya sea anterior o posterior a la norma de la Unión.

El Tribunal de Justicia es competente de pleno derecho en los casos previstos de los Tratados sin que sea necesaria la aceptación expresa de esa competencia por parte de los Estados. Su jurisdicción es obligatoria desde la entrada en vigor de los Tratados comunitarios.

II.1 Naturaleza jurídica

En cuanto a la naturaleza jurídica del Tribunal de Justicia, cabe señalar que se trata de un órgano supranacional que aplica el derecho comunitario en toda su extensión. Presenta un carácter de actuación obligatorio y exclusivo, por lo cual los tribunales nacionales de los Estados Miembro no podrán entender en aquellos casos que los Tratados definan para el TS. Tiene el deber de pronunciarse sobre todas las cuestiones que le sean sometidas, para lo cual utiliza todas las fuentes del derecho comunitario en la interpretación y aplicación de éste, aunque hemos de matizar, ya que, al estar sus competencias de atribución contenidas en los Tratados, sólo podrá pronunciarse sobre aquellas cuestiones en las que sea competente conforme a éstos.

Asimismo, cabe señalar que los criterios interpretativos que utiliza normalmente el Tribunal de Justicia son:

- El finalista, es decir, que la solución que determine se ciña a la consecución del resultado que se busque; y
- El sistemático, cuando la lectura del acto normativo no es clara y se interpreta en función del resto de las disposiciones de su contexto.[2]

2 . Para una mayor profundización en el estudio de todo lo relativo al Tribunal de Justicia (naturaleza, composición, organización interna, procedimiento ordinario y procedimientos especiales, diferentes tipos de recursos directos, cuestión prejudicial, etc.), se recomienda Molina del Pozo,

Finalmente, cabe destacar además que el Tribunal de Justicia también colabora con los órganos jurisdiccionales nacionales, que son los jueces ordinarios encargados de aplicar el derecho de la Unión. Cualquier juez nacional ante el que se plantee un litigio relativo al derecho de la Unión puede, y en ocasiones debe, someter al Tribunal de Justicia las correspondientes cuestiones prejudiciales. El Tribunal de Justicia tiene entonces ocasión de dar su interpretación de una norma de derecho de la Unión o de controlar su legalidad.

III. El Tribunal de la Unión Europea después del Tratado de Lisboa

El 13 de diciembre de 2007, los jefes de gobierno de los 27 Estados miembro de la Unión firmaron el Tratado de Lisboa (TL), que entró en vigor el 1° de diciembre de 2009, una vez ratificado por todos los Estados miembro.

Cabe señalar que el Tratado de Lisboa modifica los Tratados fundamentales, como el Tratado de la Unión Europea (TUE) y el Tratado Constitutivo de la Comunidad Europea, pasando este último a denominarse "Tratado de Funcionamiento de la Unión Europea (TFUE)".[3]

La principal contribución que introduce el Tratado de Lisboa en el marco de la UE es la relativa a una Unión más democrática, con un funcionamiento institucional más eficaz, más solidaridad entre sus Estados miembro y con una definida estabilidad institucional. Con una construcción europea que se consolida a partir de más derechos y libertades para los ciudadanos, en un proyecto que se asienta sobre una serie de valores y principios comunes.

Puede afirmarse que el Tratado de Lisboa ha venido también a reforzar el papel de la institución jurisdiccional de la Unión,[4] a la que, por cierto, denomina Tribunal de Justicia

C.F.: *Manual de derecho de la Comunidad Europea,* 4ª edición, Dijusa, Madrid, 2002. Asimismo, Molina del Pozo, C.F.: *Derecho comunitario,* 1ª edición, Cálamo, Barcelona, 2004; Molina del Pozo, C.F.: *Sistema institucional de las Comunidades Europeas*, Trivium, Madrid, 1986; Molina del Pozo, C.F.: *Procedimientos y recursos ante el Tribunal de Justicia de las Comunidades Europeas*, Edersa, Madrid, 1987; Oteros Fernández, M.: *Introducción al derecho procesal comunitario*, Córdoba, 1992; Ortúzar Andechaga, L.: *La aplicación judicial del derecho comunitario,* Trivium, Madrid, 1993.

3 . Únicamente subsiste la Comunidad Europea de la Energía Atómica o Euratom (Protocolo Nº 1, por el que se modifican los Protocolos anejos al Tratado de la Unión Europea, al Tratado constitutivo de la Comunidad Europea y/o al Tratado constitutivo de la Comunidad Europea de la Energía Atómica).

4 . Artículo 19 TUE y Artículo 9F Tratado de Lisboa.

de la Unión Europea,[5] cuya función principal será garantizar el respeto del derecho en la interpretación y aplicación de los Tratados.[6]

Conforme lo dispone el Tratado de Lisboa, el Tribunal de Justicia de la Unión Europea comprende, de una parte, el Tribunal de Justicia, de otra, el Tribunal General, y por último, los que se denominan Tribunales Especializados. Por tanto, desaparece el antiguo Tribunal de Justicia de las Comunidades Europeas, que fue creado en los Tratados fundacionales, para crearse un Tribunal de Justicia de la Unión Europea, el cual viene a sustituir al inicial, dado el ámbito de la nueva realidad que supone la Unión Europea. Asimismo, deja de existir como tal el que fue Tribunal de Primera Instancia, puesto en marcha a raíz del contenido del Acta Única Europea, y se articula el que se denomina Tribunal General, el cual resulta ser equivalente al que antes actuaba como Tribunal de Primera Instancia. Finalmente, se produce una novedad bastante significativa en el esquema jurisdiccional comunitario, que consiste en la creación de los llamados Tribunales especializados.

En su conjunto, el Tribunal de Justicia de la Unión Europea tendrá como misión garantizar el respeto del derecho en la interpretación y aplicación del Tratado.

De otra parte, se establece que los Estados miembro, en la totalidad de los ámbitos que deben ser cubiertos por el derecho de la Unión, determinarán las vías de recurso necesarias y que sean capaces de garantizar la tutela judicial efectiva.

III.1 Constitución

El Tribunal de Justicia está formado por jueces, uno por cada Estado miembro, y por abogados generales, que, en número de ocho,[7] tendrán por misión asistir al Tribunal de Justicia. La tarea llevada a cabo por los abogados generales consiste en presentar públicamente, con toda imparcialidad e independencia, conclusiones motivadas sobre los asuntos que requieran su intervención, de acuerdo con lo previsto en el Estatuto del Tribunal de Justicia de la Unión Europea.

En el mismo orden de cosas, tanto los jueces y abogados generales del Tribunal de Justicia como los jueces del Tribunal General deberán ser elegidos entre personalidades que ofrezcan plenas garantías de independencia y que reúnan las condiciones requeridas para el ejercicio, en sus respectivos países, de las más altas funciones jurisdiccionales o que sean jurisconsultos de reconocida competencia. Tanto unos como otros habrán de ser nombrados, de común acuerdo, por los gobiernos de los Estados miembro, para un

5 . Molina del Pozo, C.F.: *Treinta años de integración europea,* "Las instituciones en el Tratado de Lisboa", p. 163, Julia Editora, Curitibe, 2009.

6 . Artículo 9, apartado 1, del Tratado de Lisboa.

7 . Si el Tribunal de Justicia lo solicitase, está previsto que el Consejo de Ministros pueda adoptar por unanimidad una decisión europea que tenga por objeto incrementar el número de abogados generales.

mandato que tiene una duración de seis años, siendo posible que los jueces y abogados generales salientes por expiración del plazo para el que fueron nombrados puedan ser designados para un nuevo mandato, es decir que el mandato de seis años puede ser renovable.

Si bien, como ya quedó expresado, el mandato de los jueces en el Tribunal de Justicia es de seis años renovables, cada tres años se procede a llevar a cabo una renovación parcial tanto de los jueces como de los abogados generales en las condiciones fijadas en el Estatuto del Tribunal de Justicia de la Unión Europea.

Asimismo, el presidente del Tribunal de Justicia será designado por los jueces y entre ellos, teniendo su mandato una duración de tres años renovables.

En otro orden de cosas, conviene advertir de la creación del denominado Comité de Idoneidad. En efecto, se prevé en el artículo 24 bis del Tratado de Lisboa la conformación de un comité cuya función no es otra que dictaminar sobre la idoneidad de los candidatos para el ejercicio de las tareas propias de juez y de abogado general del Tribunal de Justicia y del Tribunal General. La intervención de este Comité habrá de producirse con anterioridad al momento en el que los gobiernos de los Estados miembro vayan a proceder a los correspondientes nombramientos.

El Comité de Idoneidad estará compuesto por siete personalidades elegidas de entre antiguos miembros del Tribunal de Justicia y del Tribunal General, miembros de los órganos jurisdiccionales nacionales superiores y juristas de reconocida competencia, uno de los cuales será propuesto por el Parlamento Europeo. En el mismo sentido, el Consejo de Ministros adoptará una decisión europea por la que se fijarán las normas de funcionamiento del Comité, así como una decisión europea por la que se designará a sus miembros. En todo caso, el Consejo de Ministros se pronunciará por iniciativa del presidente del Tribunal de Justicia.

En la práctica, se constata la poca variación que se produce en la composición de los órganos judiciales comunitarios, manteniéndose bastante tiempo el mandato de los jueces y abogados generales que los componen, provocando con ello, entre otras muchas consecuencias, la escasa oscilación de la jurisprudencia comunitaria, es decir, que el Tribunal de la Unión Europea, sobre la base del mantenimiento prolongado en el tiempo de los jueces y abogados generales que lo componen, da lugar a una línea jurisprudencial inalterable durante mucho tiempo, originando la aparición de criterios y principios de elaboración jurisdiccional implantados y respetados en el ámbito del derecho comunitario que se incardinan en este orden jurídico y que logran una interpretación y una aplicación uniforme y homogénea del derecho comunitario.

En otro orden de cosas, el Tribunal de Justicia de la Unión Europea deberá de pronunciarse:[8]

8 . El Tribunal de Justicia de la Unión Europea debe pronunciarse siempre de conformidad con lo dispuesto y regulado en torno al Tribunal de Justicia de la Unión Europea.

- sobre los recursos interpuestos ya sea por un Estado miembro, ya sea por una institución de la Unión, o, finalmente, por personas físicas o jurídicas;
- sobre la interpretación del derecho de la Unión o sobre la validez de los actos adoptados por las instituciones, con carácter prejudicial, a petición de los órganos jurisdiccionales de los Estados miembro;
- en los demás casos previstos.

Por otra parte, en cuanto a las modificaciones relativas a las competencias del Tribunal de Justicia de la Unión Europea, conforme se sostuvo, la estructura en pilares introducida por el Tratado de Maastricht desaparece[9]con el Tratado de Lisboa, por lo tanto la competencia del Tribunal de Justicia de la Unión Europea se extiende al derecho de la Unión Europea, salvo que los Tratados dispongan otra cosa.[10] De esta forma, el Tribunal de Justicia adquiere una competencia prejudicial general en el ámbito del espacio de libertad, seguridad y justicia, debido a la desaparición de los pilares antes comentada y a la supresión de los artículos 35 UE y 68 CE, que establecían restricciones a la competencia del Tribunal de Justicia.[11]

En lo concerniente a la cooperación policial y judicial en materia penal, la competencia del Tribunal de Justicia para pronunciarse con carácter prejudicial pasa a ser obligatoria y no está ya supeditada a una declaración de cada Estado miembro en la que se reconozca esa competencia y se indiquen los órganos jurisdiccionales nacionales habilitados para someterle asuntos.

Es decir que, mediante el Tratado de Lisboa, el ámbito policial y de la justicia penal se integra en el derecho común y todos los órganos jurisdiccionales pueden plantear cuestiones prejudiciales ante el Tribunal de Justicia. Sin embargo, las disposiciones transitorias prevén que esta competencia plena no será aplicable hasta que transcurran cinco años desde la entrada en vigor del Tratado de Lisboa.[12]

En lo que respecta a los visados, asilo, inmigración y otras políticas relacionadas con la libre circulación de personas, en particular la cooperación judicial en materia civil, el reconocimiento y la ejecución de sentencias, todos los órganos jurisdiccionales nacionales pueden ahora plantear cuestiones prejudiciales ante el Tribunal de Justicia, y éste adquiere competencia para pronunciarse sobre las medidas de orden público en el ámbito de los controles transfronterizos. Por consiguiente, el Tribunal de Justicia dis-

9 . Artículo 240 bis Tratado de Lisboa.

10 . Artículo 19 TUE.

11 . Artículo 9F, Apartado 3, Tratado de Lisboa.

12 . Artículo 10 del Protocolo Nº 36 sobre las disposiciones transitorias. Se prevé que, como medida transitoria, las atribuciones del Tribunal de Justicia seguirán siendo las mismas en lo que respecta a los actos adoptados en el ámbito de la cooperación policial y judicial antes de la entrada en vigor del Tratado de Lisboa. Esta medida transitoria dejará de surtir efectos cinco años después de la entrada en vigor del Tratado de Lisboa.

pone de una competencia de derecho común en este ámbito desde la entrada en vigor del Tratado de Lisboa.

Por otra parte, cabe señalar que la Carta de los Derechos Fundamentales[13] de la Unión Europea adquiere el mismo valor jurídico que los Tratados[14] e integra el bloque de constitucionalidad sobre el que puede pronunciarse el Tribunal de Justicia. No obstante, la Carta no es vinculante ni para el Reino Unido ni para Polonia, a los que se aplica una excepción[15] en virtud de la cual la Carta no amplía la facultad del Tribunal de Justicia o de cualquier órgano jurisdiccional de esos dos Estados miembro por estimar que las leyes, reglamentos o disposiciones, prácticas o actos administrativos son incompatibles con los derechos o principios fundamentales que la propia Carta reafirma. Asimismo, los jefes de Estado y de gobierno acordaron extender en el futuro esa excepción a la República Checa.[16]

Por otra parte, y conforme se sostuvo con anterioridad, si bien el concepto de los pilares desaparece con el Tratado de Lisboa, la Política Exterior y de Seguridad Común (PESC)[17] sigue estando sometida a normas particulares y procedimientos específicos. Es decir, el Tribunal de Justicia carece de competencia[18] para controlar estas disposiciones y los actos adoptados basándose en ellas, salvo dos excepciones, a saber:

– es competente para controlar la delimitación entre las competencias de la Unión y la PESC, cuya ejecución no debe afectar al ejercicio de las competencias de la Unión ni a las atribuciones de las instituciones para el ejercicio de las competencias exclusivas y compartidas de la Unión;[19]

13 . El artículo 6 TUE, apartado 2, indica que "[...] la Unión se adherirá al Convenio Europeo para la Protección de los Derechos Humanos y de las Libertades Fundamentales. Esta adhesión no modificará las competencias de la Unión que se definen en los Tratados [...]". El Protocolo Nº 8 indica que el acuerdo de adhesión debe precisar, en particular, "las modalidades específicas de la posible participación de la Unión en las instancias de control del Convenio Europeo [y] los mecanismos necesarios para garantizar que los recursos interpuestos por terceros Estados y los recursos individuales se presenten correctamente contra los Estados miembro, contra la Unión o contra ambos, según el caso ". Esta adhesión " [...] no afecta a las competencias de la Unión ni a las atribuciones de sus instituciones [...]".

14 . Artículo 6 TUE, apartado 1.

15 . Protocolo Nº 30 anejo al TFUE sobre la aplicación de la Carta de los Derechos Fundamentales de la Unión Europea a Polonia y al Reino Unido.

16 . Conclusiones del Consejo Europeo del 29 y 30 de octubre de 2009, en las que se indica que el Protocolo Nº 30 se aplica a la República Checa (Doc. 15265/09 CONCL 3).

17 . Artículo 24 TUE.

18 . Artículo 275 TFUE.

19 . Artículo 40 TUE.

– es competente para conocer de los recursos de anulación interpuestos contra las decisiones adoptadas por el Consejo por las que se establezcan medidas restrictivas frente a personas físicas o jurídicas.[20]

En este sentido, es destacable señalar que el procedimiento prejudicial se extiende a los actos adoptados por los órganos y organismos de la Unión,[21] que, de este modo, se incorporan al derecho de la Unión que el Tribunal de Justicia puede interpretar y cuya validez puede controlar a instancias de los jueces nacionales para que éstos puedan, por ejemplo, comprobar la conformidad de su normativa interna con ese derecho.

El Tratado de Lisboa introduce una norma en virtud de la cual el Tribunal de Justicia se pronunciará con la mayor brevedad cuando se plantee una cuestión prejudicial en un asunto pendiente ante un órgano jurisdiccional nacional en relación con una persona privada de libertad.[22] Se hace así referencia, en el texto mismo del Tratado, al procedimiento prejudicial de urgencia (PPU), vigente desde el 1° de marzo de 2008, que se aplica al espacio de libertad, seguridad y justicia (CP 12/08).

El Tratado en análisis extiende el control del Tribunal de Justicia a los actos del Consejo Europeo, al haber sido reconocido éste por el Tratado de Lisboa como una verdadera institución. Es por ello que en virtud de nuevas disposiciones,[23] el Tribunal de Justicia puede, a instancias del Estado miembro interesado, pronunciarse sobre la legalidad de un acto adoptado por el Consejo Europeo o por el Consejo y mediante el cual una de estas instituciones haya identificado un riesgo claro de violación grave por parte de ese Estado miembro de determinados valores.[24]

Finalmente, el Tribunal de Justicia elaborará y adoptará su Reglamento de Procedimiento, que requerirá la aprobación del Consejo de Ministros.

III.2 El Tribunal General

El Tribunal General estará integrado por un número de jueces que será determinado por el Estatuto del Tribunal de Justicia de la Unión Europea. Asimismo, en el Estatuto se podrá disponer que el Tribunal General esté asistido por abogados generales.

De igual manera que ocurría en el caso del Tribunal de Justicia, los miembros del Tribunal General serán elegidos entre personas que ofrezcan plenas garantías de independencia y que posean la capacidad necesaria para el ejercicio de altas funciones jurisdiccionales. Su nombramiento se llevará a cabo de común acuerdo por los gobiernos

20 . Artículo 275 TFUE.
21 . Artículo 267 TFUE.
22 . Artículo 267 TFUE.
23 . Artículo 269 TFUE.
24 . Artículo 2 TUE.

de los Estados miembro, una vez iniciada la novedosa y preceptiva consulta al Comité de Idoneidad.

Si bien el mandato es de seis años, cada tres se efectuará una renovación parcial de los miembros que componen el Tribunal General. Asimismo, los jueces designarán entre ellos al que será presidente del Tribunal General para un período de tres años, y su mandato será renovable. También cabe añadir que el Tribuna General adoptará su Reglamento de Procedimiento de conformidad con el Tribunal de Justicia.

En otro orden de cosas, el Tribunal General será competente para resolver, en primera instancia, los recursos de anulación, los recursos de carencia u omisión, los litigios sobre indemnización por daños, los recursos de funcionarios y los recursos planteados en virtud de una cláusula compromisoria contenida en un contrato de derecho público o de derecho privado celebrado por la Unión o por su cuenta. La competencia de los ámbitos reseñados corresponde, como se ha indicado, al Tribunal General, con excepción de la resolución de los recursos que atribuyan a un Tribunal especializado, así como de los que el Estatuto reserve al Tribunal de Justicia. En todo caso, el Estatuto podrá establecer que el Tribunal General sea competente en otras categorías de recursos.

Pues bien, a la vista de la amplia competencia que atribuye al Tribunal General, el propio texto determina que contra las resoluciones dictadas por el Tribunal General en el contexto material más arriba indicado podrá interponerse recurso de casación ante el Tribunal de Justicia limitado a las cuestiones de derecho, en las condiciones y dentro de los límites establecidos por el Estatuto del Tribunal de Justicia de la Unión Europea. Asimismo, se atribuye la competencia al Tribunal General para conocer los recursos que se interpongan contra las resoluciones de los Tribunales especializados. En el mismo sentido, con carácter excepcional, las resoluciones dictadas por el Tribunal General en el ámbito material reseñado podrán ser reexaminadas por el Tribunal de Justicia, en las condiciones y dentro de los límites fijados por el Estatuto del Tribunal de Justicia de la Unión Europea y únicamente en el supuesto de que pueda darse un grave riesgo de que se vulnere la unidad o la coherencia del derecho de la Unión.

Finalmente, el Tratado de Lisboa reconoce al Tribunal General la competencia para conocer de las cuestiones prejudiciales, en materias específicas determinadas por el Estatuto del Tribunal de Justicia de la Unión Europea. Sin embargo, cuando el Tribunal General considere que el asunto en cuestión requiere una resolución de principio que podría afectar a la unidad o a la coherencia del derecho de la Unión, podrá decidir hacer una remisión del asunto de que se trate al Tribunal de Justicia con objeto de que sea éste el que resuelva.

Asimismo, las resoluciones dictadas por el Tribunal General sobre cuestiones prejudiciales podrán ser reexaminadas, con carácter excepcional, por el Tribunal de Justicia, en las condiciones y dentro de los límites establecidos por el Estatuto del Tribunal de Justicia de la Unión Europea, en el supuesto de que exista un riesgo grave de que pudiera ocasionarse una vulneración de la unidad o de la coherencia del derecho de la Unión.

III.3 Los Tribunales Especializados

En cuanto a la creación de tribunales especializados, cabe mencionar que, si bien el Tratado de Lisboa reproduce disposiciones ya existentes, introduce no obstante algunas modificaciones en cuanto a los trámites para su creación, puesto que a partir de ahora se crearán con arreglo al procedimiento legislativo ordinario, esto es, codecisión por mayoría cualificada y no ya por unanimidad, como se establecía con anterioridad. En cambio, el estatuto de los jueces y abogados generales y el régimen lingüístico del Tribunal de Justicia siguen sujetos a la regla de la unanimidad.

La creación de este tipo de tribunales supone una innovación dentro del sistema jurisdiccional comunitario. En efecto, es cierto que desde hace unos años se venía planteando la necesidad de crear algún tipo de órgano jurisdiccional que se añadiera a los existentes a fin de poder descongestionar en parte el trabajo de los Tribunales de Justicia y de 1ª Instancia de las Comunidades Europeas, los cuales, por su enorme carga de procedimientos, estaban demorando excesivamente los tiempos empleados en dictar sus correspondientes resoluciones, originándose con frecuencia un cierto colapso en la justicia comunitaria. Tales problemas debían ser resueltos y, sin embargo, las soluciones que se apuntaban no eran fáciles de implantar puesto que debían, cualquiera que fuese a adoptarse, garantizar la coherencia, unidad y homogeneidad en el funcionamiento de los órganos jurisdiccionales, así como en la aplicación del derecho comunitario.

Ahora, el Tratado de Lisboa ofrece definitivamente una solución que, estamos seguros, servirá para remediar en gran medida los retrasos constatados en la resolución de los conflictos a nivel jurisdiccional en el marco conceptual de la Unión Europea. La confianza de la ciudadanía europea en la institución jurisdiccional de la Unión es lo que viene provocando la destacada acumulación de recursos ante los órganos del sistema jurisdiccional común, lo cual nos pone de relieve la enorme importancia de ese sistema en el proceso dinámico que supone la integración europea.

El Tratado de Lisboa establece que pueden crearse tribunales especializados adjuntos al Tribunal General. Para esa creación será necesaria la adopción de una ley europea. Estos tribunales especializados están encargados de conocer, en primera instancia, determinadas categorías de recursos interpuestos en materias específicas.

La ley europea de creación de los tribunales especializados habrá de ser adoptada ya sea a propuesta de la Comisión y previa consulta al Tribunal de Justicia, ya sea a instancia del Tribunal de Justicia y previa consulta a la Comisión. En este mismo sentido, la ley europea por la que se vaya a crear un tribunal especializado deberá contener la fijación de las normas relativas a la composición de ese tribunal, debiendo asimismo precisar el alcance de las competencias que se le atribuyan.

Conviene destacar que, contra las resoluciones dictadas por los tribunales especializados podrá interponerse recurso de casación limitado a las cuestiones de derecho ante el Tribunal General. Asimismo, cuando la ley europea por la que se crea un tribunal especializado lo prevea, cabrá interponer un recurso de apelación referente también a las cuestiones de hecho, ante el Tribunal General.

Por lo que se refiere a los miembros de los tribunales especializados, manifestar que serán elegidos de entre personas que ofrezcan plenas garantías de independencia y que, al mismo tiempo, posean la capacidad necesaria para el ejercicio de funciones jurisdiccionales. Su nombramiento corresponderá al Consejo de Ministros utilizando para ello la unanimidad.

Los tribunales especializados adoptarán su Reglamento de Procedimiento de conformidad con el Tribunal de Justicia. A continuación, ese Reglamento habrá de someterse al Consejo de Ministros para su aprobación.

IV. El sistema de recursos ante la jurisdicción comunitaria

El Tratado de Lisboa flexibiliza los requisitos de admisibilidad de los recursos interpuestos por particulares, sean personas físicas o jurídicas, contra las decisiones de las instituciones, órganos y organismos de la Unión. Los particulares pueden interponer recurso contra un acto reglamentario si ese acto los afecta directamente y carece de medidas de ejecución. Así pues, los particulares ya no tienen que demostrar que ese acto los afecta individualmente.[25]

Si tenemos en cuenta el ámbito de la función jurisdiccional, podemos distinguir:

- los recursos directos, que son aquellos cuyo enjuiciamiento le corresponde en exclusiva al Tribunal de Justicia de la Unión Europea, y
- la cuestión prejudicial, que constituye el único tipo de recurso indirecto, que supone un incidente prejudicial cuyo enjuiciamiento está compartido con el órgano judicial del Estado miembro que plantea la cuestión.

Conviene destacar que este procedimiento integra un instrumento de control indirecto de la legalidad comunitaria al incluir, de una parte, las infracciones cometidas por los Estados miembro y por otra, el medio de colaboración entre los tribunales nacionales y el Tribunal de Justicia de la Unión Europea.

Si examinamos la doble división formulada para distinguir la tipología de recursos y atendemos a la finalidad, dentro de los recursos directos, encontraremos la siguiente división:

25 . Artículo 263 TFUE.

- Los que se refieren al control de los órganos comunitarios, dentro de los cuales hay que citar:
  a) El contencioso de legalidad, que incluye:
     - el recurso de anulación, que pretende la anulación de actos emanados de las instituciones comunitarias;
     - el recurso de carencia u omisión, que se utiliza en caso de no actuar las instituciones comunitarias.
     - la excepción de legalidad, que trata de proteger al individuo frente a actos de carácter general que produzcan efectos de manera directa e inmediata sobre el particular.
  b) El contencioso de plena jurisdicción, que tiene por objeto: las reclamaciones de indemnización extracontractual por un acto de la Unión; la impugnación de sanciones impuestas por las instituciones, los supuestos en los que se le atribuye plena jurisdicción por un compromiso o una cláusula compromisoria; los recursos interpuestos por los funcionarios de la Unión contra las instituciones.
- Los que se refieren al control de los Estados miembro, ámbito en el que hay que señalar:
  a) El recurso por infracción o incumplimiento de un Estado miembro, el cual procede cuando se constata el incumplimiento, por parte de un Estado miembro, de sus obligaciones derivadas del derecho de la Unión.

Pues bien, una vez que hemos sistematizado y dividido los diferentes tipos de recursos propios del ámbito contencioso de la Unión Europea, trataremos de establecer la fisonomía y caracteres más importantes de cada uno de los recursos directos y terminaremos con la exposición somera en torno al único recurso indirecto, es decir, la cuestión prejudicial. De este modo se habrá conseguido poner de relieve las pautas más llamativas y ámbitos de referencia de la tipología de recursos de la jurisdicción comunitaria.

IV.1 El Contencioso de Legalidad

Ya se ha señalado que, en nuestra opinión, incluimos dentro del contencioso de legalidad tres categorías de recursos: el de anulación, el de carencia u omisión y la excepción de legalidad.

Señalaremos a continuación una descripción esquemática de cada uno de éstos.

IV.1.A El recurso de anulación

Este recurso sirve para controlar la legalidad de las leyes y de las leyes marco europeas, de los actos del Consejo, de la Comisión y del Banco Central Europeo que no sean recomendaciones o dictámenes, así como de los actos del Parlamento Europeo y del Consejo Europeo destinados a producir efectos jurídicos frente a terceros. Asimismo, el Tribunal de Justicia de la Unión Europea controlará la legalidad de los actos de los órganos y organismos de la Unión destinados a producir efectos jurídicos frente a terceros.

Por otra parte, en el marco del control de la observancia del principio de subsidiariedad,[26] los Estados miembro pueden someter al Tribunal de Justicia un recurso de anulación contra un acto legislativo por vulneración del principio de subsidiariedad, proveniente de un Parlamento nacional o de una de las Cámaras de éste. El recurso debe ser formalmente presentado por el gobierno de un Estado, pero también puede ser simplemente transmitido por ese gobierno, siendo el Parlamento nacional o una de sus Cámaras el verdadero autor del recurso.[27] El Comité de las Regiones puede asimismo invocar la vulneración de tal principio, dentro del límite de los actos respecto de los cuales su consulta es obligatoria.

Pues bien, en el contexto descripto, el Tribunal será competente para pronunciarse sobre los recursos por incompetencia, vicios sustanciales, de forma o de cualquier norma jurídica relativa a su ejecución, o desviación de poder, interpuestos por un Estado miembro, el Parlamento Europeo, el Consejo o la Comisión. También en el ámbito que hemos señalado el Tribunal es competente para pronunciarse sobre los recursos interpuestos por el Tribunal de Cuentas, el Banco Central Europeo y el Comité de las Regiones con el fin de salvaguardar prerrogativas de éstos. Asimismo, en idénticas condiciones contextuales, toda personal física o jurídica podrá interponer un recurso contra los actos de los que sea destinataria o que la afecten directa o individualmente y contra los actos reglamentarios que la afecten directamente y que no incluyan medidas de ejecución. No obstante, los actos por los que se crean los órganos y organismos de la Unión podrán prever condiciones y procedimientos específicos para los recursos presentados por personas físicas o jurídicas contra actos de esos órganos u organismos destinados a producir efectos jurídicos sobre ellos. En todo caso, el plazo para interponer los recursos a los que estamos refiriendo se establece en dos meses a partir de la publicación del acto que ocasiona el planteamiento del recurso, o de su notificación al demandante, o, en su defecto, de la fecha en que éste haya tenido conocimiento de aquél, según los casos.

26 . Artículo 8 del Protocolo sobre la aplicación de los principios de subsidiariedad y proporcionalidad.

27 . El Tratado de Maastricht inscribió el principio de subsidiariedad. El artículo 5 del Tratado CE lo define en los siguientes términos: "En los ámbitos que no sean de su competencia exclusiva, la Comunidad intervendrá, conforme al principio de subsidiariedad, sólo en la medida en que los objetivos de la acción pretendida no puedan ser alcanzados de manera suficiente por los Estados miembro y, por consiguiente, puedan lograrse mejor, debido a la dimensión o a los efectos de la acción contemplada, a nivel comunitario". Otro principio se encuentra estrechamente vinculado a él, el principio de proporcionalidad, según el cual "ninguna acción de la Comunidad excederá de lo necesario para alcanzar los objetivos del presente Tratado". En la actualidad, vid. Art. 5, Nº3 y 4 del TUE en su versión consolidada del Tratado de Lisboa.

Por otro lado, cabe afirmar que si el recurso es fundado, el Tribunal de Justicia de la Unión Europea procederá a formular la correspondiente declaración de nulidad y de carencia de valor ni efecto del acto impugnado. Sin embargo, el Tribunal también está capacitado para señalar, si es que así lo estimase oportuno y necesario, todos aquellos efectos del acto declarado nulo que deban ser considerados definitivos.

IV.1.B El recurso de carencia u omisión

Este tipo de recurso directo también se denomina recurso de inactividad, y tiene por objeto constatar ante el órgano jurisdiccional comunitario la inactividad de alguna de las instituciones de la Unión, con el fin de que las obligue a pronunciarse.

En este orden de ideas, se establece que si en violación el Parlamento Europeo, el Consejo Europeo, el Consejo, la Comisión o el Banco Central Europeo se abstienen de pronunciarse, los Estados miembro y las demás instituciones de la Unión podrán recurrir al Tribunal de Justicia de la Unión Europea con el fin de que declare la mencionada violación. Además, la disposición referida también podrá aplicarse a los órganos y organismos de la Unión que se abstengan de pronunciarse, en las mismas condiciones.

De otro lado, únicamente puede admitirse este tipo de recurso si la institución, órgano u organismo de la Unión de que se trate hubiere sido requerido para que actuase con carácter previo. Si transcurrido un plazo de dos meses a partir del mencionado requerimiento, la institución, órgano u organismo no hubiese definido su posición, el recurso podrá ser interpuesto dentro de un nuevo plazo de dos meses.

Finalmente, la norma reguladora de este recurso determina que toda persona física o jurídica podrá recurrir en queja al Tribunal, en las mismas condiciones que ya hemos destacado anteriormente, por no haberle dirigido una de las instituciones, órganos u organismos de la Unión un acto distinto de una recomendación o de un dictamen, es decir, de un acto obligatorio.

De igual manera que ocurría en el caso del recurso de anulación, también puede afirmarse, en el contexto del recurso de carencia que examinaremos, que la institución, órgano u organismo cuya abstención hubiese sido declarada estará obligado a tomar las medidas oportunas para la ejecución de la sentencia del Tribunal de Justicia de la Unión Europea.

IV.1.C La excepción de ilegalidad

Constituye, en realidad, un recurso incidental que ha de presentarse en un litigio principal y cuya finalidad consiste en evitar la desprotección de los particulares frente a los actos de carácter general adoptados por las instituciones de la Unión, cuando sus efectos jurídicos recaigan sobre esos particulares de una manera directa e inmediata.

Aunque hubiere expirado el plazo de dos meses a partir de la publicación del acto, o de su notificación al demandante, o, en su defecto, de la fecha en que éste hubiese tenido conocimiento de aquél, según los casos, cualquiera de las partes de un litigio en el que se cuestione un acto del alcance general adoptado por una institución, órgano u organismo de la Unión podrá acudir al Tribunal de Justicia de la Unión Europea alegando la inaplicabilidad de ese acto por incompetencia, vicios sustanciales de forma, violación de cualquier norma jurídica relativa a su ejecución o desviación de poder.

IV.2 El contencioso de plena jurisdicción

Se incluyen en este contencioso un conjunto de recursos directos que, en nuestra opinión, dan lugar verdaderos procesos autónomos que conoce y resuelve el Tribunal de Justicia de la Unión Europea, al cual le corresponde la competencia exclusiva.

Esos recursos son los que tienen su fundamento, entre otros, en alguno de los siguientes supuestos:

- la impugnación de sanciones impuestas por las instituciones de la Unión;
- litigios sobre la base de actos por los que se crean títulos europeos de propiedad intelectual;
- las reclamaciones para obtener una indemnización sobre la base de la responsabilidad extracontractual de la Unión;
- los litigios de los funcionarios de la Unión contra las instituciones de las que desarrollan su trabajo;
- el establecimiento de una cláusula compromisoria y la adopción de un compromiso entre los Estados miembro que atribuyan competencia al Tribunal.

En definitiva, la finalidad del contencioso de plena jurisdicción consiste en la apreciación de la legalidad de la decisión impugnada y de la oportunidad de la medida, siendo posible su anulación o reforma por parte del Tribunal. Asimismo, la competencia que éste ostenta en plena jurisdicción abarca no sólo la posibilidad de anular o reformar la medida en cuestión, sino también la de apreciar los derechos e intereses subjetivos de las partes.

IV.2.A El recurso contra las sanciones

Dada la experiencia adquirida en su uso durante muchos años, su escasa concreción ha sido completada por las interpretaciones llevadas a cabo tanto por la jurisprudencia del Tribunal como por la doctrina de los autores.

Así, las leyes o los reglamentos europeos del Consejo podrán atribuir al Tribunal de Justicia de la Unión Europea una competencia jurisdiccional plena para las sanciones que prevean.

Las causas que pueden ser invocadas por los recurrentes contra las sanciones que se les impugnan son las causas de anulación.

Asimismo, mencionaremos que, en nuestra opinión, la competencia de plena jurisdicción se refiere no sólo al control de legalidad de la sanción, sino también al examen de la oportunidad de la medida y, especialmente, del montante de la sanción aunque no exista error manifiesto. En atribución de sus competencias de plena jurisdicción, el Tribunal puede tanto anular como modificar la sanción impuesta, aumentándola[28] o reduciéndola.[29]

IV.2.B Litigios sobre la base de actos por los que se crean Títulos Europeos de Propiedad Intelectual

Proveniente del Tratado de Niza,[30] se inserta el presente supuesto, relativo a los recursos que pueden interponerse para dar resolución a los litigios que se planteen sobre la base de actos por los que se crean títulos europeos de propiedad intelectual.

En efecto, se podrá atribuir al Tribunal de Justicia de la Unión Europea mediante ley europea, en la medida en que ésta determine la competencia para resolver litigios relativos a la aplicación de los actos adoptados sobre la base de Tratados por los que se crean títulos europeos de propiedad intelectual.

IV.2.C El recurso en reclamación de indemnización o por responsabilidad extracontractual

El Tribunal de Justicia de la Unión Europea será competente para conocer de los litigios relativos a la reparación de los daños.

En este orden de ideas, puede decirse que, en materia de responsabilidad extracontractual, la Unión deberá proceder a la reparación de los daños que hubiesen sido causados por sus instituciones o sus agentes en el ejercicio de sus funciones, de conformidad con los principios generales comunes a los derechos de los Estados miembro. Esta disposición se aplicará también, en idénticas condiciones, a los daños que pudieran causar el Banco Central Europeo o sus agentes en el desempeño regular de sus funciones.

IV.2.D El recurso de los funcionarios de la Unión

Este tipo de recurso posee enorme importancia dado el número de casos que cada año se plantean ante el Tribunal de Justicia de la Unión Europea. En efecto, son cuantiosísimos los recursos que los funcionarios de la Unión plantean ante el órgano jurisdiccional

28 . *Vid.* Sentencia del TJCE del 5 de marzo de 1986, Asunto 69/85, rec. 1986.
29 . *Vid.* Sentencia del TJCE del 16 de diciembre de 1981, Asunto 244/80, rec. 1982.
30 . *Vid.* el viejo art. 229 A del TCE.

como consecuencia de impugnaciones realizadas contra resoluciones dictadas por las instituciones en las que esos funcionarios desarrollan su trabajo y que, naturalmente, le son contrarias, causándoles perjuicios personales en el curso de su carrera funcionarial.

El Tribunal de Justicia de la Unión Europea será competente para pronunciarse sobre cualquier litigio entre la Unión y sus agentes dentro de los límites y en las condiciones definidas en el Estatuto de los Funcionarios de la Unión y el régimen aplicable a los otros agentes de la Unión.

Así pues, para interponer este recurso están legitimados los agentes y funcionarios de la Unión, esto es, las personas empleadas al servicio de la Unión y ligadas a ella por una relación estatutaria –funcionarios propiamente dichos– o contractual, así como los funcionarios no titulados aún y el personal de un órgano u organismo de la Unión, cuando sus estatutos atribuyan competencia expresa al Tribunal para regular las controversias que pudieran surgir entre esos órganos u organismos y su personal.

El recurso ha de interponerse contra la institución, órgano u organismo de la Unión del que el agente dependa y, dentro de él, contra la autoridad investida de poder de nombramiento, que es de la que habrá de emanar la resolución administrativa que abra la posibilidad de utilización de la vía de recurso contencioso que estamos examinando.

IV.2.E Recursos planteados en virtud de una cláusula compromisoria o de un compromiso

Se atribuye la competencia al Tribunal de Justicia de la Unión Europea para que se pronuncie sobre la base de una cláusula compromisoria contenida en un contrato de derecho público o de derecho privado celebrado por la Unión o por su cuenta.

La finalidad de la disposición mencionada no es otra que prever la posibilidad de atribuir competencia al Tribunal para conocer de las controversias que pudieran surgir como consecuencia de los contratos concluidos por la Unión con sujetos de derecho interno, ya que la regulación dispone que los litigios en los que la Unión sea parte no podrán ser por tal motivo sustraídos a la competencia de las jurisdicciones nacionales, ello sin perjuicio de las competencias que la Constitución atribuye al Tribunal de Justicia de la Unión Europea. Se tratará, por tanto, de una atribución expresa de competencia.[31]

Para la validez de la cláusula compromisoria no es preciso, por tanto, que el contrato de derecho público o privado sea realizado por la propia Unión, sino que es perfectamente posible que un tercero con competencia para contratar realice el mencionado contrato por cuenta de la Unión. Ese contrato podrá realizarse con un particular, con un Estado miembro o con un país tercero.

31 . *Vid.* Sentencia del TJCE del 18 de diciembre de 1986, Asunto 426/85, Comisión contra Zoubek, Rep. I-2639.

Así pues, cuando en los mencionados contratos se incluya una cláusula compromisoria que atribuya competencia al Tribunal, dejan de ser competentes los Tribunales nacionales de los Estados miembro para el conocimiento de los litigios que se refieren al campo de aplicación previsto en la mencionada cláusula, siendo el Tribunal de Justicia de la Unión Europea la única jurisdicción con competencia para resolver esos litigios. Existiendo esa cláusula, al Tribunal de Justicia de la Unión Europea "no se le pueden oponer decisiones de derecho nacional que presuntamente obstaculizarán dicha competencia".[32]

IV.3 Recurso por incumplimiento de un Estado miembro

Con anterioridad señalábamos que se podía hacer una doble división para distinguir la tipología de recursos de los llamados directos, atendiendo a la finalidad. Ya nos hemos referido a los que afectan al control de los órganos comunitarios, y examinaremos ahora los que se refieren al control de los Estados miembro.

El Tribunal de Justicia también ha reconocido el principio de la responsabilidad de los Estados miembro en caso de incumplimiento del derecho de la Unión, lo que se traduce en el fortalecimiento de la protección de los derechos que las normas de la Unión otorgan a los particulares, contribuyendo a que los Estados miembro ejecuten esas normas con mayor diligencia.

En este sentido, hay que destacar el llamado recurso por incumplimiento de un Estado miembro. Siendo su finalidad permitir la determinación del contenido exacto de las obligaciones de los Estados miembro, impuestas por las normas de derecho comunitario, en caso de existir divergencia de interpretación, haciendo posible, a semejanza del contencioso de anulación, asegurar la ejecución de las obligaciones correspondientes a los Estados miembro y garantizar, de este modo, la protección jurídica de todos los sujetos de la Unión.

La interposición del recurso en constatación de incumplimiento de un Estado miembro puede efectuarse por la Comisión o por otro Estado miembro. En ambos supuestos, el acceso al Tribunal de Justicia de la Unión Europea deberá ir precedido de una fase precontenciosa.

En este orden de ideas, si la Comisión estima que un Estado miembro ha incumplido alguna de las obligaciones que le incumben, procederá a emitir un dictamen motivado al respecto, luego de haber ofrecido a ese Estado la posibilidad de que presente las observaciones que tenga por oportunas. No obstante, si el Estado de que se trate no se atiene a lo manifestado por la Comisión en su dictamen motivado y dentro del plazo establecido por ella misma, la Comisión podrá recurrir ante el Tribunal de Justicia de la Unión Europea.

32 . *Vid.* Sentencia del TJCE del 8 de abril de 1992, Asunto C-209/90, Comisión contra Feilhauser, Rep. I-2639.

Por otra parte, cualquier Estado miembro, como ya indicamos anteriormente, podrá recurrir ante el Tribunal de Justicia de la Unión Europea si estima que otro Estado miembro ha incumplido alguna de las obligaciones que le incumben. Sin embargo, antes de que un Estado miembro interponga contra otro un recurso fundado en un supuesto incumplimiento de las obligaciones que le incumben deberá someter el asunto a la Comisión. A continuación, ésta emitirá un dictamen motivado, una vez que los Estados interesados hubieren tenido la oportunidad de manifestar sus observaciones por escrito y oralmente en procedimiento contradictorio. No obstante, si se diese el caso de que la Comisión no hubiese emitido el mencionado dictamen en un plazo de tres meses a partir de la solicitud, la carencia de dictamen no impedirá que pueda recurrirse al Tribunal de Justicia de la Unión Europea.

De otro lado, cabría añadir que si el Tribunal de Justicia de la Unión Europea declara que un Estado miembro ha incumplido alguna de las obligaciones que le incumben ese Estado estará obligado a adoptar las necesarias y oportunas disposiciones tendientes a asegurar la ejecución de la sentencia del Tribunal. En este contexto, si la Comisión estima que el Estado miembro afectado no hubiere adoptado las medidas necesarias capaces de llevar a cabo la ejecución de la sentencia del Tribual de Justicia de la Unión Europea, podrá someter el asunto al Tribunal, una vez concedida la posibilidad de presentar sus alegaciones al Estado miembro de que se trate. Asimismo, corresponderá a la Comisión indicar el importe que estime adecuado a las circunstancias para fijar la suma a tanto alzado o la multa coercitiva que deba ser pagada por el Estado miembro afectado. También, si el Tribunal declara que el Estado miembro afectado ha incumplido su sentencia, podrá imponerle el pago de una suma a tanto alzado o multa coercitiva.

En este sentido, todo incumplimiento del derecho de la Unión por parte de un Estado miembro puede ser objeto de un recurso ante el Tribunal de Justicia y, en caso de que no se ejecute una sentencia en la que se declare tal incumplimiento, ese Tribunal está facultado para imponer al Estado miembro una multa coercitiva o el pago de una suma a tanto alzado,[33] dentro del límite del importe indicado por la Comisión. No obstante, en caso de que no se hayan comunicado a la Comisión las medidas tomadas para la adaptación del derecho interno a una directiva, el Tribunal de Justicia, a propuesta de la Comisión, podrá imponer una sanción pecuniaria a un Estado miembro en la primera sentencia por incumplimiento. La obligación de pago surtirá efecto en la fecha fijada por el Tribunal en la sentencia.[34]

Conviene destacar que si la Comisión presenta un recurso ante el Tribunal de Justicia de la Unión Europea, por considerar que el Estado afectado ha incumplido la obligación de informar sobre las medidas de transposición de una ley marco europea, podrá, si lo estima oportuno, indicar el importe de la suma a tanto alzado o de la multa coercitiva

33 . Artículo 28 del Tratado de Lisboa.

34 . Artículo 260 TFUE y 228 del Tratado de Lisboa.

que deba ser pagada por ese Estado y que considere adaptado a las circunstancias. En este orden de ideas, si el Tribunal comprueba la existencia de incumplimiento, podrá imponer al Estado miembro afectado el pago de una suma a tanto alzado o de una multa coercitiva dentro del límite del importe indicado por la Comisión, siendo que la obligación de pago habrá de surtir efecto en la fecha indicada por el Tribunal en la sentencia.

Por último, cabe señalar que, transcurrido un período de cinco años, la Comisión puede interponer recursos por incumplimiento con respecto a medidas relativas a la cooperación policial y judicial en materia penal adoptadas antes de la entrada en vigor del Tratado de Lisboa.[35]

IV.4 La cuestión prejudicial

Ya con anterioridad expresamos que si teníamos en cuenta el ámbito de la función jurisdiccional podíamos distinguir, de una parte, los recursos directos, y de otra, la cuestión prejudicial, que constituye el único tipo de recurso indirecto y que supone un incidente prejudicial cuyo enjuiciamiento aparece compartido con el órgano judicial del Estado miembro que plantea la cuestión. Manifestábamos entonces y queremos insistir ahora de nuevo en el hecho de que este procedimiento integra un instrumento de control indirecto de la legalidad de la Unión, dado que incluye, de un lado, infracciones cometidas por los Estados miembro, y de otro, el medio idóneo de colaboración entre los Tribunales nacionales y el Tribunal de Justicia de la Unión Europea.

Pues bien, como suponemos bien conocido, este tipo de recurso indirecto se denomina de manera indistinta por la doctrina científica y por la jurisprudencia cuestión prejudicial, incidente de prejudicialidad o reenvío prejudicial. Así, se establece que, el Tribunal de Justicia de la Unión Europea será competente para pronunciarse, con carácter prejudicial, a petición de los órganos jurisdiccionales nacionales:

- sobre la interpretación del derecho de la Unión;
- sobre la validez e interpretación de los actos adoptados por las instituciones, órganos u organismos de la Unión.

En este mismo contexto, cuando se plantee una cuestión de esta naturaleza ante un órgano jurisdiccional de uno de los Estados miembro, ese órgano podrá solicitar al Tribunal que se pronuncie sobre aquélla, si estima necesaria una decisión al respecto para poder emitir su fallo.

Asimismo, se prevé que cuando se plantee una cuestión de este tipo en un asunto pendiente ante un órgano jurisdiccional nacional cuyas decisiones no sean susceptibles

35 . Se desprende del Protocolo Nº 36, artículo 10, apartado 1, que tales recursos son posibles una vez expirado el plazo de cinco años a partir de la entrada en vigor del Tratado de Lisboa.

de ulterior recurso judicial de derecho interno, ese órgano estará obligado a someter la cuestión al Tribunal.

El Tratado de Lisboa introduce una norma en virtud de la cual el Tribunal de Justicia se pronunciará con la mayor brevedad cuando se plantee una cuestión prejudicial en un asunto pendiente ante un órgano jurisdiccional nacional en relación con una persona privada de libertad. Se hace así referencia, en el texto mismo del Tratado, al procedimiento prejudicial de urgencia (PPU), vigente, como ya indicábamos con anterioridad, desde el 1° de marzo de 2008, que se aplica al espacio de libertad, seguridad y justicia.

Así pues, la complementariedad que se presenta en el caso de la cuestión prejudicial entre ambas jurisdicciones –nacional y de la Unión– ha sido explicitada por el Tribunal de Justicia de la Unión Europea,[36] quien considera que el viejo art. 234 TCE, y actual art. 267 TFUE, se basa en una cooperación que conlleva un reparto de las obligaciones entre los Tribunales nacionales y el Tribunal de Justicia de la Unión Europea, en aras de la debida aplicación y uniforme interpretación del derecho de la Unión en todos los Estados miembro, siendo de destacar la interpretación voluntarista del Tribunal de Justicia de la Unión Europea respecto de la protección de los derechos subjetivos de los particulares contenidos en normas de la Unión, al posibilitarles para invocar disposiciones concretas de actos normativos de la Unión no aplicables directamente y, en consecuencia, no revestidos de efecto o invocabilidad directa, que ha hecho posible que el precepto que analizamos desarrolle también un papel importante en cuanto medio de control de las infracciones a la Constitución cometidas por los Estados miembro, control que, como ya se ha explicitado anteriormente, se regula por las disposiciones relativas al recurso por incumplimiento de un Estado miembro.

Podemos afirmar que, a diferencia de los recursos directos, donde nos encontramos ante verdaderos procesos autónomos, la cuestión prejudicial no es, en un sentido técnico procesal, un recurso ni un procedimiento principal o autónomo, sino un simple incidente prejudicial originado en un proceso contencioso, siendo accesorio del proceso principal.

El procedimiento de reenvío prejudicial, que puede instarse de oficio o a petición de parte, se inicia con la suspensión del litigio principal por parte del juez nacional y el planteamiento de una cuestión prejudicial ante el órgano jurisdiccional europeo, terminando con la respuesta del Tribunal de Justicia de la Unión Europea, contenida en una sentencia que será remitida al juez interno, el cual deberá continuar el procedimiento principal y dictar sentencia, eso sí, ateniéndose en todo momento a la respuesta recibida.

36 . Vid. la Sentencia del TJCE del 16 de diciembre de 1981, Asunto 244/80.

V. Conclusión

El Tratado de Lisboa supone un importante avance en el proceso de construcción y de consolidación de una Europa integrada, puesto que viene a reforzar el carácter supranacional de la construcción europea, al tiempo que sirve para fortalecer los derechos fundamentales de los ciudadanos europeos.

Puede decirse que, en el tratamiento que hace el Tratado de Lisboa de las distintas instituciones de la Unión, el Tribunal de Justicia es reforzado en su papel esencial, estableciéndose las competencias atribuidas a este órgano institucional que tiene asignado el poder judicial en el marco de la Unión. Todo ello viene a contribuir, sin duda, a que el Tratado de Lisboa mejore el sistema jurisdiccional comunitario, dado el perfeccionamiento que se determina en la actuación del Tribunal de Justicia. En pura deducción lógica, puede afirmarse que, de esta manera, se va a lograr alcanzar una mayor y más eficaz protección de los derechos de los ciudadanos europeos, así como un acercamiento mayor de éstos a la protección jurisdiccional comunitaria.

Bibliografía

Molina del Pozo, C.F.: *Manual de Derecho de la Comunidad Europea,* 4ª edición, Dijusa, Madrid, 2002.

—*Derecho Comunitario,* 1ª edición, Cálamo, Barcelona, 2004.

— *Sistema institucional de las Comunidades Europeas*, Trivium, Madrid, 1986.

— *Procedimientos y recursos ante el Tribunal de Justicia de las Comunidades Europeas*, Edersa, Madrid, 1987.

— *Treinta años de integración europea,* "Las Instituciones en el Tratado de Lisboa", Jurua Editora, Curitiba, 2009, p. 163.

Ortúzar Andechaga, L.: *La aplicación judicial del derecho comunitario,* Trivium, Madrid, 1993.

Oteros Fernández, M.: *Introducción al derecho procesal comunitario*, Córdoba, 1992.

Capítulo VII

El Tribunal de Justicia de la Unión Europea: regulación procesal

María Marcos González*

I. Introducción

La finalidad de estas páginas se limita a exponer, desde una perspectiva exclusivamente normativa y sin pretensión alguna de exhaustividad, algunos de los aspectos procesales del régimen jurídico del Tribunal de Justicia de la Unión Europea (TJUE) que nos han parecido más relevantes.

El Tribunal de Justicia de la Unión Europea forma parte del marco institucional del que se sirve la Unión para promover sus valores, defender sus intereses, los de sus ciudadanos y los de los Estados miembro, así como para garantizar la coherencia, eficacia y continuidad de sus políticas y de sus acciones (art. 13.1 del Tratado de la Unión Europea [TUE]). Tiene su sede en Luxemburgo.

Como tal institución de la Unión debe actuar conforme a las atribuciones y procedimientos establecidos en los Tratados –en particular, en el Tratado de Funcionamiento de la Unión Europea (TFUE)–, pero también en el Tratado constitutivo de la Comunidad Europea de la Energía Atómica (Tratado CEEA), así como en el Estatuto de Jueces y abogados generales;[1] además debe actuar manteniendo una cooperación leal con el resto de las instituciones de la Unión (Parlamento Europeo, Consejo Europeo, Consejo, Comisión Europea, Banco Central Europeo y Tribunal de Cuentas) (art. 13.2 TUE).

La función del TJUE es garantizar el respeto del derecho en la interpretación y aplicación de los Tratados. En la actualidad, está constituido por el Tribunal de Justicia (TJ), el Tribunal General (TG) y tribunales especializados (hasta el momento, Tribunal de la

* Docente de Derecho Público, Universidad de Alcalá de Henares.
1 . Estos textos se encuentran disponibles en [URL] EUR-Lex: *http://eur-lex.europa.eu.*

Función Pública de la Unión Europea [TFP]). Los Estados miembro deben establecer las vías de recursos necesarias para garantizar la tutela judicial efectiva en los ámbitos cubiertos por el derecho de la Unión (art. 19.1 TUE).

No obstante, conviene tener presente que si bien el TJUE, el TG y el TFP comparten el ejercicio de funciones judiciales de interpretación y aplicación del derecho de la Unión Europea, los órganos judiciales de los Estados miembro también cumplen esta función de garantizar la aplicación del derecho de la Unión y que además, tal como establece el art. 274 del Tratado de Funcionamiento de la Unión Europea (TFUE), sin perjuicio de las competencias que los Tratados atribuyen al Tribunal de Justicia de la Unión Europea, los litigios en los que la Unión sea parte no podrán ser, por tal motivo, sustraídos a la competencia de las jurisdicciones nacionales.

II. El Tribunal de Justicia de la Unión Europea en el Tratado de Lisboa

El Informe Anual 2009 del TJUE[2] (Skouris, presidente) refiere con precisión los grandes cambios que la entrada en vigor del Tratado de Lisboa (1° de diciembre de 2009) ha introducido en muchos de los ámbitos propios del TJUE, tanto en sus competencias como en los procedimientos ante los órganos jurisdiccionales que lo componen.

Con la entrada en vigor del Tratado de Lisboa, el derecho comunitario ha pasado a ser el derecho de la Unión, formando también parte de él todas las disposiciones adoptadas en el pasado en virtud del Tratado de la Unión Europea en su versión anterior al Tratado de Lisboa. Junto a la Unión Europea, la Comunidad Europea de la Energía Atómica (Euroatom) continúa existiendo y, a efectos del objeto de nuestro estudio, las competencias del Tribunal de Justicia relativas a Euroatom son, en principio, las mismas que las ejercidas en el marco de la Unión Europea.

Ese Tratado también ha introducido diversas modificaciones en las disposiciones del Tratado UE y del Tratado CE relativas al Tribunal de Justicia. Algunas de estas modificaciones se derivan del abandono de la estructura basada en tres pilares de la Unión Europea, de la consiguiente desaparición de la Comunidad Europea y de la personalidad jurídica que pasa a tener la Unión. Otras modificaciones son más específicas y se refieren directamente al Tribunal de Justicia. Por citar únicamente las más importantes, cabe señalar, en primer lugar, que la institución jurisdiccional de la Unión se denomina, desde el 1° de diciembre de 2009, Tribunal de Justicia de la Unión Europea.

2 . El Informe puede consultarse en el sitio web del Tribunal [URL] *www.curia.europa.eu*. De este sitio web proceden, en su mayoría, las fuentes que hemos utilizado para la elaboración del artículo y que hemos trascripto, con carácter general, en su literalidad.

La creación eventual de otros tribunales especializados sigue siendo posible, pero, a raíz de la entrada en vigor del Tratado de Lisboa, se llevará a cabo con arreglo al procedimiento legislativo ordinario, a saber, el de codecisión por mayoría cualificada, y ya no por unanimidad, como antes. Lo mismo ocurre en relación con las modificaciones del Estatuto del Tribunal de Justicia, a excepción de las disposiciones relativas al Estatuto de los Jueces y Abogados Generales, así como al régimen lingüístico del Tribunal de Justicia, verdaderamente excepcional por ser una institución multilingüe, puesto que cada una de las lenguas oficiales de la Unión puede ser lengua de procedimiento.

Una modificación importante se refiere al procedimiento de nombramiento de los miembros del Tribunal de Justicia y del Tribunal General. Los jueces y los abogados generales serán nombrados de ahora en adelante por la Conferencia de los Representantes de los gobiernos de los Estados miembro previa consulta a un comité encargado de emitir un dictamen sobre la idoneidad de los candidatos para el ejercicio de las funciones de juez y abogado general del Tribunal de Justicia y del Tribunal General. Ese comité estará compuesto por siete personas elegidas entre antiguos miembros de ambos órganos jurisdiccionales, miembros de los órganos jurisdiccionales nacionales superiores y juristas de reconocida competencia, uno de los cuales será propuesto por el Parlamento Europeo.

En lo referente a las competencias del Tribunal de Justicia, es preciso señalar que se extienden al derecho de la Unión Europea, salvo que los Tratados dispongan otra cosa. De esta forma, el Tribunal de Justicia adquiere una competencia prejudicial general en el ámbito del espacio de libertad, seguridad y justicia, debido a la desaparición de los pilares y a la supresión, por el Tratado de Lisboa, de los artículos 35 UE y 68 CE, que establecían restricciones a su competencia.

Por un lado, por lo que respecta a la cooperación policial y judicial en materia penal, la competencia del Tribunal de Justicia para pronunciarse con carácter prejudicial pasa a ser obligatoria y no está ya supeditada a una declaración de cada Estado miembro en la que se reconozca esa competencia y se indiquen los órganos jurisdiccionales nacionales que pueden someterle asuntos. Sin embargo, las disposiciones transitorias prevén que esta competencia plena no será aplicable hasta que transcurran cinco años desde la entrada en vigor del Tratado de Lisboa.

Por otro lado, en lo referente a visados, asilo, inmigración y otras políticas relacionadas con la libre circulación de personas (en particular, la cooperación judicial en materia civil, el reconocimiento y la ejecución de sentencias), todos los órganos jurisdiccionales nacionales –y no sólo los órganos jurisdiccionales superiores– pueden desde ahora plantear cuestiones prejudiciales ante el Tribunal de Justicia, y éste adquiere competencia para pronunciarse sobre las medidas de orden público en el ámbito de los controles transfronterizos.

Además, procede recordar que, con la entrada en vigor del Tratado de Lisboa, la Carta de los Derechos Fundamentales de la Unión Europea se convierte en un texto legislativo vinculante y adquiere el mismo valor jurídico que los Tratados.[3] Por último, en el ámbito sensible de la política exterior y de seguridad común (PESC), el Tribunal de Justicia es competente, como excepción, por un lado, para controlar la delimitación entre las competencias de la Unión y la PESC, cuya ejecución no debe afectar el ejercicio de las competencias de la Unión ni las atribuciones de las instituciones para el ejercicio de las competencias exclusivas y compartidas de la Unión, y por otro lado, para conocer de los recursos de anulación interpuestos contra las decisiones adoptadas por el Consejo por las que se establezcan medidas restrictivas frente a personas físicas o jurídicas, por ejemplo en el marco de la lucha contra el terrorismo (congelación de activos).

En el Tratado de Lisboa figuran también modificaciones significativas en relación con los procedimientos ante los órganos jurisdiccionales de la Unión. Entre los más importantes cabe señalar, por un lado, la flexibilización de los requisitos de admisibilidad de los recursos interpuestos por particulares contra los actos reglamentarios de las instituciones, órganos y organismos de la Unión. De ahora en adelante, las personas físicas o jurídicas pueden interponer recursos contra un acto reglamentario si las afecta directamente y carece de medidas de ejecución. Así pues, ya no tienen que demostrar que tal tipo de acto las afecta individualmente.

Por otra parte, el Tratado de Lisboa refuerza el mecanismo de las sanciones pecuniarias (suma a tanto alzado y/o multa coercitiva) en caso de inejecución de una sentencia por incumplimiento. En particular, el Tribunal de Justicia, de ahora en adelante, puede imponer, desde el momento de la primera sentencia por incumplimiento, sanciones pecuniarias por no haberse informado a la Comisión de las medidas nacionales de transposición de una directiva.

Además de las reformas introducidas por el Tratado de Lisboa, merece también ser destacada la modificación del Reglamento de Procedimiento del Tribunal de Justicia del 13 de enero de 2009. Esta modificación afecta al artículo 7, apartado 3, de dicho Reglamento, que establece las modalidades de elección del presidente y de los presidentes de sala. En su versión anterior, esa disposición establecía dos votaciones. En caso de paridad de votos en la segunda votación, se elegía al juez de mayor edad. La nueva versión de la citada disposición establece que si ninguno de los Jueces obtiene el voto de más de la mitad de los jueces que componen el Tribunal de Justicia, se procederá a nuevas votaciones hasta que se alcance esa mayoría.

3 . Sobre la protección del principio de subsidiariedad, conviene consultar el "Documento de reflexión del Tribunal de Justicia de la Unión Europea sobre determinados aspectos de la adhesión de la Unión Europea al Convenio Europeo para la Protección de los Derechos Humanos y de las Libertades Fundamentales", en [URL] *www.curia.europa.eu*. En particular, destaca este documento que, a fin de respetar el principio de subsidiariedad inherente al Convenio y asegurar al mismo tiempo el buen funcionamiento del sistema jurisdiccional de la Unión, es preciso disponer de un mecanismo capaz de garantizar que el Tribunal de Justicia pueda conocer de forma efectiva sobre la cuestión de validez de un acto de la Unión antes de que el Tribunal Europeo de Derechos Humanos se pronuncie sobre la conformidad de ese acto con el Convenio.

III. Composición

III.1. Tribunal de Justicia

El TJ esta compuesto por veintisiete jueces, uno por cada Estado miembro; y está asistido por ocho abogados generales, pero este número puede aumentar si el TJ lo solicita al Consejo y éste lo aprueba por unanimidad. La función del abogado general consiste en presentar públicamente, con toda imparcialidad e independencia, conclusiones motivadas sobre los asuntos que, de conformidad con el Estatuto del Tribunal de Justicia de la Unión Europea (ETJUE), requieran su intervención (art.252 TFUE).

El TG está compuesto por veintisiete jueces. El Estatuto podrá disponer que el TG esté asistido por abogados generales. Los miembros del Tribunal General podrán ser llamados a desempeñar las funciones de abogado general en un asunto en cuyo caso no podrán participar en su resolución.

Los jueces y abogados generales del TJ, y los jueces del TG, son elegidos entre personalidades que ofrecen absolutas garantías de independencia y que reúnen las condiciones requeridas para el ejercicio, en sus respectivos países, de las más altas funciones jurisdiccionales o que sean jurisconsultos de reconocida competencia, serán designados de común acuerdo por los gobiernos de los Estados miembro, tras consultar al comité a que se refiere el artículo 255, por un período de seis años (art. 19.2 TUE y art. 253 TFUE).

Cada tres años tendrá lugar una renovación parcial de los jueces y abogados generales; la de los jueces afectará alternativamente a catorce y trece jueces, y la de los abogados generales afectará cada vez a cuatro abogados generales (art. 9 ETJUE). Los jueces elegirán de entre ellos al presidente del Tribunal de Justicia por un período de tres años. Su mandato será renovable. Los jueces y los abogados generales salientes podrán ser nuevamente designados (art. 253 TFUE).

El TJ nombrará a su secretario y establecerá el estatuto de éste. También establecerá su Reglamento de Procedimiento, que requerirá la aprobación del Consejo (art. 253 TFUE).

El TG nombrará a su secretario y establecerá el estatuto de éste. El TG establecerá su Reglamento de Procedimiento de acuerdo con el TJ. Ese reglamento requerirá la aprobación del Consejo. Salvo disposición en contrario del Estatuto del Tribunal de Justicia de la Unión Europea, las disposiciones de los Tratados relativas al TJ serán aplicables al TG (art. 254 TFUE).

III.2. Tribunal General

El TFP, adscripto al TG, estará compuesto por siete jueces. Si así lo pide el Tribunal de Justicia, el Consejo podrá decidir, por mayoría cualificada, aumentar el número de jueces. Los jueces serán designados por el Consejo, previa consulta al comité designado al efecto compuesto por siete personalidades elegidas entre antiguos miembros del Tribunal de Justicia Europeo y del Tribunal General y juristas de reconocida competencia. El Consejo decidirá la designación de los miembros del comité y sus normas de funcionamiento, previa recomendación del presidente del Tribunal de Justicia. Al designar a los jueces, el Consejo cuidará que la composición del Tribunal de la Función Pública sea equilibrada, atendiendo a una base geográfica lo más amplia posible entre los nacionales de los Estados miembro y en lo que se refiere a los sistemas jurídicos nacionales representados. Los jueces elegirán de entre ellos, por un período de tres años, al presidente del Tribunal de la Función Pública. Su mandato será renovable. El Tribunal de la Función Pública nombrará a su secretario y establecerá el estatuto de éste.

IV. Competencias

IV.1 Atribución de competencias al TJUE

El TJUE se pronuncia, de conformidad con los Tratados:

- sobre los recursos interpuestos por un Estado miembro, por una institución o por personas físicas o jurídicas;
- con carácter prejudicial, a petición de los órganos jurisdiccionales nacionales, sobre la interpretación del derecho de la Unión o sobre la validez de los actos adoptados por las instituciones;
- en los demás casos previstos por los Tratados (art. 19.3 TUE).

Al respecto, el art. 108 TFUE establece que, en el caso de que un Estado miembro incumpla el plazo que le hubiera dado la Comisión para suprimir o modificar una ayuda, la Comisión o cualquier otro Estado interesado podrá recurrir directamente al TJUE, no obstante lo dispuesto en los artículos 258 y 259 del TFUE.

El art. 258 del TFUE establece que, en el caso de que un Estado no se atuviera al dictamen emitido por la Comisión sobre un incumplimiento de una de las obligaciones que le incumben en virtud de los Tratados, la Comisión podrá recurrir al TJUE, y el art. 259 TFUE establece que también cualquier Estado miembro podrá recurrir al TJUE si estima que otro Estado miembro ha incumplido una de las obligaciones que le incumben en virtud de los Tratados, pero en este último caso, antes de recurrir ante el TJUE, el Estado debe someter el asunto a la Comisión (art. 259 TFUE).

- Los reglamentos adoptados conjuntamente por el Parlamento Europeo y el Consejo, y por el Consejo, en virtud de las disposiciones de los Tratados, podrán atribuir al TJUE una competencia jurisdiccional plena respecto de las sanciones previstas en esos reglamentos (art. 261 TFUE).
- Sin perjuicio de las restantes disposiciones de los Tratados, el Consejo, por unanimidad, con arreglo a un procedimiento legislativo especial y previa consulta al Parlamento Europeo, podrá adoptar disposiciones destinadas a atribuir al TJUE, en la medida en que el Consejo determine, la competencia para resolver litigios relativos a la aplicación de los actos adoptados sobre la base de los Tratados por los que se crean títulos europeos de propiedad intelectual o industrial. Esas disposiciones entrarán en vigor cuando hayan sido aprobadas por los Estados miembro de conformidad con sus respectivas normas constitucionales (art. 262 TFUE).
- El TJUE controlará la legalidad de los actos legislativos, de los actos del Consejo, de la Comisión y del Banco Central Europeo que no sean recomendaciones o dictámenes, y de los actos del Parlamento Europeo y del Consejo Europeo destinados a producir efectos jurídicos frente a terceros. Controlará también la legalidad de los actos de los órganos u organismos de la Unión destinados a producir efectos jurídicos frente a terceros.

A tal fin, el Tribunal de Justicia de la Unión Europea será competente para pronunciarse sobre los recursos por incompetencia, vicios sustanciales de forma, violación de los Tratados o de cualquier norma jurídica relativa a su ejecución, o desviación de poder, interpuestos por un Estado miembro, el Parlamento Europeo, el Consejo o la Comisión.

El Tribunal de Justicia de la Unión Europea será competente en las mismas condiciones para pronunciarse sobre los recursos interpuestos por el Tribunal de Cuentas, por el Banco Central Europeo y por el Comité de las Regiones con el fin de salvaguardar prerrogativas de éstos (art. 263 TFUE).

- En caso de que, en violación de los Tratados, el Parlamento Europeo, el Consejo Europeo, el Consejo, la Comisión o el Banco Central Europeo se abstuvieren de pronunciarse, los Estados miembro y las demás instituciones de la Unión podrán recurrir al TJUE con objeto de que declare esa violación. El presente artículo se aplicará, en las mismas condiciones, a los órganos y organismos de la Unión que se abstengan de pronunciarse.

Este recurso solamente será admisible si la institución, órgano u organismo de que se trate hubieren sido requeridos previamente para que actúen. Si transcurrido un plazo de dos meses, a partir de ese requerimiento, la institución, órgano u organismo no hubiere definido su posición, el recurso podrá ser interpuesto dentro de un nuevo plazo de dos meses.

Toda persona física o jurídica podrá recurrir en queja al Tribunal, en las condiciones señaladas en los párrafos precedentes, por no haberle dirigido una de las instituciones, o uno de los órganos u organismos de la Unión un acto distinto de una recomendación o de un dictamen (art. 265 TFUE).

- El TJUE será competente para pronunciarse, con carácter prejudicial:
  - sobre la interpretación de los Tratados;
  - sobre la validez e interpretación de los actos adoptados por las instituciones, órganos u organismos de la Unión.

Cuando se plantee una cuestión de esta naturaleza ante un órgano jurisdiccional de uno de los Estados miembro, ese órgano podrá pedir al Tribunal que se pronuncie sobre aquélla, si estima necesaria una decisión al respecto para poder emitir su fallo.

Cuando se plantee una cuestión de este tipo en un asunto pendiente ante un órgano jurisdiccional nacional cuyas decisiones no sean susceptibles de ulterior recurso judicial de derecho interno, ese órgano estará obligado a someter la cuestión al Tribunal.

Cuando se plantee una cuestión de este tipo en un asunto pendiente ante un órgano jurisdiccional nacional en relación con una persona privada de libertad, el Tribunal de Justicia de la Unión Europea se pronunciará con la mayor brevedad (art. 267 TFUE).

- El Tribunal de Justicia de la Unión Europea será competente para conocer de los litigios relativos a la indemnización por daños a que se refieren los párrafos segundo y tercero del artículo 340 (TFUE).
- El Tribunal de Justicia de la Unión Europea será competente para pronunciarse sobre cualquier litigio entre la Unión y sus agentes dentro de los límites y en las condiciones que establezcan el estatuto de los funcionarios de la Unión y el régimen aplicable a los otros agentes de la Unión (art. 270 TFUE).
- El Tribunal de Justicia de la Unión Europea será competente, dentro de los límites que a continuación se señalan, para conocer de los litigios relativos:
  - al cumplimiento de las obligaciones de los Estados miembro que se deriven de los Estatutos del Banco Europeo de Inversiones. El Consejo de Administración del Banco tendrá, a este respecto, las competencias que el artículo 258 atribuye a la Comisión;
  - a los acuerdos del Consejo de Gobernadores del Banco. Cualquier Estado miembro, la Comisión y el Consejo de Administración del Banco podrán interponer recurso en esta materia, en las condiciones previstas en el artículo 263;

- a los acuerdos del Consejo de Administración del Banco. Sólo podrán interponer recurso contra tales acuerdos los Estados miembro o la Comisión, en las condiciones establecidas en el artículo 263 y únicamente por vicio de forma en el procedimiento previsto en los apartados 2, 5, 6 y 7 del artículo 19 de los Estatutos del Banco;
- al cumplimiento por parte de los bancos centrales nacionales de las obligaciones que se derivan de los Tratados y de los Estatutos del SEBC y del BCE. El Consejo de Gobierno del Banco Central Europeo dispondrá a este respecto, frente a los bancos centrales nacionales, de los poderes que el artículo 258 reconoce a la Comisión respecto de los Estados miembro. Si el Tribunal declarare que un banco central nacional ha incumplido una de las obligaciones que le incumben en virtud de los Tratados, ese banco estará obligado a adoptar las medidas necesarias para la ejecución de la sentencia del Tribunal (art. 271 TFUE).

– El Tribunal de Justicia de la Unión Europea será competente para juzgar en virtud de una cláusula compromisoria contenida en un contrato de derecho público o de derecho privado celebrado por la Unión o por su cuenta (art. 272 TFUE).
– El Tribunal de Justicia será competente para pronunciarse sobre cualquier controversia entre Estados miembro relacionada con el objeto de los Tratados, si esa controversia le es sometida en virtud de un compromiso (art. 273 TFUE).

IV.2 Distribución de competencias

– El TFP ejercerá en primera instancia las competencias para resolver los litigios entre la Unión y sus agentes en virtud del artículo 270 del Tratado de Funcionamiento de la Unión Europea, incluidos los litigios entre cualquier órgano u organismo y su personal respecto de los cuales se haya atribuido competencia al Tribunal de Justicia de la Unión Europea (art. 1 Anexo del TFP). Contra las resoluciones dictadas por el TFP podrá interponerse ante el TG recurso de casación limitado a las cuestiones de derecho o, cuando el reglamento relativo a la creación del tribunal especializado así lo contemple, recurso de apelación referente también a las cuestiones de hecho.
– El TG será competente para conocer en primera instancia de los recursos contemplados en los artículos 263, 265, 268, 270 y 272 TFUE, con excepción de los que se atribuyan a un tribunal especializado creado en virtud del artículo 257 TFUE y de los que el Estatuto reserve al TJ. El Estatuto podrá establecer que el TG sea competente en otras categorías de recursos (art. 256.1 TFUE).

Contra las resoluciones dictadas por el TG en virtud del presente apartado podrá interponerse recurso de casación ante el TJ limitado a las cuestiones de derecho, en las condiciones y dentro de los límites fijados en el Estatuto (art. 256.1 TFUE).

- El TG será competente para conocer de los recursos que se interpongan contra las resoluciones del TFP. Las resoluciones dictadas por el TG en virtud del presente apartado podrán ser reexaminadas con carácter excepcional por el TJ, en las condiciones y dentro de los límites fijados en el Estatuto, en caso de riesgo grave de que se vulnere la unidad o la coherencia del derecho de la Unión (art. 256.2 TFUE).
- El TG será competente para conocer de las cuestiones prejudiciales, planteadas en virtud del artículo 267, en materias específicas determinadas por el Estatuto. Cuando el TG considere que el asunto requiere una resolución de principio que pueda afectar a la unidad o a la coherencia del derecho de la Unión, podrá remitir el asunto ante el TJ para que éste resuelva. Las resoluciones dictadas por el TG sobre cuestiones prejudiciales podrán ser reexaminadas con carácter excepcional por el TJ, en las condiciones y dentro de los límites fijados en el Estatuto, en caso de riesgo grave de que se vulneren la unidad o la coherencia del derecho de la Unión (art. 256.3 TFUE).
- El TJ será competente para pronunciarse sobre la legalidad de un acto adoptado por el Consejo Europeo o por el Consejo en virtud del artículo 7 del Tratado de la Unión Europea solamente a petición del Estado miembro objeto de la constatación del Consejo Europeo o del Consejo y únicamente en lo que se refiere al respeto de las disposiciones de procedimiento establecidas en el citado artículo. Esta petición deberá presentarse en el plazo de un mes a partir de la constatación. El Tribunal se pronunciará en el plazo de un mes a partir de la fecha de la petición (art. 269 TFUE).
- Contra las resoluciones del TG que pongan fin al proceso, así como contra las que resuelvan parcialmente la cuestión de fondo o pongan fin a un incidente procesal relativo a una excepción de incompetencia o de inadmisibilidad, podrá interponerse recurso de casación ante el TJ en un plazo de dos meses a partir de la notificación de la resolución impugnada.

V. Deliberación

- El TJ actúa, según el ETJUE, en salas de cinco o tres jueces, en gran sala (trece jueces), o en pleno (en casos excepcionales, previstos en su Estatuto (en particular, cuando deba destituir al defensor del Pueblo o declarar el cese de un comisario europeo que haya incumplido sus obligaciones y cuando considere que un asunto reviste una importancia excepcional). Se reúne en gran sala cuando así lo solicita un Estado miembro o una institución que sea parte en el procedimiento, y para los asuntos particularmente complejos o importantes. El resto de los asuntos se examinan en salas. Los presidentes de las salas de cinco jueces son elegidos por tres años y los de las salas de tres jueces, por un año.

El Tribunal General actúa en salas compuestas por tres o cinco jueces. Los jueces elegirán de entre ellos a los presidentes de sala. Los presidentes de las salas de cinco jueces serán elegidos por tres años. Su mandato podrá renovarse una vez (art. 50 ETJUE). También en determinados casos podrá actuar en pleno, como órgano unipersonal o en gran sala.

El TFP actuará en salas compuestas por tres jueces, en asamblea plenaria, en sala de cinco jueces o de juez único.

– El TJ sólo podrá deliberar válidamente en número impar. Las deliberaciones de las salas compuestas por tres o cinco jueces sólo serán válidas si están presentes tres jueces. Las deliberaciones de la gran sala sólo serán válidas si están presentes nueve jueces. Las deliberaciones del Tribunal de Justicia reunido en pleno sólo serán válidas si están presentes quince jueces. En caso de impedimento de uno de los jueces que componen una sala, se podrá requerir la asistencia de un juez que forme parte de otra sala (art. 17 ETJUE).
– Los jueces y los abogados generales no podrán participar en la resolución de ningún asunto en el que hubieran intervenido anteriormente en calidad de agente, asesor o abogado de una las partes, o respecto del cual hubieran sido llamados a pronunciarse como miembros de un tribunal, de una comisión investigadora o en cualquier otro concepto.

Si, por una razón especial, un juez o un abogado general estima que no puede participar en el juicio o en el examen de un asunto determinado, informará de ello al presidente. Si el presidente estima que, por una razón especial, un juez o un abogado general no deben participar o presentar conclusiones en un determinado asunto, advertirá de ello al interesado. En caso de dificultad sobre la aplicación de esta norma, el Tribunal de Justicia decidirá. Una parte no podrá invocar la nacionalidad de un juez o la ausencia en el Tribunal de Justicia o en una de sus salas de un juez de su nacionalidad para pedir la modificación de la composición del Tribunal de Justicia o de una de sus salas (art. 18 ETJUE).

VI. Recepción errónea de escritos y conflictos de competencia

Cuando un recurso o cualquier otro acto procesal dirigido al Tribunal General se presente por error en la Secretaría del Tribunal de Justicia, ésta lo transmitirá inmediatamente a la Secretaría del Tribunal General; de la misma manera, cuando un recurso o cualquier acto procesal dirigido al Tribunal de Justicia se presente por error en la Secretaría del Tribunal General, ésta lo transmitirá inmediatamente a la Secretaría del Tribunal de Justicia. Cuando el Tribunal General considere que no es competente para conocer de un recurso por ser de la competencia del Tribunal de Justicia, lo remitirá a ese Tribunal. De la misma manera, cuando el Tribunal de Justicia considere que un recurso corresponde a la competencia del Tribunal General, lo remitirá a este último, que en tal caso no podrá declinar su competencia. Cuando se sometan al Tribunal de Justicia y al Tribunal General asuntos que tengan el mismo objeto o que planteen la misma cuestión de interpretación o que cuestionen la validez del mismo acto, el Tribunal General podrá, previa audiencia de las partes, suspender sus actuaciones hasta que el Tribunal de Justicia dicte sentencia o, si se trata de recursos interpuestos en virtud del artículo 263 del Tratado de Funcionamiento de la Unión Europea, declinar su competencia a fin de que el Tribunal de Justicia pueda pronunciarse sobre tales recursos. En estas mismas condiciones, el Tribunal de Justicia también podrá decidir suspender el procedimiento del que conozca; en tal caso, el procedimiento continuará ante el Tribunal General. Cuando un Estado miembro y una institución de la Unión impugnen el mismo acto, el Tribunal General declinará su competencia a fin de que el Tribunal de Justicia pueda pronunciarse sobre tales recursos (art. 54 del ETJUE).

Cuando un recurso o cualquier otro acto procesal dirigido al Tribunal de la Función Pública se presente por error en la Secretaría del Tribunal de Justicia o del Tribunal General, ésta lo transmitirá inmediatamente a la Secretaría del Tribunal de la Función Pública; de la misma manera, cuando un recurso o cualquier otro acto procesal dirigido al Tribunal de Justicia o al Tribunal General se presente por error en la Secretaría del Tribunal de la Función Pública, ésta lo transmitirá inmediatamente a la Secretaría del Tribunal de Justicia o del Tribunal General.

Cuando el Tribunal de la Función Pública considere que no es competente para conocer de un recurso por ser de la competencia del Tribunal de Justicia o del Tribunal General, lo remitirá al Tribunal General. De la misma manera, cuando el Tribunal de Justicia o el Tribunal General considere que un recurso corresponde a la competencia del Tribunal de la Función Pública, el órgano jurisdiccional ante el que se haya interpuesto el recurso lo remitirá a este último, que en tal caso no podrá declinar su competencia.

Cuando se sometan al Tribunal General y al Tribunal de la Función Pública asuntos que planteen la misma cuestión de interpretación o que cuestionen la validez del mismo acto, el Tribunal de la Función Pública, tras escuchar a las partes, podrá suspender el procedimiento hasta que el Tribunal General dicte su sentencia.

Cuando se sometan al Tribunal General y al Tribunal de la Función Pública asuntos que tengan el mismo objeto, el Tribunal de la Función Pública declinará su competencia a fin de que el Tribunal General pueda pronunciarse sobre tales recursos (art. 8 del Anexo sobre TFP).

VII. La cuestión prejudicial, los recursos y el reexamen

VII.1 La cuestión prejudicial

El Tribunal de Justicia trabaja en colaboración con los órganos jurisdiccionales de los Estados miembro, que son jueces ordinarios encargados de aplicar el derecho de la Unión. Para garantizar la aplicación efectiva y homogénea de la legislación de la Unión y evitar interpretaciones divergentes, los jueces nacionales pueden, y a veces deben, dirigirse al Tribunal de Justicia para solicitarle que precise una cuestión de interpretación del derecho de la Unión, a fin de poder, por ejemplo, comprobar la conformidad de la normativa nacional con este derecho. La cuestión prejudicial también puede tener por objeto el control de la validez de un acto del derecho de la Unión.

El Tribunal de Justicia no responde mediante un mero dictamen, sino mediante una sentencia o un auto motivado. El órgano jurisdiccional nacional destinatario está vinculado por la interpretación efectuada a la hora de resolver el litigio que se le ha planteado. La sentencia del Tribunal de Justicia vincula asimismo al resto de los órganos jurisdiccionales nacionales que conozcan de un problema idéntico.

También en este marco de las cuestiones prejudiciales cualquier ciudadano de la Unión puede contribuir a que se precisen las normas de la Unión que lo afectan. Aunque este procedimiento sólo puede iniciarlo un órgano jurisdiccional nacional, las partes litigantes en el asunto de que conoce, los Estados miembro y las instituciones de la Unión pueden participar en el procedimiento iniciado ante el Tribunal de Justicia. De este modo, algunos de los principios más importantes del derecho comunitario se han establecido a partir de cuestiones prejudiciales, a veces planteadas por órganos jurisdiccionales nacionales de primera instancia.

VII.2 El recurso por incumplimiento

Permite al Tribunal de Justicia controlar si los Estados miembro respetan las obligaciones que les incumben en virtud del derecho de la Unión. Antes de someter el asunto ante el Tribunal de Justicia tiene lugar un procedimiento previo dirigido por la Comisión, por el que se requiere al Estado miembro afectado para que responda a las imputaciones que se le hayan hecho. Si tras este procedimiento el Estado miembro no ha puesto fin al incumplimiento, puede interponerse un recurso ante el Tribunal de Justicia por vulneración del derecho de la Unión. Este recurso puede iniciarlo bien la Comisión –es el caso más frecuente en la práctica– bien un Estado miembro. Si el Tribunal de Justicia declara que se ha producido un incumplimiento, el Estado de que se trate está obligado a adoptar sin demora las medidas necesarias para ponerle fin. Si después de serle sometido de nuevo el asunto por la Comisión el Tribunal de Justicia declara que el Estado miembro de que se trate no ha cumplido su sentencia, podrá imponerle el pago de una cantidad a tanto alzado o de una multa coercitiva. No obstante, en caso de que no se hayan comunicado a la Comisión las medidas tomadas para la adaptación del derecho interno a una directiva, el Tribunal de Justicia, a propuesta de la Comisión, podrá imponer una sanción pecuniaria al Estado miembro afectado en la primera sentencia por incumplimiento.

VII.3 El recurso de anulación

Mediante este recurso, el demandante solicita la anulación de un acto de una institución, de un órgano o de un organismo de la Unión (en particular, reglamentos, directivas y decisiones). Se reservan al Tribunal de Justicia los recursos interpuestos por un Estado miembro contra el Parlamento Europeo y/o contra el Consejo (salvo los interpuestos contra el Consejo en relación con las ayudas de Estado, el dumping o las competencias de ejecución) y por una institución de la Unión contra otra institución. El Tribunal General es competente para conocer de todos los demás recursos de este tipo y, en concreto, de los interpuestos por los particulares.

VII.4 El recurso por omisión

Permite controlar la legalidad de la inactividad de las instituciones, de un órgano o de un organismo de la Unión. No obstante, sólo cabe interponer este recurso después de haber requerido a la institución para que actúe. Una vez declarada la ilegalidad de la omisión, corresponde a la institución de que se trate adoptar las medidas necesarias para ponerle fin. La competencia para conocer de los recursos por omisión se reparte entre el Tribunal de Justicia y el Tribunal General conforme a los mismos criterios que se aplican para los recursos de anulación.

VII.5 Los recursos de casación

VII.5.A Contra las resoluciones del TG

- Contra las resoluciones del Tribunal General que pongan fin al proceso, así como contra las que resuelvan parcialmente la cuestión de fondo o pongan fin a un incidente procesal relativo a una excepción de incompetencia o de inadmisibilidad, podrá interponerse recurso de casación ante el Tribunal de Justicia en un plazo de dos meses a partir de la notificación de la resolución impugnada.
- Ese recurso de casación podrá interponerse por cualquiera de las partes cuyas pretensiones hayan sido total o parcialmente desestimadas. Sin embargo, los coadyuvantes que no sean Estados miembro o instituciones de la Unión sólo podrán interponer recurso de casación cuando la resolución del Tribunal General los afecte directamente. Salvo en los litigios entre la Unión y sus agentes, el recurso de casación podrá interponerse también por los Estados miembro y las instituciones de la Unión que no hayan intervenido en el litigio ante el Tribunal General. Esos Estados miembro e instituciones estarán en una posición idéntica a la de los Estados miembro o instituciones que hayan intervenido en primera instancia (art. 56 ETJUE).
- Cualquier persona cuya demanda de intervención hubiere sido desestimada podrá interponer un recurso de casación ante el Tribunal de Justicia contra la decisión del Tribunal General que desestime su demanda de intervención, en un plazo de dos semanas a partir de la notificación de la resolución desestimatoria. Las partes en el procedimiento podrán interponer un recurso de casación contra cualquier resolución del Tribunal General adoptada en virtud de los artículos 278, 279 o del párrafo cuarto del artículo 299 del Tratado de Funcionamiento de la Unión Europea o en virtud del artículo 157 o del párrafo tercero del artículo 164 del Tratado CEEA, en un plazo de dos meses a partir de la notificación de la resolución. El recurso de casación contemplado en los párrafos primero y segundo del presente artículo se resolverá de acuerdo con el procedimiento previsto en el artículo 39 (art. 57 ETJUE).
- El recurso de casación ante el Tribunal de Justicia se limitará a las cuestiones de derecho. Deberá fundarse en motivos derivados de la incompetencia del Tribunal General, de irregularidades del procedimiento ante éste que lesionen los intereses de la parte recurrente, así como de la violación del derecho de la Unión por parte del Tribunal General. La imposición y la cuantía de las costas no constituirán por sí mismas un motivo de interposición del recurso de casación (art. 58 ETJUE).
- El recurso de casación no tendrá efecto suspensivo, sin perjuicio de lo dispuesto en los artículos 278 y 279 del Tratado de Funcionamiento de la Unión Europea o en el artículo 157 del Tratado CEEA.

No obstante lo dispuesto en el artículo 280 del Tratado de Funcionamiento de la Unión Europea, las resoluciones del Tribunal General que anulen un reglamento sólo surtirán efecto a partir de la expiración del plazo contemplado en el párrafo primero del artículo 56 del presente Estatuto o, si se hubiera interpuesto un recurso de casación durante ese plazo, a partir de la desestimación del recurso, sin perjuicio del derecho que asista a cada parte a plantear ante el Tribunal de Justicia una demanda, en virtud de los artículos 278 y 279 del Tratado de Funcionamiento de la Unión Europea o del artículo 157 del Tratado CEEA, con la finalidad de conseguir la suspensión de los efectos del reglamento anulado o la adopción de cualquier otra medida provisional (art. 60 ETJUE).

- Cuando se estime el recurso de casación, el Tribunal de Justicia anulará la resolución del Tribunal General. En tal caso, el Tribunal de Justicia podrá o bien resolver él mismo definitivamente el litigio, cuando su estado así lo permita, o bien devolver el asunto al Tribunal General para que este último resuelva.

En caso de devolución, el Tribunal General estará vinculado por las cuestiones de derecho dirimidas por la resolución del Tribunal de Justicia.

Cuando se estime un recurso de casación interpuesto por un Estado miembro o una institución de la Unión que no haya intervenido en el litigio ante el Tribunal General, el Tribunal de Justicia, si lo estima necesario, podrá indicar cuáles son los efectos de la resolución del Tribunal General anulada que deben considerarse definitivos respecto de las partes en el litigio.

VII.5.B Contra las resoluciones del TFP

- Contra las resoluciones del Tribunal de la Función Pública que pongan fin al proceso, así como contra las que resuelvan parcialmente la cuestión de fondo o pongan fin a un incidente procesal relativo a una excepción de incompetencia o de inadmisibilidad, podrá interponerse recurso de casación ante el Tribunal General en un plazo de dos meses a partir de la notificación de la resolución impugnada.
- Ese recurso de casación podrá ser interpuesto por cualquiera de las partes cuyas pretensiones hayan sido total o parcialmente desestimadas. Sin embargo, los coadyuvantes que no sean Estados miembro o instituciones de la Unión sólo podrán interponer recurso de casación cuando la resolución del Tribunal de la Función Pública los afecte directamente.
- Cualquier persona cuya demanda de intervención hubiere sido desestimada podrá interponer un recurso de casación ante el Tribunal General contra la decisión del Tribunal de la Función Pública que desestime su demanda de intervención, en un plazo de dos semanas a partir de la notificación de la resolución desestimatoria.

Las partes en el procedimiento podrán interponer un recurso de casación contra cualquier resolución del Tribunal de la Función Pública adoptada en virtud de los artículos 278, 279 o del párrafo cuarto del artículo 299 del Tratado de Funcionamiento de la Unión Europea o en virtud del artículo 157 o del párrafo tercero del artículo 164 del Tratado CEEA, en un plazo de dos meses a partir de la notificación de la resolución.

El presidente del Tribunal General podrá decidir sobre los recursos de casación a que se refieren los apartados 1 y 2 mediante un procedimiento abreviado al que, en lo que sea necesario, no se aplicarán algunas de las normas contenidas en el presente anexo y que se regulará en el Reglamento de Procedimiento del Tribunal General (art. 10 Anexo del TFP).

- El recurso de casación ante el Tribunal General se limitará a las cuestiones de derecho. Deberá fundarse en motivos derivados de la incompetencia del Tribunal de la Función Pública, de irregularidades del procedimiento ante éste que lesionen los intereses de la parte en cuestión, así como de la violación del derecho de la Unión por parte del Tribunal de la Función Pública. La imposición y la cuantía de las costas no constituirán por sí mismas un motivo de interposición del recurso de casación (art. 11 Anexo del TFP).
- El recurso de casación ante el Tribunal General no tendrá efecto suspensivo, sin perjuicio de lo dispuesto en los artículos 278 y 279 del Tratado de Funcionamiento de la Unión Europea o en el artículo 157 del Tratado CEEA (art. 12 Anexo del TFP).
- Cuando se estime el recurso de casación, el Tribunal General anulará la resolución del Tribunal de la Función Pública y resolverá él mismo el litigio. Cuando el estado del litigio no lo permita, devolverá el asunto al Tribunal de la Función Pública para que este último resuelva. En caso de devolución, el Tribunal de la Función Pública estará vinculado por las cuestiones de derecho dirimidas por la resolución del Tribunal General (art. 13 Anexo del TFP).

VII.6 El reexamen

Las resoluciones dictadas por el TG en los recursos interpuestos contra las resoluciones del TFP pueden ser reexaminadas, excepcionalmente, por el TJ en las condiciones establecidas en el Protocolo sobre el Estatuto del Tribunal de Justicia de la Unión Europea.

- En los casos previstos en los apartados 2 y 3 del artículo 256 del Tratado de Funcionamiento de la Unión Europea, el primer abogado general podrá proponer al Tribunal de Justicia que reexamine la resolución del Tribunal General cuando considere que existe un riesgo grave de que se vulnere la unidad o la coherencia del derecho de la Unión.

La propuesta deberá presentarse en el plazo de un mes a partir del pronunciamiento de la resolución del Tribunal General. El Tribunal de Justicia decidirá, en el plazo de un mes a partir de la propuesta que le haya presentado el primer abogado general, si procede o no reexaminar la resolución (art. 62 ETJUE).

En los casos previstos en el apartado 2 del artículo 256 del Tratado de Funcionamiento de la Unión Europea, la propuesta de reexamen y la decisión de iniciar el procedimiento de reexamen no tendrán efecto suspensivo, sin perjuicio de lo dispuesto en los artículos 278 y 279 del Tratado de Funcionamiento de la Unión Europea. Si el Tribunal de Justicia declarase que la resolución del Tribunal General vulnera la unidad o la coherencia del derecho de la Unión, el Tribunal de Justicia devolverá el asunto al Tribunal General, que estará vinculado por las cuestiones de derecho dirimidas por el Tribunal de Justicia; el Tribunal de Justicia podrá indicar los efectos de la resolución del Tribunal General que deberán considerarse definitivos respecto de las partes en el litigio. No obstante, si la solución del litigio se deriva, habida cuenta del resultado del reexamen, de las apreciaciones de hecho en las que se basa la resolución del Tribunal General, el Tribunal de Justicia resolverá definitivamente el litigio. En los casos previstos en el apartado 3 del artículo 256 del Tratado de Funcionamiento de la Unión Europea, a falta de propuesta de reexamen o de decisión de apertura de la fase de reexamen, la respuesta del Tribunal General a las cuestiones presentadas surtirá efecto al vencimiento de los plazos previstos a tal efecto en el párrafo segundo del artículo 62. En caso de apertura de una fase de reexamen, la respuesta objeto del reexamen surtirá efecto al término de esa fase, salvo decisión contraria del Tribunal de Justicia. Si el Tribunal de Justicia declarase que la resolución del Tribunal General vulnera la unidad o la coherencia del derecho de la Unión, la respuesta del Tribunal de Justicia a las cuestiones objeto del reexamen sustituirá a la respuesta dada por el Tribunal General (art. 62 ter ETJUE).

VIII. Procedimiento

- El procedimiento ante el Tribunal de Justicia se caracteriza, a diferencia de los procedimientos ante algunos Tribunales Supremos nacionales, por dos elementos. Por una parte, el procedimiento ante el Tribunal de Justicia se rige por normas jurídicas imperativas que figuran tanto en los Tratados como en el Protocolo sobre el Estatuto del Tribunal de Justicia y en su Reglamento de Procedimiento (en adelante, RP). Por consiguiente, el Tribunal de Justicia no puede apartarse de tales normas. Por otra parte, el procedimiento ante el Tribunal de Justicia está sometido a un régimen lingüístico apropiado para una comunidad multilingüe, régimen que condiciona la naturaleza y el objetivo de las fases escrita y oral. A la luz de estas particularidades del procedimiento el sitio web del TJUE[4] pone a disposición del público especializado una guía en relación con las fases oral y escrita del procedimiento, de donde procede esta introducción, en la que se pone de manifiesto la práctica procesal seguida por el Tribunal de Justicia, que es de gran claridad y precisión, por lo que la utilizaremos de base para el contenido de este último epígrafe.

– No obstante, antes de entrar en el análisis del procedimiento, nos interesa dejar constancia de ciertos aspectos procesales establecidos, con carácter general, en el TFUE.

Los recursos interpuestos ante el Tribunal de Justicia de la Unión Europea no tendrán efecto suspensivo. Sin embargo, el Tribunal podrá, si estima que las circunstancias así lo exigen, ordenar la suspensión de la ejecución del acto impugnado (art. 278 TFUE).

El Tribunal de Justicia de la Unión Europea podrá ordenar las medidas provisionales necesarias en los asuntos de que esté conociendo (art. 279 TFUE).

Las sentencias del Tribunal de Justicia de la Unión Europea tendrán fuerza ejecutiva en las condiciones que establece el artículo 299 (art. 280 TFUE).

Los actos del Consejo, de la Comisión o del Banco Central Europeo que impongan una obligación pecuniaria a personas distintas de los Estados serán títulos ejecutivos. La ejecución forzosa se regirá por las normas de procedimiento civil vigentes en el Estado en cuyo territorio se lleve a cabo. La orden de ejecución será consignada sin otro control que el de la comprobación de la autenticidad del título, por la autoridad nacional que el gobierno de cada uno de los Estados miembro habrá de designar al respecto y cuyo nombre deberá comunicar a la Comisión y al Tribunal de Justicia de la Unión Europea. Cumplidas estas formalidades a instancia del interesado, éste podrá promover la ejecución forzosa conforme al derecho interno, recurriendo directamente al órgano competente. La ejecución forzosa sólo podrá ser suspendida en virtud de una decisión del Tribunal de Justicia de la Unión Europea. No obstante, el control de la conformidad a derecho de las medidas de ejecución será competencia de las jurisdicciones nacionales (art. 299 TFUE).

Por otro lado, el Tribunal de Justicia podrá pedir a las partes que presenten todos los documentos y faciliten todas las informaciones que estime convenientes. En caso de negativa, lo hará constar en acta. El Tribunal de Justicia podrá también pedir a los Estados miembro y a las instituciones, órganos u organismos que no sean parte en el litigio todas las informaciones que considere necesarias a efectos procesales (art. 24 Estatuto).

En cualquier momento, el Tribunal de Justicia podrá encomendar a cualquier persona, corporación, gabinete técnico, comisión u órgano de su elección la elaboración de un dictamen pericial.

4 . Disponiblen en [URL] *http:/www.curia.europa.eu.*

- El procedimiento ante el Tribunal de Justicia consta de dos fases: una escrita y otra oral. La fase escrita consiste en la notificación a las partes, así como a las instituciones de la Unión cuyos actos se impugnen, de las demandas, alegaciones, contestaciones y observaciones y, eventualmente, de las réplicas, así como de cualquier otra pieza o documento de apoyo o de sus copias certificadas conformes. La fase oral comprende la lectura del informe presentado por el juez ponente, la audiencia por el Tribunal de Justicia de los agentes, asesores y abogados y las conclusiones del abogado general y, si ha lugar, el examen de testigos y peritos. Si considera que el asunto no plantea ninguna cuestión de derecho nueva, el Tribunal de Justicia podrá decidir, oído el abogado general, que el asunto sea juzgado sin conclusiones del abogado general (art. 20 ETJUE).

VIII.1. La fase escrita

- Independientemente de la naturaleza de cada recurso (recurso directo, procedimiento prejudicial, recurso de casación), la fase escrita conserva siempre su objetivo, que consiste en exponer al Tribunal de Justicia, a los jueces y al abogado general, de manera exhaustiva, los hechos, los motivos y alegaciones y las pretensiones de las partes.

El procedimiento ante el Tribunal de Justicia, y en particular su fase escrita, se rige por el principio según el cual no está permitido invocar motivos nuevos en el curso del procedimiento, a excepción de los que se funden en elementos de derecho y de hecho que hayan aparecido durante el procedimiento.

Todo escrito procesal debe ser presentado en la Secretaría del Tribunal de Justicia para su inscripción en un registro, conforme a lo dispuesto en el artículo 37 del RP. El original deberá estar firmado por el representante de la parte. Las copias deberán ser suscriptas, respondiendo de su exactitud, por la parte que las presente. Al escrito procesal se adjuntarán como anexo todos los documentos justificativos invocados y una relación de éstos.

La fase escrita del procedimiento ante el TFP incluirá la presentación de la demanda y el escrito de contestación, a menos que el Tribunal de la Función Pública decida que es necesario un segundo intercambio de escritos procesales. Cuando tenga lugar un segundo intercambio de escritos, el Tribunal de la Función Pública, con el acuerdo de la partes, podrá decidir resolver sin fase oral. En cualquier fase del procedimiento, incluso a partir de la interposición de la demanda, el Tribunal de la Función Pública examinará las posibilidades de una solución amistosa del litigio y velará por facilitar una solución de este tipo (art. 7 Anexo del TFP)

- En los recursos directos se notifican a las partes interesadas, entre otros documentos, los siguientes: el escrito de interposición del recurso inicial, el del recurso de casación, los escritos de contestación, contestación en casación, réplica y dúplica, la demanda de medidas provisionales y la de intervención.

Las peticiones de decisión prejudicial procedentes de un órgano jurisdiccional nacional y las observaciones presentadas por los interesados en virtud del artículo 23 del Estatuto se notifican a las partes, a los Estados miembro, a la Comisión y, en su caso, al Consejo, o al Consejo, al Parlamento Europeo y al Banco Central Europeo, así como a los otros Estados parte del Acuerdo EEE y a la Autoridad de Vigilancia AELC, y, eventualmente, a los terceros Estados que sean parte en un acuerdo que prevea la participación de éstos en los procedimientos prejudiciales cuando se trate de materias incluidas en el acuerdo en cuestión. En todos los asuntos, a quienes participan en el procedimiento ante el Tribunal de Justicia se les notifican el informe para la vista (si se celebra vista oral), las conclusiones del abogado general, si se presentan conclusiones, y la sentencia.

Para los recursos directos, el Reglamento de Procedimiento prevé en el artículo 38, apartado 2, que las partes designen domicilio en Luxemburgo, pudiendo hacerlo en el domicilio de cualquier persona física que resida en Luxemburgo, con excepción de los funcionarios del Tribunal de Justicia. En este caso, la notificación se considera practicada en debida forma cuando la persona cuyo domicilio se ha designado recibe el documento notificado.

Además de la designación de domicilio o en su lugar, el abogado o agente de una parte puede dar su conformidad para que las notificaciones le sean dirigidas por telefax o por cualquier otro medio técnico de comunicación.

– Los plazos que comienzan con la notificación de un escrito procesal empiezan a correr a partir de la recepción del documento por la persona designada al efecto en Luxemburgo; cuando la notificación se efectúa por envío postal certificado dirigido al destinatario, a partir de la recepción del documento por este último, o cuando el abogado o agente ha dado su conformidad para que las notificaciones le sean dirigidas por telefax o por correo electrónico, a partir de la transmisión del escrito procesal mediante estos medios de comunicación. No se incluye en el cómputo del plazo el día en el que se produce la recepción o la transmisión del escrito. Los plazos procesales se amplían, por razón de la distancia, en un plazo único de diez días, independientemente del lugar del domicilio o de la residencia habitual de la parte de que se trate. El plazo para la presentación de un escrito procesal se interrumpe mediante la presentación del original de éste. No obstante, la fecha en la que la copia del original firmado de un escrito procesal, incluida, en su caso, la relación de escritos y documentos que se adjuntan como anexo al escrito, se reciba en la Secretaría por telefax o por cualquier otro medio técnico de comunicación de que disponga el Tribunal de Justicia (correo electrónico), se toma en consideración a efectos del cumplimiento de los plazos procesales, incluso de los que no pueden prorrogarse, siempre y cuando el original firmado del escrito, acompañado de los anexos y copias necesarios, sea presentado en la Secretaría dentro de los diez días siguientes.

El artículo 82 del RP permite prorrogar algunos plazos procesales fijados en virtud del propio Reglamento, como por ejemplo el plazo para presentar el escrito de contestación. Para ello se requiere siempre que la parte interesada presente una solicitud de prórroga, que debe presentarse con antelación suficiente antes de que expire el plazo y que debe estar justificada. A tal efecto es conveniente presentar junto con la solicitud de prórroga la conformidad de la parte contraria. La solicitud de prórroga se puede presentar por telefax.

No cabrá oponer preclusión por expiración de los plazos cuando el interesado demuestre la existencia de caso fortuito o de fuerza mayor (art. 45 ETJUE).

- El escrito de interposición del recurso debe presentarse conforme a lo dispuesto en los artículos 37 y 38 del RP. Debe señalarse que las disposiciones del artículo 38, apartado 1, del RP son normas jurídicas imperativas. La no concurrencia de los requisitos imperativos entraña, en su caso, la inadmisibilidad de la demanda por defecto de forma.
- Es conveniente que todo escrito vaya acompañado de un resumen de los motivos y alegaciones de, como máximo, dos páginas. Tal resumen permite que los motivos y alegaciones invocados sean claramente identificados, especialmente a efectos de la preparación del informe para la vista por parte del juez ponente.
- Los escritos procesales iniciales deben dar a conocer al Tribunal de Justicia todos los elementos de hecho y de derecho que puedan justificar el recurso. Al mismo tiempo, el escrito de interposición fija el marco del procedimiento, ya que, en principio, no pueden alegarse motivos nuevos ni nuevas pretensiones durante el procedimiento.
- Conforme al artículo 82 bis del RP, podrá suspenderse el procedimiento:
  - en los casos del artículo 54 del Estatuto, cuando la materia objeto de litigio se somete al mismo tiempo al Tribunal de Justicia y al Tribunal de Primera Instancia. En estos casos, corresponde al Tribunal de Justicia adoptar la decisión de suspensión, sin que sea necesario dar audiencia a las partes;
  - en todos los demás casos, mediante decisión del presidente. Ésta se adopta oídos previamente el abogado general y, salvo en las cuestiones prejudiciales, las partes. Durante el período de suspensión del procedimiento no expirará ningún plazo procesal con respecto a las partes.
- La demanda de medidas provisionales sólo será admisible si la formula una de las partes de un asunto pendiente ante el Tribunal de Justicia y guarda relación con ese asunto. A pesar de esta conexión, la demanda de medidas provisionales debe presentarse siempre mediante escrito separado y ha de reunir los requisitos

enunciados en el artículo 83 del RP. Puede presentarse al mismo tiempo que el recurso del procedimiento principal.

Habida cuenta de que se trata de un procedimiento de urgencia y de que se requiere una rápida traducción, es recomendable que la parte que solicita las medidas provisionales resuma en su demanda, de forma sucinta, los antecedentes de hecho y los fundamentos de derecho que justifican su solicitud. La demanda de medidas provisionales debe, por sí sola, permitir que el presidente o, en su caso, el Tribunal de Justicia se pronuncie sobre el fundamento de las medidas solicitadas.

Después de notificarse la demanda de medidas provisionales a la otra parte, tradicionalmente se autoriza a ésta a presentar observaciones escritas en un plazo breve de, aproximadamente, un mes.

Una vez presentadas estas observaciones, el presidente, eventualmente en presencia del juez ponente y del abogado general y previa audiencia (pública) de las partes afectadas, resuelve mediante auto.

En casos de extrema urgencia, el presidente puede resolver inmediatamente, es decir, en el plazo de tres a cuatro días desde la presentación de la demanda de medidas provisionales y sin esperar a las observaciones escritas de la otra parte. En este supuesto, el auto tiene carácter provisional, puesto que no pone fin al procedimiento de medidas provisionales. Éste continúa entonces con el ofrecimiento efectuado a la otra parte de presentar, a su vez, observaciones escritas. El procedimiento termina, después de la audiencia, con un (segundo) auto que pone fin a este procedimiento y que confirma o modifica el primer auto (provisional).

– La posibilidad de intervenir se limita a los recursos directos y a los recursos de casación. La demanda de intervención sólo puede tener por objeto apoyar las pretensiones de una de las partes.

Los Estados miembro y las instituciones de la Unión podrán intervenir como coadyuvantes en los litigios sometidos al Tribunal de Justicia. El mismo derecho tendrán los órganos y organismos de la Unión y cualquier otra persona siempre que puedan demostrar un interés en la solución de un litigio sometido al Tribunal de Justicia. Las personas físicas y jurídicas no podrán intervenir en los asuntos entre los Estados miembro, entre instituciones de la Unión o entre Estados miembro, por una parte, e instituciones de la Unión, por otra. Sin perjuicio de lo dispuesto en el párrafo segundo, los Estados parte en el Acuerdo sobre el Espacio Económico Europeo, distintos de los Estados miembro, y el Órgano de Vigilancia de la AELC, previsto por ese Acuerdo, podrán intervenir como coadyuvantes en los litigios sometidos al Tribunal de Justicia cuando éstos se refieran a uno de los ámbitos de aplicación del referido Acuerdo. Las pretensiones de la demanda de intervención no podrán tener otro fin que apoyar las pretensiones de una de las partes (art. 40 ETJUE).

El coadyuvante acepta el litigio en el estado en que se encuentre en el momento de su intervención.

El procedimiento de intervención comprende dos fases: la admisión de la intervención y la intervención propiamente dicha.

- Los escritos procesales iniciales deben indicar todos los medios de prueba propuestos en apoyo de cada uno de los hechos controvertidos. No obstante, posteriormente pueden proponerse nuevos medios de prueba (a diferencia de lo previsto para los motivos nuevos), pero siempre y cuando el retraso esté justificado.

Los diferentes medios de prueba de que disponen las partes se enumeran en el artículo 45, apartado 2, del RP.

- Los Estados miembro, así como las instituciones de la Unión, estarán representados ante el Tribunal de Justicia por un agente designado para cada asunto; el agente podrá estar asistido por un asesor o un abogado. Los Estados parte en el Acuerdo sobre el Espacio Económico Europeo, distintos de los Estados miembro, y el Órgano de Vigilancia de la AELC, previsto por ese Acuerdo, estarán representados de la misma manera. Las otras partes deberán estar representadas por un abogado (art. 20 Estatuto).

Únicamente un abogado que esté facultado para ejercer ante un órgano jurisdiccional de un Estado miembro o de otro Estado parte en el Acuerdo sobre el Espacio Económico Europeo podrá representar o asistir a una parte ante el Tribunal de Justicia (art. 19 Estatuto).

- Cuando la parte demandada, debidamente emplazada, se abstenga de contestar por escrito a la demanda, se dictará respecto de ella sentencia en rebeldía. La sentencia podrá ser impugnada en el plazo de un mes a partir de la fecha de su notificación. Salvo decisión contraria del Tribunal de Justicia, la impugnación no suspenderá la ejecución de la sentencia dictada en rebeldía (art. 41 ETJUE).

VIII.2 La fase oral

- Una vez finalizada la fase escrita y efectuadas las traducciones, el juez ponente presenta el informe preliminar en la reunión general, en la que participan todos los miembros del Tribunal de Justicia. En este documento, al que las partes no tienen acceso, el juez ponente propone, de acuerdo con el abogado general, las medidas procesales y/o preparatorias que debe adoptar el Tribunal de Justicia.

En la mayoría de los casos, el Tribunal de Justicia decide, a propuesta del juez ponente, la apertura de la fase oral sin previo recibimiento a prueba. El presidente fija la fecha exacta.

- El Tribunal de Justicia decide al mismo tiempo las medidas preparatorias que deben adoptarse, a propuesta del juez ponente, que actuará de acuerdo con el abogado general. Con este fin, cuando sea necesario, podrá pedirse a las partes, antes de la vista, que precisen sus pretensiones y motivos para aclarar los puntos oscuros o profundizar en problemas tratados insuficientemente, que concentren sus informes orales en los aspectos decisivos o que comiencen esos informes respondiendo a determinadas preguntas que les formule el Tribunal de Justicia.
- El informe para la vista se elabora cuando el procedimiento seguido en el asunto comprende una vista oral. Aproximadamente tres semanas antes de la vista se envía el informe para la vista a los representantes de las partes, de los interesados y de los demás participantes en el procedimiento. La redacción de este informe corresponde al juez ponente. En los recursos directos y de casación, el informe contiene una sucinta descripción de los hechos pertinentes y de las disposiciones aplicables y una relación de las pretensiones de las partes y de los motivos invocados por ellas, pero la argumentación desarrollada en apoyo de los motivos sólo se recoge, en principio, de forma sintética. En los procedimientos prejudiciales, el informe contiene una descripción del marco jurídico y fáctico del asunto y una relación de las cuestiones prejudiciales y de las respuestas que se proponen en las observaciones escritas presentadas, pero no recoge, en principio, los argumentos desarrollados en apoyo de las respuestas propuestas.

Una vez recibido el informe para la vista, se ruega a las partes que verifiquen que la información recogida en él no contiene errores.

- Para la totalidad de los asuntos (recursos directos, recursos de casación y cuestiones prejudiciales) –con excepción de los casos de aplicación de un procedimiento acelerado o de un procedimiento prejudicial de urgencia–, y habida cuenta de que el Tribunal de Justicia ya ha tenido conocimiento de todos los documentos presentados durante la fase escrita, el objeto de la fase oral consiste en:
  - responder a las eventuales peticiones de concentrar los informes orales en los aspectos decisivos; en este caso, no es necesario abordar otros aspectos del asunto;

- profundizar el debate contradictorio, esclareciendo y analizando los aspectos más importantes para la decisión del Tribunal de Justicia;
- presentar, en su caso, las alegaciones nuevas derivadas de acontecimientos recientes producidos desde el final de la fase escrita y que, por ello, no pudieron ser expuestas en los escritos presentados;
- responder a las preguntas del Tribunal de Justicia. Cuando en la convocatoria de la vista se hayan formulado preguntas que hayan de responderse oralmente, tales respuestas deberán incluirse en el informe oral.

En los procedimientos prejudiciales, o en otros procedimientos cuya fase escrita sólo comprende la presentación de un único escrito de alegaciones, la vista persigue principalmente el objetivo de permitir que las partes y otros interesados respondan a las alegaciones presentadas en sus escritos por los demás participantes en el procedimiento.

– Antes de comenzar la sesión, el Tribunal de Justicia convoca a los representantes de las partes a una breve reunión destinada a organizar la vista. Puede ocurrir que, en esta reunión, el juez ponente o el abogado general indiquen otros aspectos que desean ver desarrollados en los informes orales.

La vista comienza, en principio, con los informes orales de los representantes de las partes, seguidos de las preguntas planteadas por los miembros del Tribunal de Justicia. La vista termina, si resulta necesario, con réplicas breves por parte de los representantes que deseen responder.

Es frecuente que los miembros del Tribunal de Justicia interrumpan los informes orales de los representantes de las partes con el fin de aclarar determinados aspectos que consideren particularmente pertinentes.

– La vista será pública, salvo que, por motivos graves, el Tribunal de Justicia decida lo contrario, de oficio o a instancia de parte (art. 31 ETJUE).

Durante la vista, el Tribunal de Justicia podrá interrogar a los peritos y a los testigos, así como a las propias partes. Sin embargo, estas últimas sólo podrán actuar en juicio por medio de sus representantes (art. 32 ETJUE).

Se podrá oír a los testigos en las condiciones que determine el Reglamento de Procedimiento (art. 26 ETJUE).

El Tribunal de Justicia gozará, respecto de los testigos que no comparezcan, de los poderes generalmente reconocidos en esta materia a los juzgados y tribunales y podrá imponer sanciones pecuniarias en las condiciones que determine el Reglamento de Procedimiento (art. 27 ETJUE).

Los testigos y peritos podrán prestar declaración bajo juramento, según la fórmula que establezca el Reglamento de Procedimiento o según lo previsto en la legislación nacional del testigo o del perito (art. 28 ETJUE).

El Tribunal de Justicia podrá ordenar que un testigo o un perito preste declaración ante la autoridad judicial de su domicilio. Este auto será comunicado, a efectos de su ejecución, a la autoridad judicial competente en las condiciones que determine el Reglamento de Procedimiento. Los documentos que resulten de la ejecución de la comisión rogatoria serán remitidos al Tribunal de Justicia en las mismas condiciones. El Tribunal de Justicia sufragará los gastos, sin perjuicio de cargarlos, si procede, a las partes (art. 29 ETJUE).

Cada Estado miembro considerará toda violación del juramento de los testigos y peritos un delito cometido ante un tribunal nacional con jurisdicción en materia civil. Previa denuncia del Tribunal de Justicia, el Estado de que se trate perseguirá a los autores de ese delito ante el órgano jurisdiccional nacional competente (art. 30 ETJUE).

- Se levantará acta de cada vista; esa acta será firmada por el presidente y por el secretario (art. 33 ETJUE). El presidente fijará el turno de las vistas (art. 34 ETJUE). Las deliberaciones del Tribunal de Justicia serán y permanecerán secretas (art. 35 ETJUE) sin que sea posible formular votos particulares. Las sentencias serán motivadas. Mencionarán los nombres de los jueces que participaron en las deliberaciones (art. 36 ETJUE). Las sentencias serán firmadas por el presidente y el secretario. Serán leídas en sesión pública (art. 37 ETJUE). Tanto las sentencias como las conclusiones de los abogados generales estarán disponibles en el sitio Internet CURIA el mismo día de su pronunciamiento o lectura. En la mayoría de los casos, se publican posteriormente en la Recopilación de la Jurisprudencia del Tribunal de Justicia y del Tribunal General;
- Los Estados miembro, las instituciones, órganos u organismos de la Unión y cualquier otra persona física o jurídica podrán, en los casos y condiciones que determine el Reglamento de Procedimiento, interponer tercería contra las sentencias dictadas, sin que hayan sido citados a comparecer, si tales sentencias lesionan sus derechos (art. 42 ETJUE).
- En caso de duda sobre el sentido y el alcance de una sentencia, corresponderá al Tribunal de Justicia interpretar esa sentencia, a instancia de la parte o de la institución de la Unión que demuestre un interés en ello (art. 43 ETJUE).
- La revisión de la sentencia sólo podrá pedirse al Tribunal de Justicia con motivo del descubrimiento de un hecho que pueda tener una influencia decisiva y que, antes de pronunciarse la sentencia, era desconocido por el Tribunal de Justicia y por la parte que solicita la revisión. El procedimiento de revisión exigirá una

sentencia del Tribunal de Justicia, en la que se hará constar expresamente la existencia de un hecho nuevo del que se reconoce que posee los caracteres que dan lugar a la revisión, declarando por ello admisible la demanda. No podrá presentarse ninguna demanda de revisión transcurridos diez años desde la fecha de la sentencia (art. 44 ETJUE).

VIII.3 Los procedimientos específicos

VIII.3.A El procedimiento simplificado

Cuando una cuestión prejudicial sea idéntica a una cuestión sobre la que ya se haya pronunciado el Tribunal de Justicia o su respuesta no plantee ninguna duda razonable o pueda deducirse claramente de la jurisprudencia, el Tribunal de Justicia, tras oír al abogado general, puede decidir mediante auto motivado, haciendo referencia, en particular, a la sentencia dictada sobre esta cuestión o a la jurisprudencia pertinente.

VIII. 3.B El procedimiento acelerado

Gracias a la reducción al máximo de los plazos y a la concesión de una prioridad absoluta, el procedimiento acelerado permite al Tribunal de Justicia resolver rápidamente los asuntos de extrema urgencia. Tras la solicitud formulada por una de las partes, corresponde al presidente del Tribunal de Justicia decidir, a propuesta del juez ponente y oídos el abogado general y las demás partes, si existe una urgencia particular que justifique la aplicación del procedimiento acelerado. También está previsto un procedimiento acelerado para las cuestiones prejudiciales. En tal caso, es el órgano jurisdiccional nacional que se dirige al Tribunal de Justicia quien debe presentar la solicitud y explicar en ésta las circunstancias que hacen que sea necesario dar respuesta con urgencia extraordinaria a la cuestión planteada con carácter prejudicial

VIII.3.C El procedimiento prejudicial de urgencia (PPU)

Este procedimiento permite al Tribunal de Justicia tratar en un plazo muy reducido las cuestiones más sensibles relativas al espacio de libertad, seguridad y justicia (cooperación policial y judicial en materia civil y penal, así como visados, asilo, inmigración y otras políticas vinculadas a la libre circulación de personas). Los asuntos sujetos al PPU se confían a una sala de cinco jueces especialmente designada y, en la práctica, la fase escrita se desarrolla esencialmente por vía electrónica y se ve extremadamente abreviada, tanto por lo que atañe a su duración como al número de personas autorizadas a presentar observaciones escritas, de modo que la mayor parte de interesados intervienen en la fase oral del procedimiento, que es obligatoria.

VIII.3.D El procedimiento de medidas provisionales

El procedimiento de medidas provisionales tiene por objeto la suspensión de la ejecución de un acto de una institución que haya sido recurrido, o cualquier otra medida provisional necesaria para evitar un perjuicio grave e irreparable para una de las partes.

IX. Gastos del procedimiento

- El procedimiento ante el Tribunal de Justicia es gratuito en el sentido de que no debe pagarse a éste ninguna tasa ni otros derechos.

Las costas a que se refieren los artículos 69 y siguientes del RP comprenden exclusivamente los gastos denominados "recuperables", es decir, los honorarios de los abogados, las cantidades que deben abonarse a los testigos, los gastos de correo y de teléfono, etc., en que hayan incurrido las propias partes.

Por lo que se refiere a la imposición de costas en los recursos directos, el principio es simple: la parte que pierde el proceso es condenada en costas y carga entonces con sus propias costas y con las de las demás partes, salvo los Estados miembro y las instituciones, que soportan sus propias costas cuando intervienen en el litigio. Esta forma de reparto exige que los escritos presentados contengan las correspondientes pretensiones sobre costas; a falta de tales pretensiones, cada parte carga las suyas propias.

Ahora bien, según las circunstancias del asunto, el Tribunal de Justicia tiene la posibilidad de repartir el pago de las costas en su totalidad o en parte o incluso de condenar a la parte cuyas pretensiones hayan sido estimadas.

Por lo que se refiere a los gastos ocasionados en el marco de un asunto prejudicial, la decisión del Tribunal de Justicia se remite, mediante una fórmula acuñada, a la resolución final que debe adoptar el órgano jurisdiccional nacional que ha planteado la cuestión al Tribunal de Justicia. Las instituciones y los Estados miembro, los otros Estados parte del Acuerdo EEE, así como eventualmente los terceros Estados, que hayan presentado observaciones soportan sus propias costas.

- El Reglamento de Procedimiento prevé, en su artículo 76, el beneficio de justicia gratuita. A estos fines, el Tribunal de Justicia dispone de un presupuesto limitado.

Toda parte puede solicitar en cualquier momento el beneficio de justicia gratuita si "careciere de medios suficientes para hacer frente en todo o en parte a los gastos del proceso". Esta solicitud no depende de la naturaleza del recurso o del procedimiento. Así, el beneficio de justicia gratuita puede solicitarse también en un asunto prejudicial. Ahora bien, en este caso, es preferible que se solicite el beneficio de justicia gratuita ante la autoridad competente del propio país. La parte que lo solicite debe aportar al Tribunal de Justicia todas las informaciones necesarias para demostrar su insuficiencia de medios y, en especial, un certificado de la autoridad competente. En el caso de que la solicitud del beneficio de justicia gratuita sea anterior a la interposición del recurso, la parte deberá exponer concisamente el objeto de ese recurso con el fin de permitir que el Tribunal de Justicia examine el fundamento de la acción.

Para presentar la solicitud, no se requiere que la parte esté representada por un abogado.

La resolución por la que se concede o se deniega la solicitud no es susceptible de recurso. En caso de denegación total o parcial de la concesión del beneficio de justicia gratuita, la resolución motivará la denegación.

Debe señalarse que la concesión del beneficio de justicia gratuita no excluye una posible condena en costas del beneficiario. Además, el Tribunal de Justicia puede ordenar la recuperación de las cantidades abonadas en concepto del beneficio de justicia gratuita.

El procedimiento tramitado ante el Tribunal de Justicia es gratuito. Sin embargo, las partes deben estar representadas por un abogado facultado para ejercer ante un órgano jurisdiccional de un Estado miembro y el Tribunal de Justicia no se hace cargo de los honorarios. No obstante, si una parte carece de medios suficientes para hacer frente en todo o en parte a los gastos del proceso, puede, sin estar representada por un abogado, solicitar el beneficio de justicia gratuita. La solicitud debe ir acompañada de los documentos necesarios para probar la falta de medios de la parte de que se trate.

X. Algunas cifras

Los datos estadísticos relativos a la duración de los procedimientos, de la Memoria de 2009, son muy positivos. Por lo que respecta a las cuestiones prejudiciales, esta duración se eleva a 17,1 meses, es decir, prácticamente idéntica a la de 2008 (16,8 meses). En cuanto a los recursos directos y a los recursos de casación, la duración media de tramitación fue de 17,1 meses y de 15,4 meses, respectivamente (16,9 meses y 18,4 meses en 2008).

Además de las reformas de sus métodos de trabajo emprendidas en estos últimos años, la mayor eficacia del Tribunal de Justicia en la tramitación de los asuntos se debe también al mayor uso de los diversos instrumentos procedimentales de que dispone para acelerar la tramitación de algunos asuntos (procedimiento prejudicial de urgencia, resolución prioritaria, procedimiento acelerado, procedimiento simplificado y posibilidad de juzgar sin conclusiones del abogado general).

El procedimiento prejudicial de urgencia se solicitó en 3 asuntos y la sala designada consideró que en 2 de ellos se reunían los requisitos previstos en el artículo 104 *ter* del Reglamento de Procedimiento. Estos asuntos se terminaron en un plazo medio de 2,5 meses. El procedimiento acelerado se solicitó 5 veces, pero en ninguna de ellas se cumplían los requisitos previstos en el Reglamento de Procedimiento. En virtud de una práctica establecida en 2004, las solicitudes de procedimiento acelerado se admiten o se desestiman mediante auto motivado del presidente del Tribunal de Justicia. Por otra parte, se concedió tramitación prioritaria a 8 asuntos. Además, el Tribunal de Justicia ha utilizado regularmente el procedimiento simplificado, previsto en el artículo 104, apartado 3, del Reglamento de Procedimiento, para responder a algunas cuestiones planteadas con carácter prejudicial. Así, en virtud de esta disposición, se terminó un total de 22 asuntos mediante auto.

Por último, el Tribunal de Justicia ha utilizado más frecuentemente la posibilidad, abierta por el artículo 20 de su Estatuto, de juzgar sin conclusiones del abogado general cuando el asunto no plantee ninguna cuestión de derecho nueva. Cabe señalar que alrededor de un 52% de las sentencias dictadas en 2009 se pronunciaron sin conclusiones (frente a un 41% en 2008).

Con respecto a la distribución de los asuntos entre las distintas composiciones del Tribunal de Justicia, procede señalar que, en 2009, la Gran Sala resolvió alrededor del 8%, las salas de cinco jueces el 57%, y las salas de tres jueces aproximadamente el 34% de los asuntos terminados mediante sentencia en 2009. En comparación con el año anterior, cabe señalar una disminución de la proporción de asuntos tratados en Gran Sala (14% en 2008) y un aumento de la proporción de asuntos tratados en las salas de tres jueces (26% en 2008). En cuanto a los asuntos terminados mediante auto de carácter jurisdiccional, un 84% de ellos se confió a las salas de tres jueces, un 10% a las salas de cinco jueces y un 6% lo constituyen autos dictados por el presidente.

Bibliografía

"Documento de reflexión del Tribunal de Justicia de la Unión Europea sobre determinados aspectos de la adhesión de la Unión Europea al Convenio Europeo para la Protección de los Derechos Humanos y de las Libertades Fundamentales", disponible en [URL] *www.curia.europa.eu.*

Informe anual 2009 del Tribunal de Justicia de la Unión Europea, disponible en [URL] *www.curia.europa.eu.*

Tratados fundacionales de la Unión Europea, disponibles en [URL] *http://eur-lex.europa.eu.*

Capítulo VIII

La cuestión prejudicial en el ámbito de los recursos ante el Tribunal de Justicia de la Unión Europea

Bernardo Hernández Bataller*

I. Introducción

El derecho de la Unión constituye un auténtico ordenamiento jurídico, entendido como

"un conjunto organizado y estructurado de normas jurídicas, que posee sus propias fuentes, está dotado de órganos y procedimientos adecuados para emitirlas e interpretarlas, a la vez que para confirmar y sancionar, llegado el caso, las violaciones".[1]

El Tribunal de Justicia así lo ha reconocido, calificándolo, en principio, de "nuevo orden jurídico del derecho internacional", "independiente de la legislación de los Estados miembro",[2] para precisar, poco después que, "a diferencia de los Tratados Internacionales ordinarios, el Tratado CEE ha instituido un ordenamiento jurídico propio integrado en el sistema jurídico de los Estados miembro".[3]

* Consejero del Comité Económico y Social de la Unión Europea. Máster en Derecho Comunitario (Universidad de Alcalá de Henares).

1 . Isaac, G. : *Droit communautaire général*, Ed. Masson, 3ª ed., París, 1990.

2 . Véase, TJCE, *Van Gend and Loos*, sentencia del 5 de febrero de 1963, asunto 26/62.

3 . Véase, TJCE, *Costa c. ENEL*, sentencia del 15 de julio de 1964, asunto 6/1964. Por eso, la mejor doctrina habla de un ordenamiento jurídico "supranacional", diferente del nacional y del internacional. Véase Molina del Pozo C.F.: *Manual de Derecho Comunitario,* Ed. Trivium, 1990.

Con esta declaración se resalta la autonomía del derecho de la Unión, por un lado, respecto del orden internacional, y por otro, con respecto al sistema interno estatal, en el que aparece "integrado" en una peculiar relación que termina de perfilar su concepto.

El derecho de la Unión, por consiguiente, además de ser un ordenamiento jurídico autónomo, con su propio sistema de producción normativa, posee una fuerza específica de penetración en el orden jurídico de los Estados miembro, nacida de su propia naturaleza, que se manifiesta en su aplicabilidad inmediata y, fundamentalmente, en su efecto directo y en su primacía, pero especialmente en ser una "Unión fundada en el Derecho",[4] que cuenta con un marco institucional propio que, a la vez, es productor de normas vinculantes.

Dentro de este marco institucional propio, configurado en el artículo 13.1 del Tratado de la Unión, figuran las instituciones siguientes: el Parlamento, el Consejo Europeo, el Consejo, la Comisión, el Banco Central Europeo, el Tribunal de Cuentas y el Tribunal de Justicia que garantiza el respeto del derecho en la interpretación y aplicación del Tratado.

I.2 El sistema judicial de la Unión

El Tribunal de Justicia de la Unión Europea (TJUE, antiguo Tribunal de Justicia de las Comunidades Europeas TJCE),[5] fue creado en 1952 en virtud del Tratado CECA. Forma parte del marco institucional de la Unión Europea[6] y tiene su sede en Luxemburgo.

Conforme al artículo 19 del Tratado de la Unión Europea (TUE), el Tribunal de Justicia de la Unión Europea está compuesto por los órganos siguientes: el Tribunal, el Tribunal General y los Tribunales especializados.

4 . En especial, después de la entrada en vigor del Tratado de Lisboa que aprueba el Tratado de la Unión Europea (TUE) y el Tratado de Funcionamiento de la Unión (TFUE), publicados en el DOUE, C 115, con el mismo valor jurídico, y reconociendo, el primero de ellos en su artículo 6, los derechos, libertades y principios enunciados en la "Carta de los Derechos Fundamentales de la Unión Europea", del 7 de diciembre de 2000, tal como fue adaptado el 12 de diciembre de 2007 en Estrasburgo, dotando a este instrumento del mismo valor jurídico que los Tratados. El Tratado de Lisboa, además, contempla la adhesión de la Unión al Convenio para la protección de los Derechos Humanos y Libertades Fundamentales.

5 . Con la entrada en vigor del Tratado de Lisboa, el 1° de diciembre de 2009, la Unión Europea se ha dotado de personalidad jurídica y se ha hecho cargo de las competencias anteriormente conferidas a la Comunidad Europea. Por tanto, el derecho comunitario ha pasado a ser el derecho de la Unión, formando parte también de él todas las disposiciones adoptadas en el pasado en virtud del Tratado de la Unión en su versión anterior al Tratado de Lisboa. No obstante, en este trabajo, el término derecho comunitario se utilizará cuando se haga referencia a la jurisprudencia anterior a la entrada en vigor del Tratado de Lisboa.

6 . Véase el artículo 13-1º del Tratado de la Unión Europea (TUE).

Su objeto es garantizar que la legislación de la Unión Europea se interprete y se aplique del mismo modo en todos los países de la Unión Europea,[7] a fin de que la ley sea igual para todos. Asegura, por ejemplo, que los tribunales nacionales no dicten sentencias distintas sobre la misma cuestión de derecho comunitario.

El TJUE también garantiza que los Estados miembro y las instituciones de la Unión Europea cumplan la ley. El TJUE tiene poder para resolver conflictos legales entre Estados miembro, instituciones de la Unión Europea, empresas y particulares.

En el marco de su misión de garantizar el respeto del derecho en la interpretación y aplicación de los Tratados, el Tribunal de Justicia:

- controla la legalidad de los actos de las instituciones de la Unión;
- vela por que los Estados miembro respeten las obligaciones establecidas en los Tratados;
- interpreta el derecho de la Unión a solicitud de los jueces nacionales, con quienes vela por la aplicación y la interpretación uniforme del derecho de la Unión.

Dado que cada Estado miembro tiene su propia lengua y su sistema jurídico específico, el Tribunal de Justicia de la Unión Europea es una institución multilingüe, puesto que cada una de las lenguas oficiales de la Unión puede ser lengua de procedimiento.

El Tribunal de Justicia está integrado por un juez de cada Estado miembro, con el fin de que estén representados los 27 ordenamientos jurídicos nacionales de la Unión Europea. No obstante, en aras de la eficacia, el Tribunal no suele reunirse en pleno, sino que normalmente lo hace bajo la forma de gran sala con sólo 13 jueces, o en cámaras de cinco o tres jueces.

El Tribunal está asistido por ocho abogados generales. Su función consiste en presentar dictámenes motivados sobre los asuntos planteados ante el Tribunal, y deben hacerlo pública e imparcialmente.

Los jueces y abogados generales son personas cuya imparcialidad está fuera de toda duda. Tienen la cualificación y competencia necesarias para ocupar los más altos cargos judiciales en su país de origen. Son designados por acuerdo conjunto de los gobiernos de los Estados miembro. Su nombramiento es por seis años y es renovable.[8]

7 . Junto a la Unión Europea, la Comunidad Europea de la Energía Atómica (Euratom) continúa existiendo. Dado que las competencias del Tribunal de Justicia relativas a Euratom son, en principio, las mismas que las ejercidas en el marco de la Unión Europea –y con el fin de hacer la presentación más legible–, se hace toda referencia al derecho de la Unión.

8 . Según el artículo 19 del TUE, en relación con los artículos 253 y 254 del Tratado de Funcionamiento de la Unión Europea, los jueces y abogados generales serán elegidos de entre personalidades que ofrezcan plenas garantías de independencia y que reúnan las condiciones de esos preceptos. Su régimen jurídico se completa con el Estatuto del Tribunal de Justicia que figura como Protocolo Nº 3 a los Tratados.

El Tribunal de Justicia tiene atribuidas competencias jurisdiccionales de las distintas categorías de recursos, a saber:

- La cuestión prejudicial, remitida por los jueces nacionales para solicitar que precise una cuestión de interpretación del derecho de la Unión, y también puede tener por objeto el control de la validez de un acto de la Unión, respondiendo mediante una sentencia o auto motivado, y el órgano jurisdiccional comunitario estará vinculado por la interpretación efectuada para la hora de resolver el litigio que se le ha planteado. La Sentencia del Tribunal de Justicia vincula asimismo al resto de los órganos jurisdiccionales nacionales que conozcan de un problema idéntico. Esta cuestión prejudicial es el objeto del presente trabajo y se expondrá más adelante.
- El recurso por incumplimiento, que permite al Tribunal de Justicia comprobar si los Estados miembro respetan las obligaciones que les incumben en virtud del derecho de la Unión. Antes de someter el asunto ante el Tribunal de Justicia tiene lugar una procedimiento administrativo previo dirigido por la Comisión por el que se requiere al Estado miembro afectado para que responda a las imputaciones que se le hayan hecho. Si tras este procedimiento el Estado miembro no ha puesto fin al incumplimiento, puede interponerse un recurso ante el Tribunal de Justicia por incumplimiento del derecho de la Unión;
- El recurso de anulación, mediante el cual el demandante solicita la anulación de un acto, una institución, un órgano, un organismo de la Unión (en general se interpone contra reglamentos, directivas, y decisiones). Se reservan al Tribunal de Justicia los recursos interpuestos por un Estado miembro contra el Parlamento Europeo y/o contra el Consejo y por una institución de la Unión contra otra institución. Por su parte, el Tribunal General es competente para conocer de todos los demás recursos de este tipo y, en concreto, de los interpuestos por los particulares.
- El recurso por omisión, que permite controlar la inactividad de las instituciones, de un órgano o de un organismo de la Unión. No obstante, sólo cabe interponer este recurso después de haber requerido a la institución para que actúe. Una vez declarada la ilegalidad de la omisión, corresponde a la institución de que se trate adoptar las medidas necesarias para ponerle fin.
- Los recursos de casación: pueden interponerse ante el Tribunal de Justicia recursos de casación limitados a las cuestiones de derecho contra las sentencias y autos del Tribunal General. Si el recurso de casación es admisible y está fundado, el Tribunal de Justicia anulará la resolución del Tribunal General. Cuando el estado del asunto así lo permita, el Tribunal de Justicia resolverá el litigio. En caso contrario, devolverá el asunto al Tribunal General, que estará vinculado por la decisión adoptada por el Tribunal de Justicia en el marco del recurso de casación.

- El reexamen: las resoluciones dictadas por el Tribunal General en los recursos interpuestos contra las resoluciones del Tribunal de la Función Pública de la Unión Europea pueden ser reexaminadas, excepcionalmente, por el Tribunal de Justicia en las condiciones establecidas en el Protocolo sobre el Estatuto del Tribunal de Justicia de la Unión Europea.

Para ayudar al Tribunal de Justicia a hacer frente al gran número de casos sobre los que debe entender, y ofrecer a los ciudadanos una mejor protección legal, en 1988 se creó un Tribunal de Primera Instancia, hoy denominado Tribunal General.[9] El Tribunal General depende del Tribunal de Justicia y es competente para pronunciarse en determinados tipos de asuntos, particularmente demandas presentadas por particulares, empresas y algunas organizaciones y asuntos de competencia. Este Tribunal también cuenta con un juez de cada país de la Unión.

El Tribunal de la Función Pública es, dentro de la institución jurisdiccional de la Unión, el órgano especializado en el ámbito del contencioso de la función pública de la Unión Europea. Es competente para conocer en primera instancia de los litigios entre la Unión Europea y sus agentes en virtud de lo dispuesto en el artículo 270 del TFUE. Esos litigios se refieren a las cuestiones relativas a las relaciones laborales propiamente dichas (retribuciones, desarrollo de la carrera, contratación, medidas disciplinarias, etc.) y también al régimen de seguridad social (enfermedad, vejez, invalidez, accidentes laborales,

9 . El Tribunal General es competente para conocer de:
los recursos directos interpuestos por personas físicas o jurídicas y dirigidos contra los actos de las instituciones y de los órganos y organismos de la Unión Europea (de los que sean destinatarias o que les afecten directa e individualmente) contra los actos reglamentarios (que les afecten directamente y que no incluyan medidas de ejecución) o contra la inacción de esas instituciones, órganos y organismos. Se trata, por ejemplo, del recurso formulado por una empresa contra una decisión de la Comisión por la que se le impone una multa;
los recursos formulados por los Estados miembro contra la Comisión;
los recursos formulados por los Estados miembro contra el Consejo en relación con los actos adoptados por éste en el ámbito de las ayudas de Estados, las medidas de carácter comercial (*dumping*) y los actos por los que ejerce competencias de ejecución;
los recursos dirigidos a obtener la reparación de los daños causados por las instituciones de la Unión Europea o sus agentes;
los recursos basados en contratos celebrados por la Unión Europea que prevean expresamente la competencia del Tribunal General;
los recursos en materia de marca comunitaria;
los recursos de casación, limitados a las cuestiones de derecho, que se interpongan contra las resoluciones dictadas por el Tribunal de la Función Pública de la Unión Europea, y
los recursos formulados contra las decisiones de la Oficina Comunitaria de Variedades Vegetales y contra las decisiones de la Agencia Europea de Sustancias y Preparados Químicos.
Las resoluciones dictadas por el Tribunal General pueden ser objeto, en un plazo de dos meses, de un recurso de casación limitado a las cuestiones de derecho ante el Tribunal de Justicia.

complementos familiares).[10] Sus resoluciones pueden ser objeto, en un plazo de dos meses, de un recurso de casación ante el Tribunal General limitado a las cuestiones de derecho.

II. El sistema judicial de la Unión

II.1. La cuestión prejudicial: antecedentes

La denominada "cuestión prejudicial comunitaria" constituye un procedimiento específico regulado en los Tratados comunitarios (tratado de la Unión Europea/TUE y Tratado sobre el Funcionamiento de la Unión Europea/TFUE), mediante los cuales los jueces y tribunales de los Estados miembro pueden obtener la interpretación y/o apreciación de validez realizada por el Tribunal de Justicia de la Unión respecto de aquella o aquellas normas comunitarias cuya aplicación pretendan llevar a cabo en el seno de un proceso pendiente, conforme establece el artículo 268 del TFUE.

En cuanto al origen de este procedimiento prejudicial, radica en algunos de los ordenamientos jurídicos de los Estados miembro fundadores de la Comunidades Europeas en los años 50 del pasado siglo.

La cuestión prejudicial comunitaria encuentra su modelo más próximo en las cuestiones de inconstitucionalidad alemana e italiana; así el "Konkrete Normenkontrollverfahren" del artículo 100 de la Ley Fundamental de Bonn, y la "Questione di legittimà costituzionale" del artículo 23 de la Ley N° 87 del 11 de marzo de 1953 reguladora de todo lo concerniente a la Corte Costituzionale. También en otros países, como España, Grecia o Portugal, está prevista la cuestión de inconstitucionalidad, aunque en realidad no puede decirse que ninguna de ellas haya servido de modelo a la prejudicial comunitaria, dada la posterior adhesión de tales Estados a las entonces Comunidades Europeas.

También deben reconocerse los orígenes de la cuestión prejudicial en el denominado contencioso de interpretación del ordenamiento jurídico francés, como mecanismo que se ocupa de la interpretación de los actos administrativos como el que se dedica a su control de validez, teniendo en cuenta que el juez no decide sobre el fondo del asunto, por lo que la denominación de contencioso puede resultar inadecuada.

Desde el punto de vista terminológico, la denominación de cuestión prejudicial es la mayoritariamente empleada y la más correcta, aunque algunos sectores doctrinales

10 . También es competente para conocer de los litigios entre cualquier órgano u organismo y su personal para los que se haya atribuido la competencia al Tribunal de Justicia de a Unión Europea (por ejemplo, los litigios entre Europol, la Oficina de Armonización del Mercado Interior o el Banco de Inversión y sus Agentes).

utilizan la expresión de recurso prejudicial, que resulta incorrecta desde un punto de vista procesal. También se utiliza, de forma más aceptable, de incidente prejudicial, ya que surge del proceso principal, porque la prejudicial se presenta como una cuestión accesoria y de modo anormal durante el desarrollo del proceso principal, constituye un incidente dentro de éste.[11]

II.2 Objeto

En el artículo 19-3º del Tratado de la Unión Europea se establece que:

"El Tribunal de Justicia de la Unión Europea se pronunciará, de conformidad con los Tratados: [...] b) con carácter prejudicial, a petición de los órganos jurisdiccionales nacionales sobre la interpretación del derecho de la Unión o sobre la validez de los actos adoptados por las instituciones".[12]

Más concretamente, el actual artículo 268-1 del Tratado de Funcionamiento de la Unión Europea establece:

"Que el Tribunal de Justicia será competente para pronunciarse con carácter prejudicial: a) sobre la interpretación de los Tratados; b) sobre la validez e interpretación de los actos adoptados por las instituciones, órganos y organismos de la Unión".[13]

El procedimiento prejudicial establecido en ese artículo constituye posiblemente el elemento más importante del sistema de control jurisdiccional en el derecho comunitario o de la Unión. La cuestión prejudicial permite al Tribunal de Justicia asegurar

11 . A este respecto hay que indicar que en la práctica también el TJUE alude a la cuestión prejudicial como constitutivo de un "incidente" en el proceso principal; tal afirmación se recoge a lo largo de toda su jurisprudencia, siempre en la parte final de sus decisiones, en concreto, a la hora de imponer las costas. De forma constante, el Tribunal de la Unión entiende que no es competencia suya sino del juez *a quo* conocer de los gastos del procedimiento prejudicial, puesto que éste surge como un incidente en el curso de la tramitación del asunto principal. Así se establece esta costumbre en las sentencias prejudiciales, por imperativo del artículo 104.3 del Reglamento del Tribunal que regula procesalmente su funcionamiento.

12 . Sin embargo, en el apartado 1º ha dejado como competencias de los Estados miembro el establecimiento de "las vías de recurso necesarias para garantizar la tutela judicial efectiva en los ámbitos cubiertos por el derecho de la Unión".

13 . La opción c), que figuraba en los antiguos artículos 177 y 234, relativa a "la interpretación de los estatutos creados por un acto del Consejo, cuando dichos estatutos así lo prevean", ha sido suprimida, dado que nunca se utilizó.

la interpretación uniforme del derecho comunitario, dejando a los jueces nacionales la tarea de la aplicación efectiva de las normas de la Unión.

Ese procedimiento establece un mecanismo de cooperación judicial entre el órgano jurisdiccional y el Tribunal de Justicia. La cuestión prejudicial de interpretación es el instrumento del que dispone el Tribunal de Justicia para desempeñar su función de garante de la interpretación y aplicación uniforme del derecho comunitario. Se trata de la conexión más importante, a nivel procedimental, entre el derecho comunitario y los ordenamientos jurídicos de los Estados miembro.

En efecto, si bien el Tribunal de Justicia es, por su propia naturaleza, el defensor supremo de la legalidad comunitaria, no es, sin embargo, el único órgano jurisdiccional competente para aplicar el derecho de la Unión.

Los Tribunales de cada uno de los Estados miembro son también, por su parte, órganos jurisdiccionales de la Unión, en la medida en que:

- queda sometida a su control la ejecución administrativa del derecho de la Unión que se halla confiada en lo esencial a los órganos administrativos de los Estados miembro, y
- gran número de disposiciones de los Tratados y del derecho derivado (reglamentos, en algunos casos también, las directivas y las decisiones) cuando crean directamente derechos individuales a favor de los ciudadanos de los Estados miembro, que ellos tienen la obligación de garantizar.

Para asegurar la aplicación efectiva de la legislación comunitaria y evitar que las diferencias entre las reglas de interpretación que aplican los diferentes tribunales nacionales puedan conducir a una interpretación divergente del derecho comunitario, los Tratados han establecido el procedimiento de las cuestiones prejudiciales que ha institucionalizado una fructífera cooperación entre el Tribunal de Justicia y los órganos jurisdiccionales nacionales.

Así, en los asuntos en que se pone en tela de juicio el derecho comunitario, en caso de duda sobre la interpretación o la validez de este derecho, los jueces nacionales pueden, y a veces deben, dirigirse al Tribunal de Justicia para formularle cuestiones usando el procedimiento prejudicial.

Como ha venido señalando la doctrina[14]

> "la función del juez interno queda enriquecida, al ser instituido como juez de derecho común del ordenamiento jurídico comunitario. Su configuración constitucional va a ser modificada de manera importante. El control de legalidad comunitaria que se le

14 . Véase Ruiz-Jarabio Colomer, D.: *El juez nacional como juez comunitario,* Cuadernos de Estudios Europeos, Civitas, 1993, pp. 38 y ss.

atribuye es muy ilustrativo al respecto: cualquier juez nacional, de cualquier orden jurisdiccional, va a poder controlar la sumisión del derecho interno, de cualquier rango, al sistema jurídico de las Comunidades".

Así, el juez interno ya no queda reducido a su labor tradicional de interpretar y aplicar la producción normativa del legislador estatal. Ni siquiera el principio de sumisión jerárquica, dentro de la propia estructura jurisdiccional, va a quedar inmune.

En definitiva, el objeto del mecanismo prejudicial es fundamentalmente de carácter objetivo, ya que se dirige a procurar la uniformidad del conjunto del derecho de la Unión, en su aplicación por todos los órganos jurisdiccionales de la Unión, razón por la que tales jueces y Tribunales reciben también el nombre de "jueces comunitarios", debido a que la forma de lograr esta uniformidad en su aplicación es proceder a la interpretación de las normas de la Unión por un único Tribunal, el TJUE. He aquí el reparto funcional de competencias entre el juez estatal y el TJUE; mientras el Tribunal de Justicia procede a la interpretación o apreciación de validez de la norma comunitaria, el juez *a quo* procederá a su aplicación para el proceso nacional pendiente.

La Jurisprudencia del TJUE ha declarado que:[15]

"Para responder a la cuestión planteada, procede señalar que el sistema establecido por el artículo 267 TFUE, con miras a garantizar la unidad de la interpretación del derecho de la Unión en los Estados miembro, establece una cooperación directa del derecho de la Unión y los órganos jurisdiccionales nacionales conforme a un procedimiento ajeno a toda iniciativa de las partes".[16]

Se insiste en que ese precepto es

"un instrumento de cooperación entre el Tribunal de Justicia y los órganos jurisdiccionales nacionales, por medio del cual el primero aporta a los segundos los elementos de interpretación del derecho de la Unión que precisan para la solución del litigio que deban dirimir".[17]

De ahí que el Tribunal de Justicia se haya apresurado a conceptualizar a este mecanismo como de "cooperación judicial entre el TJCE y los órganos jurisdiccionales de los

15 . Véase *VB Pénzügyi Lízing Zrt*, sentencia del 9 de noviembre de 2010, asunto C-317/08.
16 . En el mismo sentido, véase TJCE, *Palmisani*, sentencia del 10 de julio de 1997, asunto C-261/95; *Kempter*, de sentencia del 12 de febrero de 2008, asunto C-2/06, y *Cartesio*, sentencia del 16 de diciembre de 2008, asunto C-210/06.
17 . Véanse TJCE, *Gmurzynska-Bscher*, sentencia del 8 de noviembre de 1990, asunto 231/89, y *Djabali*, sentencia del 12 de marzo de 1998, asunto C-314/96.

diferentes Estados miembro",[18] con esto se busca establecer que en este procedimiento no puede existir relación jerárquica alguna entre dos Tribunales intervinientes. Se trata de un modelo desconcentrado de actuación, en el que los Tribunales nacionales son jueces comunitarios, de conformidad con su jerarquía orgánica interna, pero en convivencia con el verdaderamente supremo Tribunal: el Tribunal de Justicia de la Unión Europea.

II.3 Clases: interpretación/validez

A partir de la propia redacción del artículo 267 (TFUE) podemos deducir que son dos las funciones a desempeñar por el Tribunal de Justicia en el seno del procedimiento prejudicial y que, pese a las diferencias existentes entre ellas, ambas se regulan en el mismo precepto.

Por una parte, la interpretación del derecho comunitario, si bien ni el TFUE ni la norma comunitaria en general especifican en qué debe consistir esta operación interpretativa a realizar por el Tribunal de Justicia. Por esta razón, algunos autores han venido defendiendo un concepto propio de interpretación para el caso del derecho comunitario. Tal autonomía conceptual existe, en cuanto se trata de un "concepto autónomo" del derecho de la Unión, aunque la labor desarrollada por el TJUE no difiere, en principio, de la realizada por otros órganos jurisdiccionales constitucionales en sus respectivos ámbitos; en suma, está extremadamente próxima a la que puedan llevar a cabo los restantes jueces y Tribunales. Así parece igualmente entenderlo el Tribunal comunitario, recordando que su interés radica en

> "aclarar y precisar, cuando es necesario, el significado y alcance de dicha norma, determinando a forma en que debe ser entendida y aplicada a partir del mismo momento de su entrada en vigor".[19]

En principio, los métodos de interpretación de los que se sirve el derecho comunitario son los mismos de los que hacen uso el derecho internacional y cualquier otro ordenamiento jurídico. Así tenemos, en primer lugar, el método literal o gramatical, que consistirá, para el caso del derecho de la Unión, en acudir a las diferentes versiones lingüísticas de la norma en cuestión, versiones todas ellas oficiales en el espacio comunitario.[20]

Pero el Tribunal de Justicia también acude a otros medios, como la interpretación histórica,[21] considerando la voluntad e intenciones de los redactores del Tratado de Roma, deducibles a partir de la trabajos preparatorios previos a la redacción definitiva de los

18 . Véase TJCE, *S. Schwarze*, sentencia del 1° de diciembre de 1965, asunto 16/65.
19 . Véase TJCE, *Denkavit*, sentencia del 27 de marzo de 1980; asunto 61/79.
20 . Véase TJCE, *Sociale Verzekeringsbank*, sentencia del 5 de diciembre de 1967.
21 . Véase TJCE, *Stauder*, sentencia de 12 de noviembre de 1969, asunto 29/69.

Tratados constitutivos, y sistemática, la que atiende al contexto en que se halla inmersa una norma en cuestión, y la interpretación analógica,[22] dedicada a la comparación con otros casos similares. Sin embargo, hay que reconocer que dentro de estas diversas técnicas de interpretación del ordenamiento jurídico, el Tribunal comunitario prefiere recurrir al método teleológico,[23] de tal modo que llega a considerar imprescindible la adecuación de los actos emanados de las instituciones a los fines y objetivos propuestos en los Tratados de la Unión.

Es así que este último criterio, aunándose con el denominado principio de efecto útil o *efficacité minimum*, estructura el método de interpretación[24] más característico del derecho comunitario; en consecuencia, la decisión prejudicial del Tribunal de Justicia ha de ser útil no sólo desde un punto de vista individual, para el juez estatal, sino que además ha de ser viable para el logro de las metas descriptas en los Tratados de la Unión.

Buena muestra de ello es la sentencia *Marleasing*, en la que el TJUE declaró lo siguiente:

> "De ello se desprende que, al aplicar el derecho nacional, ya sean disposiciones anteriores o posteriores a la directiva, el órgano jurisdiccional nacional que debe interpretarla está obligado a hacer todo lo posible, a la luz de la letra y de la finalidad de dicha directiva, para al efectuar dicha interpretación, alcanzar el resultado a que se refiere la directiva y de esta forma atenerse al párrafo tercero del artículo 189 del Tratado".

En segundo lugar, el Tribunal de Justicia se ocupa dentro del marco del artículo 267 (TFUE) de la llamada apreciación de validez de los actos derivados de los órganos de la Unión en relación con los Tratados. Aun cuando esa labor sea ejercida con menor frecuencia en la práctica es, en cambio, más importante que la anterior, por cuanto ese examen depende de la propia aplicación de la norma objeto de la cuestión prejudicial; no obstante, esta operación se sirve de aquella, hecho que demuestra la estrecha vinculación existente entre ambas funciones y de aquí que su regulación sea conjunta, en el mismo precepto del Tratado sobre el Funcionamiento de la Unión Europea.

En concreto, a través del desarrollo de esta actividad, el TJUE se encarga de verificar la conformidad del derecho de la Unión derivado, o, lo que es lo mismo, los actos procedentes de las instituciones de la Unión, básicamente, los recogidos en el artículo 263 (TFUE) al derecho de la Unión primario u originario que son los Tratados.

22 . Utilizado, entre otras, en TJCE, *Macuso*, sentencia del 6 de diciembre de 973, asunto 140/73, y *Rzepo*, sentencia del 12 de noviembre de 1974, asunto 356/74.
23 . Entre otras, véase TJCE, *Defrenne*, sentencias de 8 de abril de 1976, *Levin*, sentencia de 23 de marzo de 1982, asunto 53/81, y *Klensch*, de fecha 25 de noviembre de 1986, asunto 201 y 202/85.
24 . Véase TJCE, sentencia del 13 de noviembre de 1990, asunto C-106/89.

En cuanto al propio concepto de validez, aun cuando el término de "validez" siempre se ha sospechado equivalente al de legalidad, por ser este último el empleado en otros preceptos de los Tratados, se pensó en un principio que el procedimiento prejudicial tenía en cuenta únicamente el aspecto externo de la validez; se pretendía con ello dotar de una identidad propia al mecanismo descripto en el artículo 267 (TFUE), diferenciándolos de otros como el recurso de anulación.

En consecuencia, si la validez a la que se refiere el artículo 267 (TFUE) ostenta el mismo contenido de la legalidad a la que se refiere el artículo 263 (TFUE), los motivos para determinar una y otra serán idénticos; ciertamente, así lo entendió el propio TJCE en la sentencia *Internacional Fruti Company,*[25] considerando que esa validez afecta tanto a la legalidad interna como externa y, por tanto, es susceptible de impugnación con base a los mismos motivos expresados en el hoy artículo 263 del TFUE: incompetencia, violación del derecho de la Unión o de formas sustanciales de procedimiento y desviación de poder.

De este modo, en un primer momento podría pensarse que, admitiendo que la declaración e invalidez de una norma de la Unión puede producirse por las mismas causas enumeradas en el artículo 263 (TFUE) para el recurso de anulación, la cuestión prejudicial en apreciación de validez del artículo 267 (TFUE) corre el riesgo de convertirse en una vía secundaria de declarar a nulidad de la normativa de la Unión. Sin embargo, no hay duda de que las garantías y requisitos de ambos procedimientos son a todas luces diferentes, ya que el artículo 267 TFUE no impone plazo alguno para plantear la cuestión prejudicial, y aún más, también los resultados de la anulación y de la invalidez son diversos por lo que respecta a la posterior supervivencia del acto en discusión. Así pues, este procedimiento funciona en cierta medida como complementario y no sustitutorio, del recurso de anulación, presentándose como una alternativa para lograr la protección jurisdiccional que se pretende a través del artículo 263 (TFUE).

Por último, también tendrá aquí el TJUE que respetar aquellas competencias atribuidas a los órganos jurisdiccionales nacionales, en consonancia con el equilibrio que ha de imperar en tal reparto, puesto que el TJUE no debería decidir sobre el supuesto de hecho origen del proceso principal ni pronunciarse respecto de la validez de las normas de derecho interno. Evidentemente, es función del *a quo* extraer las oportunas consecuencias que se derivan de la resolución prejudicial dictada, una de las cuales consistirá en la aplicabilidad, o en su caso la inaplicabilidad, de la norma objeto de debate en la cuestión prejudicial.

II.4 La cuestión prejudicial de urgencia

Una novedad introducida por el Tratado de Lisboa en el TFUE es el apartado 4º, que introduce la denominada "cuestión prejudicial de urgencia" con el tenor literal siguiente:

25 . Véase TJCE, sentencia del 12 de diciembre de 1972, asunto 21-24/1972.

"Cuando se plantee una cuestión de este tipo en un asunto pendiente ante un órgano jurisdiccional nacional en relación con una persona privada de libertad, el Tribunal de Justicia se pronunciará con la mayor brevedad".

El procedimiento prejudicial de urgencia sólo puede aplicarse en los ámbitos a que se refiere el Título V de la tercera parte del TFUE, relativo al espacio de libertad, seguridad y justicia.

La decisión de aplicar ese procedimiento corresponde al Tribunal de Justicia. En principio, tal decisión se adopta únicamente sobre la base de una petición motivada del órgano jurisdiccional remitente. Con carácter excepcional, el Tribunal de Justicia puede decidir de oficio tramitar una petición de decisión prejudicial mediante el procedimiento de urgencia, cuando éste parezca necesario.

El procedimiento prejudicial de urgencia simplifica las diferentes fases del procedimiento ante el TJUE, pero su aplicación lleva consigo mayores exigencias para este último y para las partes y demás interesados que participan en el procedimiento, en particular, los Estados miembro.

Por consiguiente, sólo debe solicitarse en circunstancias en las que sea absolutamente necesario que el Tribunal de Justicia se pronuncie sobre la remisión prejudicial en el menor plazo posible. Sin que puedan enumerarse aquí tales situaciones de manera exhaustiva, debido al carácter variado y evolutivo de las normas de la Unión que regulan el espacio de libertad, seguridad y justicia, un órgano jurisdiccional nacional podría plantearse formular una petición de procedimiento prejudicial de urgencia, por ejemplo en las siguientes situaciones: en el caso, contemplado en el artículo 267, párrafo cuarto del TFUE, de una persona detenida o privada de libertad cuando la respuesta a la cuestión planteada sea determinante para la apreciación de la situación jurídica de esta persona, o en un litigio relativo a la patria potestad o a la custodia de los hijos. Para permitir al Tribunal de Justicia decidir rápidamente si es preciso aplicar el procedimiento prejudicial de urgencia, la petición debe exponer las circunstancias de derecho que acrediten la urgencia y, en particular, los riesgos en que se incurre si la remisión sigue el procedimiento prejudicial ordinario.

En la medida de lo posible, el órgano jurisdiccional remitente indicará, de manera sucinta, su punto de vista sobre la respuesta que haya de darse a la cuestión o cuestiones planteadas. Tal indicación contribuye a la celeridad del procedimiento.

La petición del procedimiento prejudicial de urgencia debe presentarse de tal forma que la Secretaría TJUE pueda apreciar de inmediato que el expediente debe recibir una tramitación específica. Para ello, resulta conveniente que la petición se presente en un documento destinto de la propia resolución de remisión, o bien en un escrito de acompañamiento que ponga expresamente de manifiesto esa petición.

En lo que atañe a la propia resolución de remisión, su carácter sucinto es tanto más importante en una situación de urgencia en cuanto que contribuye a la celebridad del procedimiento.

II.5 Partes intervinientes

Como consecuencia de la indicada colaboración jurisdiccional, además del aludido carácter objetivo, tenemos la ausencia de partes, en sentido estricto,[26] y por ello la alusión a los jueces estatales como únicos sujetos protagonistas dentro de esta vía prejudicial.

Afirmado, pues, el carácter objetivo de la cuestión prejudicial y la ausencia de partes, en sentido estricto de derecho procesal, los únicos promotores de ésta son los órganos jurisdiccionales de los Estados miembro que estén conociendo de un proceso pendiente en sede nacional, cuyas partes en absoluto influyen de forma determinante en su planteamiento, si bien tiene alguna participación en la tramitación de la causa prejudicial.

II.5.A Órgano jurisdiccional *a quo*

El único sujeto facultado, o en otros casos obligado, para plantear una cuestión prejudicial es el juez estatal que conoce el litigio concreto o proceso principal, denominado "juez *a quo*", por lo que no cabe hablar de legitimación para aludir al planteamiento de la cuestión prejudicial.[27]

Respecto de cuál haya de ser este órgano jurisdiccional nacional promotor de la cuestión prejudicial del artículo 268 (TFUE), el derecho de la Unión emplea para ello un concepto en cierta manera autónomo del concedido por los distintos ordenamientos jurídicos estatales; en suma, esta noción comunitaria de "órgano jurisdiccional" amplía en gran medida la derivada del derecho interno.

Esta concepción del derecho de la Unión encuentra su origen en la propia jurisprudencia del Tribunal de Justicia, en concreto en la denominada sentencia *S. Vaasen-Göbbels*,[28] en la que el Tribunal admite una cuestión prejudicial procedente de un Tribunal arbitral de minas que el derecho holandés consideraba carente de jurisdicción.

En este sentido, el Tribunal de Justicia fundamenta su resolución con base al cumplimiento por parte de aquel órgano neerlandés de cinco importantes caracteres, en definitiva características de todo órgano jurisdiccional: constitución con arreglo a

26 . Véase TJCE, *S. Hessische Knappschaft*, sentencia del 9 de diciembre de 1965, asunto 44/65.
27 . Esto es debido a que la legitimación, según la doctrina procesal, es una característica de la parte en el proceso que implica una relación jurídico-material del sujeto con el proceso.
28 . Asunto 61/65, Rec. 1966.

la ley; procedimiento contradictorio y de orden público; resolución en derecho, y la obligatoriedad para los justiciables de someterse a su jurisdicción.[29]

Posteriormente, el TJUE, según reiterada jurisprudencia[30]

> "para apreciar si el órgano remitente posee el carácter de 'órgano jurisdiccional' en el sentido del artículo 234 (hoy 267 TFUE), cuestión que depende únicamente del derecho comunitario, el Tribunal de Justicia deberá tener en cuenta un conjunto de elementos, como son el origen legal del órgano, su permanencia, el carácter obligatorio de su jurisdicción, el carácter contradictorio del procedimiento, la aplicación por parte del órgano de normas jurídicas, así como su independencia. Además, los órganos jurisdiccionales nacionales sólo pueden pedir al Tribunal de Justicia que se pronuncie si ante ellos está pendiente un litigio y si deben adoptar su resolución en el marco de un procedimiento que concluya con una decisión de carácter jurisdiccional".

En cuanto a la distinción que realiza el artículo 267 TFUE entre los órganos jurisdiccionales "facultados" y los "obligados" a plantear cuestión prejudicial, la jurisprudencia del TJUE parece inclinarse por considerar que el deber de plantear la cuestión prejudicial no sólo incumbe a aquellos tribunales situados en la cúspide de la escala judicial, sino también a todos los jueces nacionales que conozcan en un proceso concreto cuya sentencia resulte inimpugnable, sin ser, por tanto, posible la interposición de recurso alguno por las partes del proceso, considerando que esta postura de la "teoría del litigio concreto" permite garantizar de una forma más efectiva el cumplimiento de la finalidad última del mecanismo prejudicial que es la aplicación uniforme del derecho comunitario mediante la cooperación entre órganos jurisdiccionales.

Sin embargo, la imposición de este deber a los jueces y tribunales por parte de los Tratados es más teórica que real; además de ciertas excepciones también jurisprudencialmente apreciadas[31] surgen problemas derivados de este inicial reparto de competencias entre el Tribunal de Justicia y los órganos jurisdiccionales nacionales.

29 . Con posterioridad el Tribunal de Justicia ha ido precisando este concepto de "órgano jurisdiccional" desde la perspectiva comunitaria en sucesiva jurisprudencia, rechazando expresamente la proposición de cuestiones prejudiciales por parte de organismos arbitrales (véanse TJCE, *Nordsee*, sentencia del 23 de marzo de 1982, asunto 103/81, y *Corbiau*, sentencia del 30 de marzo de 1993, asunto 49/92).

30 . Véase TJCE, *Pilato*, auto del 14 de mayo de 2008, asunto C 109/07; *Österreichister Rundfunk*, sentencia del 18 de octubre de 2007, asunto C-195/06. Más recientemente, *Umweltanwalt von Kärten*, sentencia del 10 de diciembre de 2009, asunto C-205/08.

31 . Una excepción en este sentido la constituyen aquellos tribunales que deciden en causas cuya resolución dictada, si bien ya no es susceptible de impugnación, no significa sin embargo la última

Así, en primer lugar, en virtud del reparto de funciones, es claro que la pertinencia para apreciar la necesidad de plantear una cuestión prejudicial pertenece exclusivamente al juez nacional que está conociendo del caso concreto, y de esta forma el Tribunal de Justicia no deberá en modo alguno controlar la discrecionalidad del juez interno para efectuar el reenvío, pues lo contrario supondría la existencia de una relación jerárquica entre ambos órganos jurisdiccionales.[32]

En segundo lugar, y desde una perspectiva comunitaria, ciertos órganos jurisdiccionales nacionales obligados a plantear la cuestión prejudicial comunitaria han eludido este deber amparándose en la noción del acto claro, esto es, justifican la impertinencia del reenvío argumentando que ya conocen la interpretación y/o apreciación de validez de la norma de la Unión objeto de aplicación en el proceso principal.[33]

Frente a esta "teoría del acto claro", surgió la denominada del "reenvío automático", según la cual no cabe hablar de "acto claro" sino, a lo sumo, de "acto aclarado", es decir que la cuestión prejudicial ha de plantearse al TJUE por tales órganos superiores siempre y en todo caso salvo que exista un precedente de jurisprudencia comunitario con el mismo objeto.

Por su parte, el Tribunal de Justicia intenta llegar a una solución en su sentencia CILFIT[34] al imponer para ello el criterio de la "duda razonable" como límite válido

---

posibilidad de plantear cuestión prejudicial y de ahí la exención de este deber. Es el caso de algunos órganos jurisdiccionales que conocen de modo provisional en proceso sumarios o de urgencia y en los que por tal motivo han de evitarse todavía en mayor medida las posibles dilaciones de la suspensión del proceso; además, la cognitio judicial es reducida y, por tanto, también la autoridad de cosa juzgada que su sentencia produzca será igualmente limitada a lo que haya sido objeto de conocimiento, pudiendo dar lugar a un segundo proceso declarativo ordinario (véase TJCE, *Hoffmn-Laroche*, sentencia del 24 de mayo de 1977, asunto 77/76).

32 . Pese a ello, el Tribunal de Justicia rechazó una cuestión prejudicial –las dos veces que fue planteada– por entender que en el proceso principal no tenía lugar un verdadero conflicto de intereses, alegando que las partes del proceso procedían a la construcción de un litigio artificial. Véanse las sentencias *Foglia Novello* del 11 de marzo de 1980 (asunto 104/79 y 16 de diciembre de 1981(asunto 244/80).

33 . Tal práctica ha sido frecuente del Consejo de Estado Francés, acudiendo por analogía al empleo del adagio *in claris non fit interpretatio,* que tenía lugar para los reenvíos en interpretación de los Tratados Internacionales al Ministerio de Asuntos Exteriores, actitud que ha sido imitada por otros órganos jurisdiccionales, por ejemplo alemanes, como el *Bundesfinanzhof* o el Tribunal Federal de Finanzas. La jurisprudencia más reprobable es precisamente aquella en la que valiéndose del pretexto de la anterior máxima para obviar el deber de plantear la cuestión prejudicial al Tribunal de Justicia han hecho caso omiso de la jurisprudencia comunitaria existente violando con ello el propio derecho comunitario.

34 . TJCE, sentencia del 6 de octubre de 1982, asunto 283/81, la cual en su Fundamento Jurídico 16 declaró lo siguiente: "Finalmente, la correcta aplicación del derecho comunitario puede imponerse con tal evidencia que no deje duda razonable alguna sobre la solución de la cuestión suscitada. Antes de concluir que se da tal situación, el órgano jurisdiccional nacional debe llegar a la convicción de que la misma evidencia se impondría igualmente a los órganos jurisdiccionales

para averiguar la necesidad de solicitar la interpretación de la concreta disposición comunitaria; ello tras realizar una serie de advertencias acerca de los rasgos peculiares del derecho comunitario (así, su terminología novedosa y desconocida, su redacción en diversas lenguas oficiales, etc.).

Por lo que se refiere en particular a la apreciación en validez, la jurisprudencia más relevante en este sentido es la sentencia Foto-Frost,[35] en la que se establece la prohibición a los órganos jurisdiccionales nacionales de invalidar los actos procedentes de las instituciones comunitarias.

Sin embargo, esa etapa inicial ha sido en la práctica superada, y existe hoy en día un buen grado de aceptación del mecanismo prejudicial por parte de las jurisdicciones estatales, tanto de grado inferior como superior.

II.5.B Papel de las partes del litigio principal

La intervención de otros sujetos como participantes en el procedimiento prejudicial sólo tiene lugar a modo de colaboración mediante la presentación de observaciones escritas y orales, facultad que el artículo 20 del Protocolo sobre el Estatuto del TJUE reserva a las partes del proceso principal, a los Estados miembro y a la Comisión y al resto de las instituciones, si de éstas proviene el acto objeto de cuestión. Se trata de un *numerus clausus*, y está prohibida cualquier otra intervención que no sea la de los sujetos específicamente detallados en ese precepto.

Todos estos sujetos, además de la presentación de observaciones al amparo del artículo 21 del mencionado Estatuto, podrán presentar también información y documentos complementarios, aunque tal presentación no es facultativa –como las observaciones-, sino que sólo tendrá lugar cuando el Tribunal de Justicia lo estime conveniente, y se hará, pues, a modo de auxilio judicial.

En consecuencia, todo el protagonismo se centra en la figura del juez *a quo* hasta el punto de que sólo decide en último término la pertinencia del "reenvío judicial".

En efecto, el papel de las partes del proceso principal en el desarrollo del procedimiento prejudicial es muy reducido, pese al interés que estos sujetos tienen en el adecuado conocimiento de la duda prejudicial por el Tribunal de Justicia, ya que la solución que éste procure, que será devuelta al juez *a quo*, les atañe muy directamente. Sin embargo, estas partes en el proceso principal nunca podrán incidir en modo alguno en el objeto de la cuestión prejudicial planteada; carecen, en definitiva, de cualquier oportunidad para matizar o modificar el contenido de la

---

nacionales de los otros Estados miembro, así como al Tribunal de Justicia. Tan sólo si estas condiciones se reúnen puede abstenerse el órgano jurisdiccional nacional de someter la cuestión al Tribunal de Justicia y resolver bajo su propia responsabilidad".

35 . TJCE, sentencia del 22 de octubre de 1987, asunto 314/85.

resolución –que, normalmente reviste la forma de auto judicial– reenviada por el juez o tribunal interno.[36]

Así pues, al juez del proceso corresponde exclusivamente la decisión de plantear o no a cuestión prejudicial: las partes simplemente pueden sugerirle la oportunidad de su promoción, sin que por ello resulte vinculado el órgano jurisdiccional. De este modo, en caso de desacuerdo con el juez *a quo*, las partes del proceso principal no tendrán más alternativa que interponer el correspondiente recurso contra el auto de reenvío mediante el cual el órgano jurisdiccional suscita la cuestión al TJUE; claro está, siempre que ello sea posible en atención a las normas del derecho nacional respectivo.

II.5.C El papel pretoriano del TJUE

A partir de la década del 80 se observa una mayor reticencia desde el Tribunal de Justicia comunitario al amparo de conceptos tales como la existencia de "error manifiesto" o de "construcción artificial del proceso pendiente" si bien todavía se trataba de sentencias puntuales, como las indicadas en el asunto Foglia antes citada, en las que el Tribunal utiliza este segundo argumento u otras como las sentencias Salonia[37] o Vlaeminck,[38] en las que acude al primero.

Sin embargo, al inicio de los años 90 –debido a las sucesivas ampliaciones y a la mayor utilización de la cuestión prejudicial por los órganos jurisdiccionales nacionales– el Tribunal de Justicia adopta una línea más estricta en lo que respecta a la admisibilidad de cuestiones prejudiciales con base en cualquiera de estas justificaciones, si bien debemos proceder a una neta diferenciación entre ellas.

En efecto, mientras el concepto de "error manifiesto" puede ser válido dado su carácter más objetivo y siempre que se emplee de un modo flexible –como de momento se demuestra jurisprudencialmente–,[39] mucho más peligrosa nos parece la calificación

36 . Véanse TJCE, S.Hessische Knappschaft, sentencia del 9 de diciembre de 1995; Becher, sentencia del 16 de mayo de 1968, asunto 13/67; Rheinmühlen, sentencia del 14 de julio de 1971, asunto 67/1, y Fratelli Grassi, sentencia del 15 de junio de 1972, asunto 5/72.

37 . TJCE, sentencia del 16 de junio de 1981, asunto 126/81.

38 . TJCE, sentencia del 16 de septiembre de 1982, asunto 132/81. Otros ejemplos en esta línea lo constituyen Celestri, sentencia del 21 de marzo de 1985, asunto 172/84, y Thomasdünger, sentencia del 26 de septiembre de 1985, asunto 166/84.

39 . Véase TJCE, Falciola, sentencia del 26 de enero de 1990, asunto 286/88, en la que el Tribunal declaró que "sólo cabe desestimar una petición planteada por un órgano jurisdiccional nacional cuando resulte manifiesto que la interpretación del derecho comunitario o el examen de la validez de la norma comunitaria solicitados por este órgano jurisdiccional no guarda relación alguna con la realidad o el objeto del litigio principal (párrafo 8)". En el mismo sentido, Dzodzi, sentencia del 18 de octubre de 1990, asunto 297/88 y 197/89; Gmurzynska-Bscher, sentencia del 8 de noviembre de 1990, asunto 231/89; Crispoltoni, sentencia del 11 de julio de 1991, asunto 368/89, y Durighello, sentencia del 28 de septiembre de 1991, asunto 186/90.

de un proceso nacional pendiente como artificial, puesto que de esta forma es donde verdaderamente tiene lugar el control de la pertinencia del reenvío desde el TJUE.

Así, en la sentencia Meilicke,[40] surgida a tenor del planteamiento por parte del Landgericht de Hannover de una serie de cuestiones prejudiciales, en concreto de ocho, de redacción bastante compleja, el Tribunal de Justicia estima que, en realidad, al litigio principal es aplicable otra legislación diferente de aquella cuya compatibilidad con el derecho comunitario se cuestiona, entendiendo que tiene así lugar una desviación de la propia finalidad de la cuestión prejudicial. De este modo el citado Tribunal, siguiendo el parecer del abogado general Tesauro, se ha manifestado en sus conclusiones y ha entrado a conocer en los elementos de hecho y de derecho del proceso principal, aun cuando no es asunto de su incumbencia. En este sentido, estima que el conflicto objeto del proceso principal carece de virtualidad; ello da lugar por tanto a la presencia de un proceso "hipotético", cuya expresión se prefiere a la anterior de proceso "artificial" o "ficticio", empleada en la jurisprudencia del asunto Foglia.

Pese al dictado por el Tribunal de Justicia de otra sentencia en la misma fecha, esta vez de carácter positivo,[41] todavía la sentencia Meilicke es empleada por el Tribunal de Justicia como modelo jurisprudencial en fallos posteriores dictados en años sucesivos, por ejemplo en 1993, sentencia Enderby,[42] o en 1994, AC-ATEL.[43]

Finalmente, en el transcurso de los últimos años, pese a la introducción de observaciones en el de las arriba comentadas, el Tribunal de Justicia ha ido dando respuesta a las cuestiones prejudiciales promovidas. Así, pueden citarse las sentencias SEIM,[44] World Wildlife Fund [45] o Ruiz Bernáldez,[46] alegando en todas ellas que el único motivo de declaración de inadmisibilidad lo supone la falta de conexión de la norma comunitaria susceptible de interpretación y/o apreciación de validez con "la realidad u objeto del litigio principal".

En suma, la ausencia de relevancia de la norma comunitaria objeto de aplicación, cuestión cuya competencia estimo que, *prima facie*, pertenece al órgano jurisdiccional *a quo*.

40 . Véase TJCE, Lourenço Dias, sentencia del 16 de julio de 1992, asunto 83/91.
41 . Véase TJCE, sentencia del 16 de julio de 1992, asunto 343/90.
42 . Véase TJCE, sentencia del 27 de octubre de 1993, asunto 127/92.
43 . Véase TJCE, sentencia del 2 de junio de 1994, asunto 30/93.
44 . Véase TJCE, sentencia del 18 de enero de 1996, asunto 446/93.
45 . Véase TJCE, sentencia del 7 de marzo de 1996, asunto 118/94. En esta sentencia declara que "no le corresponde, en principio, examinar las circunstancias dentro de las cuales los órganos jurisdiccionales promueven la cuestión prejudicial y pretenden hacer aplicación de la norma comunitaria cuya interpretación solicitan".
46 . Véase TJCE, sentencia del 28 de marzo de 1996.

III. Procedimiento: tribunal *a quo* /TJUE

Todos los procedimientos que se desarrollan ante el TJUE constan de una fase escrita y, casi siempre, de una fase oral. Sin embargo, es preciso distinguir entre los procedimientos en los que se interpone una demanda directa (recurso de anulación, por incumplimiento, por omisión, etc.) y aquellos en los que se presenta una demanda prejudicial.

El procedimiento de cuestión prejudicial que se desarrolla ante el TJUE se estructura a través de las siguientes fases. Ese procedimiento ante el TJUE debe iniciarse mediante *escrito* del tribunal *a quo* dirigido a la Secretaría del TJUE. Las etapas de esta fase son:

- Resolución del órgano jurisdiccional nacional: al plantear una cuestión o varias cuestiones relativas a la interpretación o validez de una disposición comunitaria, generalmente asume la forma de una resolución judicial adaptada a las normas procesales nacionales. Una vez que haya sido recibido por el Tribunal de Justicia el escrito que contiene la resolución con las cuestiones planteadas, se designa a un juez ponente y a un abogado general para la tramitación del asunto;
- Traducción de la petición de cuestión prejudicial a todas las lenguas oficiales comunitarias: la solicitud presentada por el órgano jurisdiccional nacional se traduce a todas las lenguas oficiales de la Unión Europea. En las cuestiones prejudiciales, la lengua del procedimiento es la del órgano jurisdiccional nacional que plantea la cuestión al TJUE;
- Notificación a las partes, a los Estados miembro y a las instituciones comunitarias: una vez traducida la solicitud de cuestión prejudicial, el secretario del TJUE se encarga de notificarla a las partes litigantes en el procedimiento principal, así como a los Estados miembro, a la Comisión y, en su caso, al Consejo, al Banco Central Europeo y al Parlamento cuando el acto cuya validez o interpretación se cuestiona o emane de estos últimos;
- Publicación del anuncio de petición de cuestión prejudicial en el Diario Oficial de la Unión Europea (DOUE): el secretario dispone asimismo que se publique en el Diario Oficial de la Unión Europea un anuncio en el que se indiquen las partes del litigio y el contenido de las cuestiones;
- Observaciones escritas[47] de las partes del litigio principal, de los Estados miembro y de las instituciones comunitarias: las partes, los Estados miembro y las instituciones comunitarias disponen desde la notificación de dos meses (más

47 . La finalidad de las observaciones escritas es sugerir las respuestas que el Tribunal de Justicia debería dar a las cuestiones planteadas, así como exponer sucintamente, pero de forma exhaustiva, el fundamento de tales respuestas. Es importante informar al Tribunal de las circunstancias del hecho principal y de las disposiciones aplicables de la normativa nacional de que se trate. Debe

el plazo único de diez días por razón de la distancia) para presentar al Tribunal de Justicia sus observaciones escritas.[48]

Respecto de la solicitud de prueba en principio, y en virtud de la remisión que el artículo 103 del Reglamento de Procedimiento del TJUE hace al procedimiento ordinario, es posible que en el escrito de observaciones se propongan y practiquen medios de prueba. No obstante, dada la naturaleza exclusivamente jurídica de la cuestión prejudicial a resolver, no suele ser frecuente la práctica de pruebas.[49]

Una vez concluida la fase escrita del procedimiento el juez ponente prepara un informe preliminar para el resto de los jueces que conforman la Sala o el Pleno.

Tras la presentación de las observaciones por las partes, los Estados miembro interesados y las instituciones de la Unión, el presidente fija la fecha de la vista pública.[50] El juez ponente resume, en un informe para la vista, los hechos que se alegan y la argumentación desarrollada en las observaciones presentadas. Este informe se hace público al inicio de la audiencia.

Conforme establecen los artículos 55 a 62 del Reglamento de Procedimiento, las etapas de la fase oral se desarrollan de la siguiente forma:

- Vista pública: todos aquellos a presentar observaciones escritas pueden exponer verbalmente su opinión durante la vista a través de sus abogados o representantes legales.[51] La vista será pública salvo que, por motivos graves, el Tribunal decida lo contrario, de oficio o a instancia de parte. Los interesados

señalarse que ninguno de los interesados tiene la posibilidad de responder por escrito a las observaciones presentadas por los demás interesados. Las respuestas a éstas deben darse durante la vista.

48 . En las observaciones escritas de los procedimientos de cuestión prejudicial es obligatorio solamente designar un domicilio, sin que sea necesario designarlo en Luxemburgo, como excepción a la regla general.

49 . Los escritos procesales deben indicar todos los medios de prueba propuestos en apoyo de cada uno de los hechos controvertidos. Los diferentes medios de prueba de que disponen las partes se enumeran en el artículo 45, apartado 2, del Reglamento de Procedimiento. Así, serán admisibles como diligencias de prueba la comparecencia personal de las partes, la solicitud de información y presentación de documentos, el examen de testigos, el dictamen pericial y el reconocimiento judicial.

50 . No obstante ello, una vez presentadas las observaciones, previo informe del juez ponente, oído el abogado general y tras haber informado a los interesados que tengan derecho a presentar alegaciones u observaciones, el Tribunal podrá decidir no celebrar fase oral. Contra esta decisión, el interesado podrá presentar una solicitud que indique los motivos por los que desea presentar observaciones orales.

51 . El principio de intervención preceptiva de abogado queda establecido en el artículo 17 del Estatuto del Tribunal de Justicia. Únicamente, un abogado que esté facultado para ejercer ante el órgano jurisdiccional de un Estado miembro podrá representar y asistir a una parte ante el Tribunal de Justicia. Los abogados que comparezcan ante el Tribunal gozarán de los derechos y garantías necesarios para el ejercicio correspondiente de sus funciones.

sólo podrán actuar en juicio asistidos por sus agentes, asesores o abogados. El presidente, que ejerce la policía de estrados, es el encargado de abrir y dirigir los debates. La finalidad de las observaciones orales es recordar, de modo muy sintético, la postura adoptada, resaltando los motivos esenciales expuestos por escrito; aclarar, si fuera necesario, determinadas alegaciones formuladas durante la fase escrita y responder a las preguntas que pueda formular el Tribunal. El secretario debe fijar el turno de las intervenciones y levantar acta de la vista, que será firmada por el presidente de sala y por el mismo secretario. Este documento es público, y puede ser examinado y copiado por todos los interesados en la Secretaría, como establecen los artículos 30 y 31 del Reglamento de Procedimiento;

– Conclusiones del abogado general: la intervención del abogado general termina con la presentación y lectura ante el TJUE de sus conclusiones unas semanas después de la vista oral, en audiencia pública. En ellas, el abogado general analiza con detalle los antecedentes de hecho y aspectos jurídicos de las cuestiones planteadas, revisa la legislación comunitaria y nacional al respecto, repasa la jurisprudencia del órgano jurisdiccional comunitario y propone al Tribunal de Justicia la solución que él considera debe darse al problema. Con esta actuación finaliza la fase oral del procedimiento.

IV. Resolución prejudicial: efectos

El conjunto de jueces que han formado la Sala o el Pleno deliberan sobre la base de un proyecto de sentencia elaborado por el juez ponente. Cualquier juez puede proponer modificaciones al proyecto, porque no existen votos particulares.

Una vez que los jueces han terminado sus deliberaciones y han adoptado el texto definitivo, se pronuncia la sentencia en audiencia pública y el secretario la comunica al órgano jurisdiccional que la ha presentado. Las sentencias del Tribunal de Justicia se adoptan por mayoría y las firman todos los jueces que participaron en las deliberaciones. Éstas, junto con las conclusiones del abogado general, se publican en la Recopilación del Tribunal en todas las lenguas oficiales de la Unión.

La sentencia del TJUE tiene carácter vinculante, al tratarse de una resolución jurisdiccional con fuerza obligatoria. Sin embargo, no puede predicarse la fuerza ejecutiva, ya que son resoluciones meramente declarativas que no llevan aparejada condena alguna.

Es indiscutible el efecto vinculante de la sentencia prejudicial, aunque existen algunos problemas para determinar el alcance de éste (efecto absoluto o *erga omnes*).

En segundo lugar, habrá que determinar los efectos temporales de estas sentencias, concretamente si el mandato impuesto por la decisión del TJUE se reduce al juez de instancia que plantea la oportuna cuestión en relación con un supuesto de hecho determinado (efecto relativo o interpartes), o, por el contrario, se extiende a ulteriores casos en los que sea de aplicación la misma norma comunitaria objeto de la cuestión prejudicial.

Es en la sentencia Da Costa en Schaake[52] donde el Tribunal de Justicia aborda por primera vez en una sentencia prejudicial el tema del valor de este tipo de decisiones judiciales. Ese Tribunal afirma que la interpretación de un determinado acto comunitario realizada por el propio Tribunal, en virtud del artículo 177 (hoy 267 TFUE), se extiende a los casos ulteriores en que sea objeto de aplicación la misma normativa; por tanto, no afecta exclusivamente al litigio que sirve de marco a la concreta cuestión prejudicial. Sin embargo, concluye que, si bien es cierto que los jueces y Tribunales Superiores señalados en ese precepto carecen de la obligación de acudir al Tribunal de Justicia en solicitud de interpretación dada la existencia de una decisión judicial anterior dictada por el mismo Tribunal comunitario en la que resuelva una cuestión idéntica, conservan, no obstante, la facultad de solicitar un nuevo fallo prejudicial.

De este modo, la mayoría de las opiniones se inclinan por considerar que tal jurisprudencia avanza en dirección del efecto absoluto o *erga omnes* de las decisiones judiciales obtenidas en virtud del procedimiento del artículo 2667 (TFUE).

Con relación a aquellas sentencias declarativas de invalidez, el Tribunal de Justicia, aun cuando en alguna ocasión ha llegado incluso a declarar la invalidez de un reglamento comunitario por partida doble, parece también decantarse cada vez en mayor medida a favor de la vinculación general de tales decisiones de invalidez. Así, en la sentencia *International Chemical Corporation*[53] afirma expresamente que:

> "Una sentencia del TJUE que constate la invalidez de un acto de la Unión [...] aunque no se dirija directamente más que al juez *a quo*, constituye razón suficiente para que cualquier otro juez considere este acto como no válido [...] y por tanto inexistente", todo ello tras recordar que "un órgano jurisdiccional nacional no podría nunca aplicar un acto de la Unión declarado inválido".

En cuanto a los efectos temporales de las sentencias prejudiciales dictadas por el TJUE, no parece haber duda, al menos en principio, de la proclamación de sus efectos *ex tunc*, ello en consonancia con el propio carácter declarativo de tales decisiones. Es lógico que la interpretación del TJUE, y con mayor razón la declaración de invalidez de una determinada norma de la Unión, se retrotraiga al momento inicial de ésta. En suma, el significado de las disposiciones de la Unión no tendría por qué variar a lo largo de su

52 . Véase TJCE, sentencia de 27 de marzo de 1963, asunto 30/62.
53 . Véase TJCE, sentencia del 13 de mayo de 1981, asunto 66/80.

aplicación, máxime si es el correcto, y por otra parte si un acto comunitario es nulo, lo será desde el momento de su publicación.

Por último, hay que tener en cuenta que el procedimiento prejudicial es gratuito, por lo que el TJUE no se pronuncia sobre las costas del litigio principal. Corresponde, pues, al órgano jurisdiccional nacional decidir sobre las costas del procedimiento prejudicial.

Bibliografía

Bacigalupo, M.: *La justicia comunitaria (estudio sistemático y textos normativos básicos),* Ed. Marcial Pons, 1995, Madrid.

Cienfuegos Mateo, M.: *Las sentencias prejudiciales del Tribunal de Justicia de las Comunidades Europeas en los Estados miembro,* Bosch, 1998.

Desantes Real, M.: *La competencia judicial en la Comunidad Europea,* Bosch, Barcelona, 1986.

Isaac, Guy: *Droit communautaire général,* Masson, 3ª Ed., París, 1990.

Mariño, F.; M., Moreno Catena, V. y Moreiro, C.: *Derecho procesal comunitario,* Tirant lo Blanc, Valencia, 2001.

Martín Arribas, J.J.: *Manual de Derecho Procesal Comunitario,* Akal/Iure, Madrid, 1998.

Moitinho de Almeida, J.C.: "La remisión prejudicial ante el Tribunal de Justicia de las Comunidades Europeas", en Jornadas sobre el Tribunal de Justicia de las Comunidades Europeas, Gobierno Vasco, 1991.

Molina del Pozo, C.F.: *Procedimientos y recursos ante el Tribunal de Justicia de la Comunidad Europea,* EDERSA, 1987, Madrid.

— *Manual de Derecho de la Comunidad Europea,* TRIVIUM, 1990 (2ª ed).

Pescatore, P.: "Las cuestiones prejudiciales: artículo 177 del Tratado CEE", en la obra colectiva *El derecho comunitario Europeo y su aplicación judicial* (dirigida por Gil Carlos Rodríguez Iglesias), Civitas, Madrid, 1993.

Rasmussen, H.: *La Constitución de la Comunidad Económica Europea (resúmenes de las sentencias más importantes del Tribunal de Justicia de la Comunidad Económica Europea),* TRIVIUM, Madrid, 1990.

Ruiz-Jarabo Colomer, D.: *El juez nacional como juez comunitario,* Cuadernos de Estudios Europeos, Civitas, 1993.

Sarmiento, D.: "Los *free-lance* del derecho comunitario: la desfiguración de la doctrina CILFIT", en *Articulación entre el derecho comunitario y los derechos nacionales: algunas zonas de fricción,* Estudios de Derecho Judicial Nº 95, Ed. Consejo General del Poder Judicial, Madrid, 2006.

Silva Lapuerta, R., *El procedimiento ante el Tribunal de Justicia de las Comunidades Europeas,* Ed. La Ley, Madrid, 1993.

Vilata Menadas, S.: *El papel de la jurisprudencia del TJCE en la armonización del derecho europeo,* Universidad de Valencia, Valencia,2005.

Capítulo IX

El espacio europeo de libertad, seguridad y justicia después del Tratado de Lisboa: legitimidad democrática y control judicial

David Ordóñez Solís

I. Introducción

Por utilizar la expresión de Jean Monnet, la integración europea se ha fundado en solidaridades de hecho, de modo que es posible observar la paulatina construcción de la idea de Europa en torno a tres objetivos bien precisos y tangibles: el Mercado Común (1952-1992), la moneda única (1992-1999) y el espacio de libertad, seguridad y justicia (1999-2009). Esta periodización no quiere decir en modo alguno que en 1992 se alcanzase definitivamente la realización del mercado único, sino que supuso el término de una etapa polarizada en torno a este objetivo, que, como es obvio, sigue constituyendo uno de los fundamentos de la Unión Europea, y lo mismo se puede decir de la moneda única y de la realización de la unión económica y monetaria, cuya representación más conspicua es el propio euro, que, no obstante, no es la moneda de todos los países de la Unión Europea; en fin, tampoco se ha logrado coronar la realización del espacio europeo de libertad, seguridad y justicia, pero no hay duda de que se ha conseguido hacer girar a partir de 1999 a todas las fuerzas políticas e institucionales de la Unión Europea en torno a la materialización del espacio europeo ya no sólo de los mercaderes sino también para los ciudadanos.

La entrada en vigor del Tratado de Lisboa el 1° de diciembre de 2009 ha supuesto la consolidación de los anteriores logros de la integración europea y ha significado un reordenamiento y una mejora precisamente del espacio europeo de libertad, seguridad y

* Magistrado en lo contencioso administrativo del Tribunal Superior de Justicia de Asturias (España). Doctor en Derecho y miembro de la Red de Expertos en Derecho de la Unión Europea del Consejo General del Poder Judicial.

justicia. A tal efecto, ya no se trata de asentar el diseño, especialmente inestable, del espacio europeo, sino de mejorar la participación institucional, tanto desde las instituciones de la Unión Europea como desde sus Estados miembro. En este sentido, se ha simplificado la propia estructura del espacio de libertad, seguridad y justicia y se ha conseguido una implicación más decisiva tanto del Parlamento Europeo como del Tribunal de Justicia, especialmente en aquellos ámbitos hurtados a estas instituciones. En fin, también el Tratado de Lisboa ha significado un toque de atención especial para la implicación de los Parlamentos nacionales, en los términos recogidos por el Tratado de la Unión Europea y por el Tratado de Funcionamiento de la Unión Europea, pero también atendiendo a las exigencias de la participación democrática subrayadas, de manera especialmente llamativa, por el Tribunal Constitucional alemán.[1]

Me propongo exponer la evolución del espacio europeo de libertad, seguridad y justicia con el fin de conocer cuál es su diseño actual y determinar con qué intensidad deben participar en él y una vez en vigor las reformas del Tratado de Lisboa el Parlamento Europeo, los Parlamentos nacionales y el Tribunal de Justicia de la Unión Europea.

II. Primera parte. El nacimiento y la consolidación del espacio de libertad, seguridad y justicia en la Unión Europea

Cuando se crearon las Comunidades Europeas era ciertamente difícil apreciar que su evolución incluyese un espacio de libertad, seguridad y justicia. Sin embargo, también los primeros desarrollos incluyeron tales objetivos: por una parte, las libertades fundamentales del Mercado Común, aun cuando fuesen económicas, no dejaban de promover la creación de un espacio de libre circulación, ciertamente, de trabajadores, pero también de sus familias; por otra parte, la justicia era un valor ínsito en la cooperación judicial escasamente desarrollada a través de convenios internacionales;[2] en fin, más lejano que-

1 . Tribunal Constitucional Federal alemán, sentencia, del 30 de junio de 2009, sobre el Tratado de Lisboa (2 BvE 2/08, 2 BvE 5/08, 2 BvR 1010/08, 2 BvR 1022/08, 2 BvR 1259/08 y 2 BvR 182/09), disponible en [URL] *www.bundesverfassungsgericht.de* (consultado el 3 de diciembre de 2010); el Tribunal alemán estima parcialmente los recursos de amparo en la medida en que la ley de aprobación del Tratado de Lisboa y las leyes relacionadas son contrarias al artículo 38.1.1 de la ley fundamental por vulnerar el principio democrático, por no establecer mecanismos internos que colmen el déficit democrático interno en relación con la propia integración europea; a tal efecto, el Tribunal Constitucional señala: "El principio democrático no puede ser ponderado en relación con otros valores, es intangible" (§ 216).

2 . El artículo 220 del Tratado CEE del 25 de marzo de 1957 establecía las bases de una actuación sistemática en materia de cooperación judicial, particularmente en cuanto se refiere al "reconoci-

daba el objetivo de seguridad tan vinculado a las propias reminiscencias de la soberanía nacional; de hecho, las excepciones de los Tratados constitutivos comunitarios no hacían otra cosa que reproducir cláusulas excepcionales a los desarrollos de la integración europea basadas en razones de orden público, de seguridad y de salud públicas.[3]

En cualquier caso, la ciudadanía de la Unión consagrada por el Tratado de Maastricht en 1992 y el objetivo de crear un espacio de libertad, seguridad y justicia del Tratado de Ámsterdam de 1997 supusieron una transformación de la propia construcción europea. En este sentido, y como ha puesto de manifiesto el preámbulo de la Carta de Derechos Fundamentales de la Unión Europea de 2000: "Al instituir la ciudadanía de la Unión y crear un espacio de libertad, seguridad y justicia, sitúa a la persona en el centro de su actuación".

II.1 El origen del espacio europeo de libertad, seguridad y justicia: del Tratado de Maastricht (1992) al Tratado de Amsterdam (1997)

Es el Tratado de Maastricht de 1992 el que recoge el embrión del actual espacio de libertad, seguridad y justicia y representa un salto cualitativo de lo que luego serviría de base para su establecimiento por el Tratado de Amsterdam de 1997. Pero también en Maastricht se impuso la actuación gradual de la integración europea y se ensayaron dos vías: la comunitaria o supranacional y la intergubernamental, que con gran dificultad se han superado en el Tratado de Lisboa de 2007 a la hora de consolidar el acervo relativo al espacio de libertad, seguridad y justicia como una sola vía supranacional de integración europea.

En efecto, la estructuración de la Unión Europea en pilares, uno comunitario y con rasgos supranacionales y dos intergubernamentales -la política exterior y de seguridad común (PESC) y la cooperación en los ámbitos de la justicia y de los asuntos de interior (JAI)- al estilo de la cooperación internacional clásica, permitió establecer en Maastricht, y como uno de los objetivos de la Unión, "desarrollar una cooperación estrecha en el ámbito de la justicia y de los asuntos de interior" y recoger en el artículo K) del Tratado de la Unión Europea y como un pilar intergubernamental de la Unión Europea, sensiblemente distinto del pilar de las Comunidades Europeas, una regulación de los nuevos ámbitos de cooperación en el ámbito de la justicia y en los asuntos de interior.[4]

---

miento y la ejecución recíprocos de las decisiones judiciales y de los laudos arbitrales".

3 . Por ejemplo, en materia de derecho de establecimiento y libre prestación de servicios, el artículo 56.1 del Tratado CEE establecía: "Las disposiciones del presente Capítulo y las medidas adoptadas en virtud de las mismas no prejuzgarán la aplicabilidad de las disposiciones legales, reglamentarias y administrativas que prevean un régimen especial para los extranjeros y que estén justificadas por razones de orden público, seguridad y salud públicas".

4 . El artículo K.1 del Tratado de Maastricht de 1992 es muy ilustrativo por el alcance que desde el principio se confiere al pilar de Justicia y Asuntos de Interior (JAI): "Para la realización de los fines de la Unión, en particular de la libre circulación de personas, y sin perjuicio de las

Los primeros y modestos desarrollos habidos en el pilar JAI permitieron ya en el Tratado de Amsterdam de 1997 dar un nuevo paso y establecer como objetivo la creación del espacio de libertad, seguridad y justicia.

En el preámbulo del Tratado de la Unión Europea se introduce un nuevo considerando en virtud del cual se señala la voluntad de los Estados miembro de avanzar en estos términos:

> "Resueltos a facilitar la libre circulación de personas, garantizando al mismo tiempo la seguridad y la protección de sus pueblos, mediante el establecimiento de un espacio de libertad, seguridad y justicia, de conformidad con las disposiciones del presente Tratado".

Esta declaración se traduce en la parte dispositiva en el artículo B del Tratado de la Unión Europea, uno de cuyos objetivos era

> "mantener y desarrollar la Unión como un espacio de libertad, seguridad y justicia, en el que esté garantizada la libre circulación de personas juntamente con medidas adecuadas respecto del control de las fronteras exteriores, el asilo, la inmigración y la prevención y la lucha contra la delincuencia".

Ahora bien, en Ámsterdam la realización del espacio de libertad, seguridad y justicia habrá de llevarse a cabo de acuerdo con el Tratado de la Comunidad Europea, con la excepción de la cooperación policial y judicial en materia penal que queda en el artículo

---

competencias de la Comunidad Europea, los Estados miembro consideran de interés común los ámbitos siguientes: 1) la política de asilo; 2) las normas por las que se rigen el cruce de personas por las fronteras exteriores de los Estados miembro y la práctica de controles sobre esas personas; 3) la política de inmigración y la política relativa a los nacionales de terceros Estados acerca de:
las condiciones de acceso al territorio de los Estados miembro y de circulación por el mismo de los nacionales de terceros Estados;
las condiciones de estancia de los nacionales de los terceros Estados en el territorio de los Estados miembro, incluidos el acceso al empleo y la reagrupación familiar;
la lucha contra la inmigración, la estancia y el trabajo irregulares de nacionales de los terceros Estados en el territorio de los Estados miembro;
4) la lucha contra la toxicomanía, en la medida en que dicha materia no esté cubierta por los apartados 7 a 9 siguientes; 5) la lucha contra la defraudación a escala internacional, en la medida en que dicha materia no esté cubierta por los apartados 7 a 9 siguientes; 6) la cooperación judicial en materia civil; 7) la cooperación judicial en materia penal; 8) la cooperación aduanera; 9) la cooperación policial para la prevención y la lucha contra el terrorismo, el tráfico ilícito de drogas y otras formas graves de delincuencia internacional, incluidos, si es necesario, determinados aspectos de la cooperación aduanera en conexión con la organización, a escala de la Unión, de un sistema de intercambios de información dentro de una Oficina Europea de Policía (Europol)".

K) del Tratado de la Unión Europea. Es decir, el derecho derivado de la Unión Europea relativo al espacio de libertad, seguridad y justicia tendrá la marca CE cuando afecten a la libre circulación de personas o de cooperación judicial civil; sin embargo, cuando se trate de la cooperación policial y judicial penal los actos de derecho derivado serán identificados como JAI.

Asimismo, el Tratado de Amsterdam realiza una tarea de especial trascendencia para la integración europea al adoptar el denominado "acervo de Schengen", es decir, todo el ordenamiento jurídico creado fuera de la Unión Europea en 1985 (Acuerdo de Schengen) y en 1990 (Convenio de Aplicación del Acuerdo de Schengen) con el fin de suprimir gradualmente los controles en las fronteras comunes y en los que participaban antes de entrar en vigor el Tratado de Amsterdam 13 de los 15 países de la Unión –todos menos el Reino Unido e Irlanda– y los países del Espacio Económico Europeo (Noruega e Islandia).[5]

Sin embargo, desde el principio el espacio de libertad, seguridad y justicia será propicio para los proyectos desvinculados de la Unión Europea que, finalmente, son asumidos en el marco de cooperaciones reforzadas por la Unión Europea, por lo que la adopción del acervo de Schengen por la Unión Europea ya nace en 1999 como una cooperación reforzada y se integra en la Unión Europea sometiéndolo desde el 1° de mayo de 1999 al régimen del pilar intergubernamental y del pilar comunitario europeo.[6]

En efecto, estos avances en la construcción a doble banda del espacio europeo de libertad, seguridad y justicia y en la adopción del acervo de Schengen se hacen a costa de consagrar en Ámsterdam excepciones expresas en favor del Reino Unido, Irlanda y Dinamarca. En efecto, mediante sendos Protocolos, por una parte el Reino Unido e Irlanda decidieron no participar en la adopción de medidas propuestas en el marco de los "Visados, asilo, inmigración y otras políticas relacionadas con la libre circulación de personas" del Tratado CE, sin perjuicio de que cualquiera de los dos países pudiera notificar su deseo de participar en la adopción y aplicación de una medida concreta. Por otra parte, el Protocolo relativo a Dinamarca prevé que este país quede al margen de la comunitarización de la JAI y sólo acepta en este ámbito la cooperación intergubernamental.

5 . En Schengen, una pequeña población luxemburguesa fronteriza con Alemania y Francia, se adoptó, el 14 de junio de 1985, el Acuerdo para la supresión gradual de controles en las fronteras que fue completado por el Convenio de aplicación de 19 de junio de 1990. Sólo algunos Estados de las Comunidades Europeas, Alemania, Francia, Bélgica, los Países Bajos y Luxemburgo firmaron estos convenios, pero se fueron adhiriendo paulatinamente Italia (27 de noviembre de 1990), España y Portugal (25 de junio de 1991), Grecia (6 de noviembre de 1992), Austria (28 de abril de 1995) y Dinamarca, Finlandia y Suecia (19 de diciembre de 1996).

6 . Decisión 1999/436/CE del Consejo, del 20 de mayo de 1999, por la que se determina, de conformidad con las disposiciones pertinentes del Tratado constitutivo de la Comunidad Europea y del Tratado de la Unión Europea, la base jurídica de cada una de las disposiciones o decisiones que constituyen el acervo de Schengen (*DOCE* Nº L 176, del 10 de julio de 1999, p. 17).

El otro supuesto, ciertamente más modesto pero igual de significativo de cooperación reforzada, se ha producido en el ámbito de la cooperación policial contra el terrorismo en la denominada Cooperación de Prüm. Alemania, Francia, España, Bélgica, Países Bajos, Luxemburgo y Austria firmaron, el 27 de mayo de 2005 en Prüm, una pequeña localidad alemana cercana a las fronteras de Bélgica, Luxemburgo y los Países Bajos, el Tratado relativo a la profundización de la cooperación transfronteriza, en particular en materia de lucha contra el terrorismo, la delincuencia transfronteriza y la migración ilegal. En virtud de la Decisión 2008/615/JAI en materia de lucha contra el terrorismo y la delincuencia transfronteriza se asume por la Unión Europea y se incorpora a su derecho.[7]

La realización del espacio de libertad, seguridad y justicia se inicia con la entrada en vigor del Tratado de Amsterdam, el 1° de mayo de 1999. El mismo Tratado de la Comunidad Europea contiene un programa para establecer el espacio de libertad, seguridad y justicia que se refiere expresamente a visados, asilo, inmigración y otras políticas relacionadas con la libre circulación de personas y que se complementa con la recepción del acervo de Schengen en la Unión Europea.

Desde ese momento se adopta una estrategia de programación que ha dado unos resultados legislativos e institucionales espectaculares y se han sucedido los programas adoptados por los respectivos Consejo Europeos en Tampere (1999-2004), en La Haya (2005-2009) y en Estocolmo (2010-2015).

El Consejo Europeo de Tampere, del 15 de octubre de 1999,[8] confirma e impulsa la programación adoptada previamente por el Consejo (Plan de Acción de Viena),[9] y desde ese momento los resultados son visibles en el ámbito de la libre circulación de personas –donde la recepción del acervo de Schengen resulta espectacular desde el punto de vista normativo–, en la cooperación judicial civil, en la cooperación judicial penal y en la cooperación policial.

La acción legislativa en el ámbito de la libre circulación de personas permite delinear el estatuto de la ciudadanía de la Unión, asegura la adaptación acervo de Schengen y

7 . Decisión 2008/615/JAI del Consejo, del 23 de junio de 2008, sobre la profundización de la cooperación transfronteriza, en particular en materia de lucha contra el terrorismo y la delincuencia transfronteriza (*DOUE* Nº L 210 del 6 de agosto de 2008, p. 1). Esta decisión ha sido objeto de ejecución por la Decisión 2008/616/JAI del Consejo, del 23 de junio de 2008 (*DOUE* Nº L 210, p. 12) y se ha completado mediante la Decisión 2008/617/JAI del Consejo del 23 de junio de 2008 sobre la mejora de la cooperación entre las unidades especiales de intervención de los Estados miembro de la Unión Europea en situaciones de crisis (*ibídem*, p. 73).

8 . Consejo Europeo, "Conclusiones de la Presidencia", Tampere, 15 y 16 de octubre de 1999.

9 . Consejo de la Unión Europea, "Plan de acción del consejo y de la comisión sobre la mejor manera de aplicar las disposiciones del Tratado de Ámsterdam relativas a la creación de un Espacio de Libertad, Seguridad y Justicia", adoptado por el Consejo de Justicia y Asuntos de Interior del 3 de diciembre de 1998 y que fue respaldado por el Consejo Europeo de Viena (*DOCE* Nº C 19, del 23 de enero de 1999, p. 1).

ofrece una regulación del estatuto de los nacionales de terceros países,[10] así como un desarrollo del derecho de asilo y del estatuto de refugiado.[11]

En la cooperación judicial civil la programación de Tampere permite llevar a cabo un cambio significativo al sustituir los tradicionales convenios internacionales en esta materia por reglamentos. Así, el Convenio de Bruselas de 1968 relativo a la competencia judicial, el reconocimiento y la ejecución de resoluciones judiciales en materia civil y mercantil, aunque siga siendo aplicable a Dinamarca, es sustituido por el Reglamento (CE) N° 44/2001 (Bruselas I);[12] del mismo modo, el Convenio de 1998 sobre el reconocimiento y la ejecución de resoluciones judiciales en materia matrimonial se transforma en un Reglamento de 2000 que, a su vez, es sustituido por el vigente Reglamento (CE) N° 2201/2003 (denominado Bruselas II).[13] Pero también se introducen normas hasta ese momento inusitadas en el proceso de integración fundamentalmente económica o íntimamente vinculado al mercado europeo, en cuanto se refiere a la cooperación judicial para la obtención de pruebas,[14] se crea un título ejecutivo europeo[15] o, en fin, se establecen reglas mínimas en materia de justicia gratuita.[16]

10 . Reglamento (CE) N° 1030/2002 del Consejo, del 13 de junio de 2002, por el que se establece un modelo uniforme de permiso de residencia para nacionales de terceros países (*DOUE* N° L 157 del 15.6.2002, p. 1); Directiva 2003/109/CE del Consejo, del 25 de noviembre de 2003, relativa al estatuto de los nacionales de terceros países residentes de larga duración (*DOUE* N° L 16 de 23.1.2004, p. 44); Directiva 2003/86/CE del Consejo, del 22 de septiembre de 2003, sobre el derecho a la reagrupación familiar (*DOUE* N° L 251 de 3.10.2003, p. 12), y Directiva 2001/40/CE del Consejo, del 28 de mayo de 2001, relativa al reconocimiento mutuo de las decisiones en materia de expulsión de nacionales de terceros países (*DOUE* N° L 149 de 2.6.2001, p. 34).

11 . Directiva 2005/85/CE del Consejo, del 1° de diciembre de 2005, sobre normas mínimas para los procedimientos que deben aplicar los Estados miembro para conceder o retirar la condición de refugiado (*DOUE* N° L 326 de 13.12.2005, p. 13).

12 . Reglamento (CE) N° 44/2001 del Consejo, del 22 de diciembre de 2000, relativo a la competencia judicial, el reconocimiento y la ejecución de resoluciones judiciales en materia civil y mercantil (*DOCE* N° L 12 del 16.1.2001, p. 1).

13 . Reglamento (CE) N° 2201/2003 del Consejo, del 27 de noviembre de 2003, relativo a la competencia, el reconocimiento y la ejecución de resoluciones judiciales en materia matrimonial y de responsabilidad parental, por el que se deroga el Reglamento (CE) N° 1347/2000 (*DOUE* N° L 338 del 23.12.2003, p. 1).

14 . Reglamento (CE) N° 1206/2001 del Consejo, del 28 de mayo de 2001, relativo a la cooperación entre los órganos jurisdiccionales de los Estados miembro en el ámbito de la obtención de pruebas en materia civil o mercantil (*DOCE* N° L 174 del 27.6.2001, p. 1).

15 . Reglamento (CE) N° 805/2004 del Parlamento Europeo y del Consejo, del 21 de abril de 2004, por el que se establece un título ejecutivo europeo para créditos no impugnados (*DOUE* N° L 143 del 30.4.2004, p. 15).

16 . Directiva 2002/8/CE del Consejo, del 27 de enero de 2003, destinada a mejorar el acceso a la justicia en los litigios transfronterizos mediante el establecimiento de reglas mínimas comunes relativas a la justicia gratuita para esos litigios (*DOUE* N° L 26 del 31.1.2003, p. 41).

En la cooperación judicial penal, tal como se programó en Tampere, se adoptan, entre otros, el estatuto de la víctima en el proceso penal,[17] se adopta la "euroorden",[18] se pone en marcha la cooperación en materia de embargo de bienes y de aseguramiento de pruebas,[19] y, en fin, se establece el principio de reconocimiento mutuo de sanciones pecuniarias.[20] También en esta etapa impulsada por el programa de Tampere se crea, como consecuencia de las modificaciones introducidas por el Tratado de Niza en 2001, el Eurojust.[21] Y, en fin, por lo que se refiere a la cooperación policial, los avances no dejan de ser modestos y giran en torno a la creación de Europol en 1995 y mediante un convenio internacional que no entró en vigor hasta 1999.

El Programa de La Haya adoptado por el Consejo para el período 2005-2009 pretende una consolidación de lo obtenido con la programación de Tampere y supuso importantes avances de consolidación del espacio de libertad, seguridad y justicia.[22]

En el ámbito de la libre circulación de personas se perfecciona la regulación adoptada en la etapa anterior de Tampere en materia de fronteras exteriores,[23] de visados[24] y del retorno de nacionales de terceros países.[25]

17 . Decisión marco 2001/220/JAI del Consejo, del 15 de marzo de 2001, relativa al estatuto de la víctima en el proceso penal (*DOCE* Nº L 82 de 22.3.2001, p. 1).
18 . Decisión marco 2002/584/JAI del Consejo, del 13 de junio de 2002, relativa a la orden de detención europea y a los procedimientos de entrega entre Estados miembro (*DOUE* Nº L 190 del 18.7.2002, p. 1).
19 . Decisión marco 2003/577/JAI del Consejo, del 22 de julio de 2003, relativa a la ejecución en la Unión Europea de las resoluciones de embargo preventivo de bienes y de aseguramiento de pruebas (*DOUE* Nº L 196 del 2.8.2003, p. 45).
20 . Decisión marco 2005/214/JAI del Consejo, del 24 de febrero de 2005, relativa a la aplicación del principio de reconocimiento mutuo de sanciones pecuniarias (*DOUE* Nº L 76 del 22.3.2005, p. 16).
21 . Decisión 2002/187/JAI del Consejo, del 28 de febrero de 2002, por la que se crea Eurojust para reforzar la lucha contra las formas graves de delincuencia (*DOUE* Nº L 63 del 6.3.2002, p. 1).
22 . Consejo de la Unión Europea, "Plan de Acción del Consejo y la Comisión por el que se aplica el Programa de La Haya sobre refuerzo de la libertad, la seguridad y la justicia en la Unión Europea" (*DOUE* Nº C 198 del 12 de agosto de 2005, p. 1).
23 . Reglamento (CE) Nº 562/2006 del Parlamento Europeo y del Consejo, del 15 de marzo de 2006, por el que se establece un Código comunitario de normas para el cruce de personas por las fronteras (Código de fronteras Schengen) (*DOUE* Nº L 105 del 13.4.2006, p. 1).
24 . Reglamento (CE) Nº 810/2009 del Parlamento Europeo y del Consejo, del 13 de julio de 2009, por el que se establece un Código comunitario sobre visados (Código de visados) (*DOUE* Nº L 243 de 15.9.2009, p. 1).
25 . Directiva 2008/115/CE del Parlamento Europeo y del Consejo, del 16 de diciembre de 2008, relativa a normas y procedimientos comunes en los Estados miembro para el retorno de los nacionales de terceros países en situación irregular (*DOUE* Nº L 348 de 24.12.2008, p. 98).

En la cooperación judicial civil, se avanza en regulaciones particularmente importantes, como el proceso monitorio europeo[26] o el proceso europeo de escasa cuantía,[27] y se adoptan normas de conflicto de leyes relativas a las obligaciones contractuales (Roma I)[28] y extracontractuales (Roma II),[29] dando continuidad al Convenio de Roma de 1980 sobre la ley aplicable a las obligaciones contractuales, o, en fin, se aprueba la Directiva sobre la mediación en asuntos civiles y mercantiles.[30]

En la cooperación judicial penal destacan el reconocimiento mutuo de sentencias penales[31] o de medidas de vigilancia,[32] de obtención de pruebas[33] y en materia de conflictos de jurisdicción penal.[34] En ámbitos comunes a la cooperación judicial penal y policial se adoptan, ciertamente rebajados, los principios comunitarios de protección de datos personales.[35] También institucionalmente Europol, previsto en el Tratado de Maastricht, se refunda en 2009 en virtud de una norma de la Unión Europea.[36]

26 . Reglamento (CE) Nº 1896/2006 del Parlamento Europeo y del Consejo, del 12 de diciembre de 2006, por el que se establece un proceso monitorio europeo (*DOUE* Nº L 399 del 30.12.2006, p. 1).
27 . Reglamento (CE) Nº 861/2007 del Parlamento Europeo y del Consejo, del 11 de julio de 2007, por el que se establece un proceso europeo de escasa cuantía (*DOUE* Nº L 199 del 31.7.2007, p. 1).
28 . Reglamento (CE) Nº 593/2008 del Parlamento Europeo y del Consejo, del 17 de junio de 2008, sobre la ley aplicable a las obligaciones contractuales (Roma I) (*DOUE* Nº L 177 del 4.7.2008, p. 6).
29 . Reglamento (CE) Nº 864/2007 del Parlamento Europeo y del Consejo, del 11 de julio de 2007, relativo a la ley aplicable a las obligaciones extracontractuales (Roma II) (*DOUE* Nº L 199 del 31.7.2007, p. 40).
30 . Directiva 2008/52/CE del Parlamento Europeo y del Consejo, del 21 de mayo de 2008, sobre ciertos aspectos de la mediación en asuntos civiles y mercantiles (*DOUE* Nº L 136, del 24 de mayo de 2008, p. 3).
31 . Decisión Marco 2008/909/JAI del Consejo, del 27 de noviembre de 2008, relativa a la aplicación del principio de reconocimiento mutuo de sentencias en materia penal, por las que se imponen penas u otras medidas privativas de libertad a efectos de su ejecución en la Unión Europea (*DOUE* Nº L 327 del 5.12.2008, p. 27).
32 . Decisión marco 2009/829/JAI del Consejo, del 23 de octubre de 2009, relativa a la aplicación, entre Estados miembro de la Unión Europea, del principio de reconocimiento mutuo a las resoluciones sobre medidas de vigilancia como sustitución de la prisión provisional (*DOUE* Nº L 294 del 11.11.2009, p. 20).
33 . Decisión Marco 2008/978/JAI del Consejo, del 18 de diciembre de 2008, relativa al exhorto europeo de obtención de pruebas para recabar objetos, documentos y datos destinados a procedimientos en materia penal (*DOUE* Nº L 350 del 30.12.2008, p. 72).
34 Decisión marco 2009/948/JAI del Consejo, de 30 de noviembre de 2009, sobre la prevención y resolución de conflictos de ejercicio de jurisdicción en los procesos penales (*DOUE* nº L 328 de 15.12.2009, p. 42).
35 Decisión Marco 2008/977/JAI del Consejo, del 27 de noviembre de 2008, relativa a la protección de datos personales tratados en el marco de la cooperación policial y judicial en materia penal (*DOUE* L 350 del 30.12.2008, p. 60).
36 . Decisión del Consejo del 6 de abril de 2009, por la que se crea la Oficina Europea de Policía (Europol) (*DOUE* Nº L 121 del 15.5.2009, p. 37).

II.2 La consolidación del espacio europeo de libertad, seguridad y justicia en el Tratado de Lisboa (2007)

El vigente espacio de libertad, seguridad y justicia es el resultado de la regulación contenida en el Tratado de Lisboa, vigente desde el 1° de diciembre de 2009 y cuyo contenido es un reflejo, con importantes adaptaciones, del malogrado proyecto de Tratado por el que se establecía una Constitución para Europa. La firma del Tratado constitucional el 29 de octubre de 2004 suponía la superación de la estructura de pilares y la integración de toda la regulación del espacio de libertad, seguridad y justicia en un mismo marco institucional y legislativo.[37] No obstante, también en el proyecto de Constitución Europea persistían las excepciones en favor de Dinamarca, por una parte, y del Reino Unido e Irlanda, por otra.

El Tratado de Lisboa ha logrado salvar gran parte de la malograda Constitución Europea; sin embargo, la Conferencia Intergubernamental que alumbró el Tratado de Lisboa introdujo, por una parte y con carácter general, novedades relativas al espacio de libertad, seguridad y justicia: unas en forma de limitaciones procedimentales en materia de cooperación judicial penal y de cooperación policial, y, en cambio, otras muy positivas al asegurar una implicación más intensa de los Parlamentos nacionales en la creación de espacio de libertad, seguridad y justicia. Como es obvio, en la CIG que condujo a Lisboa tampoco se pudieron superar las excepciones reconocidas a Dinamarca y al Reino Unido e Irlanda.

Ciertamente, y con las modificaciones constitucionales introducidas en Lisboa, el espacio de libertad, seguridad y justicia se desarrolla bajo el ámbito de la Unión Europea; de hecho, se establece como objetivo preeminente de la Unión e incluso antes de referirse al mercado interior, de modo que el nuevo artículo 3.2 TUE dispone:

> "La Unión ofrecerá a sus ciudadanos un espacio de libertad, seguridad y justicia sin fronteras interiores, en el que esté garantizada la libre circulación de personas juntamente con medidas adecuadas en materia de control de las fronteras exteriores, asilo, inmigración y prevención y lucha contra la delincuencia".

37 . En la Convención Europea, cuyo proyecto de Constitución Europea sirvió de base para la adopción del texto por la Conferencia Intergubernamental, se formó el Grupo X Libertad, Seguridad y Justicia, que celebró nueve reuniones y en el que se tuvo en cuenta la experiencia de distintos expertos académicos y responsables de organismos, como los directores de Europol y de la Oficina Europea de Lucha contra el Fraude (Olaf), así como el presidente de Eurojust (CONV 426/02 WG X 14, del 2 de diciembre de 2002). El Grupo X articuló sus propuestas con el fin de superar la anterior estructura de la Unión Europea por pilares estableciendo un marco jurídico general común que reconociese las particularidades en este ámbito y mediante la separación, en la mayor medida posible, entre las tareas legislativas y las operativas.

Y, seguidamente, la nueva redacción del artículo 3.3 TUE prevé: "La Unión establecerá un mercado interior".

Asimismo, a partir de la entrada en vigor del Tratado de Lisboa ya no hay que distinguir los desarrollos intergubernamentales y los comunitarios, ya no será preciso calificar la legislación y los actos como CE o como JAI; su regulación se recoge ahora y en su totalidad, incluidas la cooperación judicial penal y la cooperación policial, en los artículos 67 a 89 del Tratado de Funcionamiento de la Unión Europea, en lo que sería el equivalente al Tratado de la Comunidad Europea.

Ahora bien, aún es visible en el Tratado constitutivo la excepcionalidad en el ejercicio de competencias en la cooperación judicial en materia penal (artículos 82 a 86 TFUE) y en la cooperación policial (artículos 87 a 89 TFUE). De hecho, se consagran procedimientos legislativos especiales y en todo caso existe una amenaza de veto por un Estado miembro que requerirá la apelación al Consejo Europeo y para cuyo desbloqueo sólo se prevé el paso casi automático a una cooperación reforzada. El espacio europeo de libertad, seguridad y justicia sigue siendo propicio para las cooperaciones reforzadas, bien porque se establezcan constitucionalmente en la medida en que el Reino Unido, Irlanda y Dinamarca mantengan un estatuto especial, extraño a una integración supranacional, bien porque algunos Estados obliguen en virtud de su bloqueo a iniciar nuevas cooperaciones reforzadas de derecho derivado.

Por lo que se refiere a la participación de Dinamarca, el Reino Unido e Irlanda en el espacio de libertad, seguridad y justicia, es preciso distinguir entre el ámbito del "acervo de Schengen" y los ámbitos de la cooperación en materia de justicia y asuntos de interior.

En el caso de Dinamarca mantiene su posición de *opting-out* en relación con el acervo de Schengen y el resto del espacio de libertad, seguridad y justicia como si en nada hubiese avanzado el Acuerdo y el Convenio de Schengen de 1985 y 1990, así como en el pilar JAI del Tratado de Maastricht. Esta posición es consecuencia de la decisión adoptada el 12 de diciembre de 1992 por el Consejo Europeo de Edimburgo en relación con la ciudadanía, la unión económica y monetaria, la política de defensa y los asuntos de justicia e interior. En el Tratado de Lisboa la participación de Dinamarca en cuanto al acervo de Schengen y en cuanto al resto del espacio de libertad, seguridad y justicia queda, por tanto, petrificada en los términos que resultaban antes de su comunitarización. Esto determina, como reconoce el propio Protocolo Nº 22 sobre la posición de Dinamarca, que

> "el mantenimiento en el marco de los Tratados del régimen jurídico originado por la Decisión de Edimburgo limitará de forma significativa la participación de Dinamarca en importantes ámbitos de cooperación de la Unión, y de que es conveniente para la Unión garantizar la integridad del acervo en el ámbito de la libertad, la seguridad y la justicia".

En todo caso, se deja la puerta abierta a que de manera unilateral la propia Dinamarca pueda terminar con tan peculiar posición en la Unión Europea.

El Reino Unido e Irlanda se benefician de la cláusula *opting-in* en particular por lo que se refiere al acervo de Schengen en la medida en que no participan en todas sus disposiciones, aunque se prevé en el Protocolo Nº 19 la posibilidad de que acepten total o parcialmente otras disposiciones de ese acervo, es decir, "podrán solicitar en cualquier momento participar en algunas o en todas las disposiciones del acervo de Schengen". El Protocolo Nº 21 sobre la posición del Reino Unido y de Irlanda respecto del espacio de libertad, seguridad y justicia señala que no participan en la adopción de las medidas de desarrollo salvo que expresamente lo soliciten; de hecho, en el mismo Tratado de Lisboa y mediante sendas declaraciones tanto el Reino Unido como Irlanda ya manifiestan su intención de participar en ámbitos concretos del espacio, como, por ejemplo, en la cooperación contra el terrorismo.

Estas veleidades del Reino Unido respecto del espacio de libertad, seguridad y justicia contrastan con los deseos e inquietudes manifestados ante el Tribunal de Justicia de no quedar al margen.[38] No obstante, el Tribunal de Justicia, en la sentencia del 26 de octubre de 2010, que desestima el recurso del Reino Unido contra la decisión sobre el acceso para consultar el Sistema de Información de Visados, ha relativizado el enfoque unilateral británico, y a tal efecto señala:

> "la coherencia del acervo de Schengen y de sus futuros desarrollos implica que los Estados que participen en dicho acervo no se vean obligados a establecer medidas especiales de adaptación para los otros Estados miembro que no participaron en la adopción de las medidas relativas a las etapas anteriores a dicha evolución, cuando

38 . Véanse, por ejemplo y en el mismo sentido, las sentencias del 18 de diciembre de 2007, Reino Unido/Consejo (Reglamento de creación de Frontex y Reglamento sobre pasaportes y documentos de viaje expedidos por los Estados miembro) (C-77/05 y C-137/05, *Rec.* p. I-11459 y p. I-11593, respectivamente), donde el Tribunal de Justicia (Gran Sala) rechaza que la denunciada exclusión de los británicos del procedimiento de adopción de estos Reglamentos fuese contraria al Protocolo de Schengen; como señala la sentencia del asunto C-77/05: "En la medida en que el Reino Unido e Irlanda eran los únicos Estados miembro que no son partes de los Acuerdos de Schengen, que constituyen el fundamento de dicha cooperación reforzada, estos dos Estados se hallaban en una situación especial que el protocolo de Schengen tuvo en cuenta en un doble sentido. Por una parte, como establece el artículo 4 del Protocolo de Schengen, éste otorga a los dos Estados miembro referidos la facultad de solicitar, en todo momento, su participación en únicamente una parte de las disposiciones del acervo vigentes en la fecha de la solicitud de participación. Por otra parte, con arreglo a su artículo 5, apartado 1, párrafo segundo, ese mismo Protocolo otorga a dichos Estados miembro la facultad de no tomar parte en las propuestas ni en las iniciativas basadas en el acervo mencionado (apartados 57 y 58)".

lo desarrollan y profundizan en la cooperación reforzada que pueden establecer con arreglo al artículo 1 del Protocolo de Schengen".[39]

A pesar de estas limitaciones a la participación de tres de los 27 Estados miembro y de las singularidades del procedimiento legislativo en materia de cooperación judicial penal y policial, desde el 1° de diciembre de 2009 el espacio de libertad, seguridad y justicia cuenta con un marco más sencillo y homogéneo.

Asimismo, la realización del espacio de libertad, seguridad y justicia ha sido planificada por el Consejo y ya está en marcha el desarrollo del Programa de Estocolmo para la realización del espacio de libertad, seguridad y justicia (2010-2014).[40]

III. Segunda Parte. La implicación del Parlamento Europeo, de los Parlamentos nacionales y del Tribunal de Justicia en la realización del espacio europeo, de libertad, seguridad y justicia

La paulatina supranacionalización del espacio de libertad, seguridad y justicia dependía, de manera especial, de la implicación de las instituciones de la Unión Europea. De hecho, sólo con la entrada en vigor del Tratado de Lisboa se establece un marco institucional único y se asegura una participación significativa, especialmente de la Comisión, del Parlamento y del Tribunal de Justicia, al lado del Consejo, que, obvio es decirlo, continúa siendo la clave del desarrollo.

No obstante, quedan ámbitos, lo que antes era precisamente la cooperación policial y judicial en materia penal, en los que no se ha logrado superar los límites institucionales iniciales. Por lo que se refiere al ejercicio del poder legislativo, los frenos a la integración europea en el espacio de libertad, seguridad y justicia se imponen a través de procedimientos legislativos especiales donde se recortan los poderes naturales del Parlamento Europeo. En cambio, se ha reforzado la implicación de los Parlamentos nacionales en el desarrollo del espacio de libertad, seguridad y justicia. Del mismo modo y respecto del control del Tribunal de Justicia, el Tratado de Lisboa ha puesto fin a los límites del control jurisdiccional en el desarrollo del espacio de libertad, seguridad y justicia, aun cuando, ciertamente, queden algunos límites a la intervención judicial.

39 . TJUE (Gran Sala), sentencia del 26 de octubre de 2010, Reino Unido/Consejo (Decisión sobre el acceso para consultar el Sistema de Información de Visados) (C-482/08, *Rec.* p. I-).
40 . Consejo Europeo, "Programa de Estocolmo-Una Europa abierta y segura que sirva y proteja al ciudadano" (*DOUE* N° C 115 del 4 de mayo de 2010, p. 1).

III.1 El Parlamento Europeo y la realización del espacio de libertad, seguridad y justicia

El Parlamento Europeo ha contribuido a erigir el espacio de libertad, seguridad y justicia y su primer objetivo ha sido eliminar la estructura de pilares. Así, por ejemplo, en su Resolución del 29 de noviembre de 2001, el Parlamento Europeo exigía que se transformase

> "la Unión en un verdadero espacio de libertad, seguridad y justicia, mediante, en particular: la fusión, en el marco comunitario, de la cooperación judicial y policial en materia penal con la cooperación judicial en materia civil; las medidas relacionadas con la circulación de las personas y las otras medidas tendentes a la protección de los derechos fundamentales y de ciudadanía en la Unión; el reconocimiento de la plena jurisdicción del Tribunal de Justicia sobre todas las medidas relacionadas con la realización de tal espacio de libertad, seguridad y justicia; la integración de Eurojust y de Europol en el marco institucional de la Unión; la creación de un ministerio público europeo que responda ante el Tribunal de Justicia".[41]

La lucha del Parlamento Europeo por mantener una implicación institucional en la realización del espacio de libertad, seguridad y justicia se ha consagrado en el Tratado de Lisboa al generalizar el procedimiento legislativo ordinario, es decir, el procedimiento de codecisión del Parlamento Europeo y del Consejo. Sin embargo, persisten límites significativos en la cooperación judicial penal y en la cooperación policial y algunos procedimientos especiales en el resto.[42]

Sobre este particular debe reconocerse el equilibrio institucional creado por cada nueva modificación constitucional, especialmente y por lo que se refiere al espacio de libertad, seguridad y justicia en el Tratado de Ámsterdam y en el Tratado de Lisboa, tal

41 . Parlamento Europeo, Resolución A5-368/2001, del 29 de noviembre de 2001, sobre el proceso constitucional y el futuro de la Unión (*DOUE* Nº C 153 E, del 27 de junio de 2002, p. 310).

42 . Parlamento Europeo, "Informe sobre el Tratado de Lisboa", A6-0013/2008, del 29 de enero de 2008 (2007/2286 (INI)), Comisión de Asuntos Constitucionales, ponentes: Richard Corbett e Íñigo Méndez de Vigo; aprobado por la Resolución del Parlamento Europeo del 20 de febrero de 2008, por 525 votos a favor, 115 en contra y 29 abstenciones. En la Resolución se agrupan bajo el epígrafe de "preocupaciones" las que pueden considerarse rebajas o renuncias del Tratado de Lisboa respecto del Tratado constitucional de 2004 y que, por lo que se refiere al espacio de libertad, seguridad y justicia, las expresa así: "añadir mecanismos restrictivos como por ejemplo los 'frenos de emergencia' al procedimiento legislativo ordinario aplicado en algunos ámbitos de competencia; incorporar al Tratado medidas destinadas a responder a planteamientos específicos de algunos Estados miembro, como la ampliación de las normas relativas a la participación (*opt-in*) en la cooperación policial y el derecho penal de dos Estados miembro" (apartado 6).

como lo ha expresado el Tribunal de Justicia en la sentencia del 6 de mayo de 2008: "Cada una de las instituciones ha de ejercer sus competencias sin invadir las de las demás".[43]

A partir de la entrada en vigor del Tratado de Lisboa, el régimen general de adopción de decisiones para la realización del espacio de libertad, seguridad y justicia es el del procedimiento legislativo ordinario del Consejo y del Parlamento Europeo. No obstante, se consagran excepciones en la realización de todo el espacio de libertad, seguridad y justicia.

Así, y por lo que se refiere a la libre circulación de personas, se prevé que el Parlamento sea consultado en las decisiones que adopte el Consejo, por unanimidad, respecto de las "disposiciones relativas a los pasaportes, documentos de identidad, permisos de residencia o cualquier otro documento asimilado" (artículo 77.3 TFUE).

En materia de asilo, la particularidad consiste en que el Consejo puede adoptar, a propuesta de la Comisión y previa consulta al Parlamento Europeo, medidas provisionales referidas a una situación de emergencia caracterizada por la afluencia repentina de nacionales de terceros países (artículo 78.3 TFUE).

En la cooperación judicial civil la excepción se produce en el derecho de familia, que prevé un procedimiento especial: el Consejo se pronuncia por unanimidad previa consulta al Parlamento Europeo (artículo 81.3 TFUE). Aunque también cabe, a través del mismo procedimiento legislativo especial, habilitar el procedimiento legislativo ordinario en determinados ámbitos del derecho de familia, siempre y cuando no haya veto de un Parlamento nacional.

En la cooperación judicial penal el procedimiento legislativo es el ordinario, pero con unas adaptaciones introducidas por la Conferencia Intergubernamental que alumbró el Tratado de Lisboa y que consisten en la facultad reconocida a los Estados miembro de vetar la adopción de decisiones en el Consejo dando la posibilidad de apelar al Consejo Europeo y para el caso de que no se desbloquee la decisión se permite automáticamente iniciar una cooperación reforzada siempre que se cuente con al menos nueve Estados miembro.

En efecto, el artículo 82.3 TFUE se refiere a que en la adopción por el procedimiento legislativo ordinario de un proyecto de directiva para facilitar el reconocimiento mutuo de las sentencias y resoluciones judiciales y la cooperación policial y judicial en asuntos penales con dimensión transfronteriza que afecte a aspectos fundamentales de su sistema de justicia penal un Estado miembro puede someter el asunto al Consejo Europeo que podrá desbloquear el asunto por consenso. A falta de consenso, nueve Estados miembro pueden considerarse autorizados para iniciar una cooperación reforzada en ese ámbito.

El artículo 83.1 TFUE prevé la adopción de directivas de armonización en ámbitos determinados, como el terrorismo, la trata de seres humanos y la explotación sexual de mujeres y niños, el tráfico ilícito de drogas, el tráfico ilícito de armas, el

43 . TJCE (Gran Sala), sentencia del 6 de mayo de 2008, Parlamento/Consejo (anulación de la Directiva 2005/85/CE sobre la condición de refugiado) (C-133/06, *Rec.* p. I-3189, apartado 57).

blanqueo de capitales, la corrupción, la falsificación de medios de pago, la delincuencia informática y la delincuencia organizada. El Consejo, por unanimidad y previa aprobación del Parlamento, puede ampliar estos ámbitos delictivos. También en este ámbito se aplica el procedimiento de apelación al Consejo Europeo con la posibilidad de iniciar una cooperación reforzada para el caso de persistir el bloqueo de algún Estado miembro.

El establecimiento de la Fiscalía Europea se encomienda al Consejo previa aprobación por el Parlamento Europeo (artículo 86.1 TFUE). Para el caso de que haya bloqueo se prevé la apelación al Consejo Europeo y, subsidiariamente, cabe que al menos 9 Estados miembro adopten una cooperación reforzada. Para ampliar las competencias de la Fiscalía Europea se prevé un procedimiento especial: el Consejo Europeo se pronunciará por unanimidad, previa aprobación del Parlamento Europeo y previa consulta a la Comisión.

En la cooperación policial se somete al procedimiento legislativo ordinario con algunas excepciones. La primera se recoge en el artículo 87.3 TFUE, conforme al cual y para lo que se refiere a las medidas relativas a la cooperación operativa entre las autoridades, el Consejo se pronunciará por unanimidad, previa consulta al Parlamento Europeo. Para el caso de bloqueo cabe acudir al Consejo Europeo y, subsidiariamente, nueve Estados miembro podrán iniciar la cooperación reforzada.

Tanto la cooperación judicial penal como la cooperación policial tienen previsto en el artículo 89 TFUE un régimen especial para la actuación de las autoridades nacionales en el territorio de otro Estado miembro, previéndose que las condiciones y límites de estas intervenciones sean reguladas por el Consejo por unanimidad y previa consulta al Parlamento Europeo.

También en la cooperación judicial penal y policial se prevé una implicación especial del Parlamento Europeo y de los Parlamentos nacionales en el funcionamiento de Eurojust (artículo 85.1 TFUE) y de Europol (artículo 88.2 TFUE).

En todo caso, y desde la perspectiva del control judicial, el recurso de anulación en manos del Parlamento Europeo constituye un verdadero recurso de "inconstitucionalidad" referido no sólo a la defensa de sus prerrogativas, sino que obliga al Tribunal de Justicia a examinar la conformidad del derecho derivado con los Tratados constitutivos y, en particular, con los derechos fundamentales.[44]

44 . TJCE, sentencia del 27 de junio de 2006, Parlamento/Consejo (Directiva sobre reagrupación familiar) (C-540/03, *Rec.* p. I-5769); el Tribunal, a instancias del Parlamento Europeo, tuvo que examinar si la Directiva 2003/86/CE del Consejo, del 22 de septiembre de 2003, sobre el derecho a la reagrupación familiar, respetaba los derechos fundamentales, especialmente el derecho a la vida familiar y el derecho a la no discriminación, tal como se garantizan en el Convenio Europeo de Derechos Humanos y tal como resultan de las tradiciones constitucionales comunes a los Estados miembro como principios generales del derecho comunitario.

III.2 Los Parlamentos nacionales y la realización del espacio de libertad, seguridad y justicia

La novedad y mejora más significativa del Tratado de Lisboa por lo que se refiere al proyecto de Constitución Europea radica sin lugar a dudas en el nuevo protagonismo conferido a los Parlamentos nacionales, lo que se revela de manera especial en el espacio de libertad, seguridad y justicia.

Ciertamente y antes de Lisboa se había intentado implicar a los Parlamentos nacionales en la integración europea. En este sentido, el Tratado de Ámsterdam contenía un Protocolo sobre el cometido de los Parlamentos nacionales en la Unión Europea donde se hacía esta mención expresa en los puntos 5 y 6 en estos términos:

> "5. La COSAC [Conferencia de Órganos Especializados en Asuntos Europeos] podrá estudiar cualquier propuesta o iniciativa legislativa relacionada con la creación de un espacio de libertad, seguridad y justicia que pueda tener consecuencias directas en los derechos y libertades de las personas. Se informará al Parlamento Europeo, al Consejo y a la Comisión de cualquier contribución realizada por la COSAC con arreglo al presente punto. 6. La COSAC podrá dirigir al Parlamento Europeo, el Consejo y la Comisión cualquier contribución que juzgue conveniente sobre las actividades legislativas de la Unión, en particular respecto de la aplicación del principio de subsidiariedad, el espacio de libertad, seguridad y justicia, así como respecto de las cuestiones relativas a los derechos fundamentales".

El proyecto de Constitución Europea recogía un Protocolo sobre la función de los Parlamentos nacionales que, no obstante, queda lejos de la intensidad recogida posteriormente en Lisboa que, además del Protocolo Nº 1 sobre el cometido de los Parlamentos nacionales en la Unión Europea, siembra de previsiones y de implicaciones institucionales el Tratado de la Unión Europea y el Tratado de Funcionamiento de la Unión Europea. El propósito de conseguir una mayor legitimidad democrática, especialmente a través de una participación más intensa de los parlamentos nacionales se revela en el Mandato de la Conferencia Intergubernamental del Consejo Europeo que alumbró el Tratado de Lisboa: "Los parlamentos nacionales tendrán una función aún mayor que la acordada en la CIG de 2004".[45] Y así lo aprecia Jacqué, para quien "a la Europa pretendidamente tecnocrática la sucede una Europa democrática".[46]

45 . Consejo de la Unión Europea, "Mandato de la CIG de 2007", Bruselas, 26 de junio de 2007 (OR: en) 11218/07 POLGEN 74, apartado 16.

46 . Jean-Paul Jacqué, "Du Traité constitutionnel au Traité de Lisbonne (Tableau d'une négociation)", *Revue du droit public* Nº 3, 2008, p. 827.

En efecto, como consecuencia de las reformas de Lisboa, el artículo 5.3.2 TUE implica a los Parlamentos nacionales en la aplicación del principio de subsidiariedad en estos términos:

"Las instituciones de la Unión aplicarán el principio de subsidiariedad de conformidad con el Protocolo sobre la aplicación de los principios de subsidiariedad y proporcionalidad. Los Parlamentos nacionales velarán por el respeto del principio de subsidiariedad con arreglo al procedimiento establecido en el mencionado Protocolo".

El artículo 12 TUE prevé una participación expresa de los Parlamentos nacionales en el espacio de libertad, seguridad y justicia. A tal efecto, dispone:

"Los Parlamentos nacionales contribuirán activamente al buen funcionamiento de la Unión, para lo cual: [...] c) participarán, en el marco del espacio de libertad, seguridad y justicia, en los mecanismos de evaluación de la aplicación de las políticas de la Unión en dicho espacio, de conformidad con el artículo 70 del Tratado de Funcionamiento de la Unión Europea, y estarán asociados al control político de Europol y a la evaluación de las actividades de Eurojust, de conformidad con los artículos 88 y 85 de dicho Tratado".

El artículo 69 TFUE confiere a los Parlamentos nacionales una función especial en el control de la subsidiariedad para la realización del espacio de libertad, seguridad y justicia, en especial en relación con la cooperación judicial penal y la cooperación policial.

El artículo 70 establece un procedimiento de evaluación especial del que deberá informarse al Parlamento Europeo y a los Parlamentos nacionales:

"Sin perjuicio de los artículos 258, 259 y 260, el Consejo podrá adoptar, a propuesta de la Comisión, medidas que establezcan los procedimientos que seguirán los Estados miembro para efectuar, en colaboración con la Comisión, una evaluación objetiva e imparcial de la aplicación, por las autoridades de los Estados miembro, de las políticas de la Unión contempladas en el presente título, en particular con objeto de favorecer la plena aplicación del principio de reconocimiento mutuo. Se informará al Parlamento Europeo y a los Parlamentos nacionales del contenido y los resultados de esta evaluación".

El artículo 71 TFUE crea un comité permanente en el Consejo con objeto de garantizar dentro de la Unión el fomento y la intensificación de la cooperación operativa en materia de seguridad interior y, expresamente, prevé que se mantenga informados de esos trabajos al Parlamento Europeo y a los Parlamentos nacionales.

El artículo 83.3 TFUE somete el derecho de familia a un procedimiento legislativo especial, en la medida en que el Consejo, por unanimidad y previa consulta al Parlamento Europeo, puede habilitar para estas materias el procedimiento legislativo ordinario; sin embargo, se establece en este caso la posibilidad de veto de un Parlamento nacional en seis meses desde que se comunique la propuesta.

El Protocolo Nº 1 del Tratado de Lisboa sobre el cometido de los Parlamentos nacionales en la Unión Europea no difiere en gran medida del previsto por el Tratado constitucional. A tal efecto, se refuerza la información europea en los Parlamentos nacionales, se los implica en el procedimiento de adopción de legislaciones, pudiendo intervenir en determinados supuestos con derecho al veto, y se intensifica la cooperación entre los Parlamentos nacionales y el Parlamento Europeo.

Asimismo, el Protocolo Nº 2 sobre la aplicación de los principios de subsidiariedad y proporcionalidad se refiere en su artículo 7.2 a los Parlamentos nacionales y a los términos en que pueden influir en el procedimiento legislativo europeo:

> "Cuando los dictámenes motivados que indiquen que un proyecto de acto legislativo no respeta el principio de subsidiariedad representen al menos un tercio del total de votos atribuidos a los Parlamentos nacionales de conformidad con el párrafo segundo del apartado 1, el proyecto deberá volverse a estudiar. Este umbral se reducirá a un cuarto cuando se trate de un proyecto de acto legislativo presentado sobre la base del artículo 76 del Tratado de Funcionamiento de la Unión Europea, relativo al espacio de libertad, seguridad y justicia".

También los Parlamentos nacionales pueden, a través de sus gobiernos, formular ante el Tribunal de Justicia de la Unión Europea recursos de anulación, fundados en la vulneración de la subsidiariedad y de la proporcionalidad.

La valoración de la implicación de los Parlamentos nacionales en la Unión Europea después del Tratado de Lisboa es, ciertamente, positiva. Sin embargo, también han de recordarse voces especialmente autorizadas y críticas, como la del Tribunal Constitucional Federal alemán, que en su sentencia sobre el Tratado de Lisboa advirtió:

> "El reconocimiento institucional por el Tratado de Lisboa de los Parlamentos de los Estados miembro no permite compensar el déficit que afecta a la cadena directa de legitimación del poder público europeo a través de la elección de los diputados del Parlamento Europeo. La posición de los Parlamentos ha sido restringida seriamente con la reducción del número de decisiones que requieren la unanimidad y por lo que se refiere a la transferencia de la cooperación policial y judicial en materia penal al ámbito supranacional. La compensación que el Tratado prevé mediante un fortalecimiento procedimental del principio de subsidiariedad transforma –tal como ha sido unánimemente subrayado en la vista pública– los derechos políticos

de autodeterminación actuales en posibilidades de influencias procedimentales y en derechos de participación susceptibles de imponerse jurídicamente. Ni los derechos de participación suplementarios, que están firmemente solapados en razón de los efectos producidos por los diferentes niveles de acción y por un número elevado de Parlamentos nacionales, ni los derechos de petición, que requieren una acción conjunta y tienen un efecto directo respecto de la Comisión, son apropiados para sustituir la regla del gobierno de la mayoría que se funda en las elecciones. No obstante, éstos pretenden y, en realidad, pueden aumentar en último término y del mismo modo el nivel de legitimidad bajo las condiciones de una asociación de Estados soberanos (*Staatenverbund*) con competencias limitadas".[47]

III.3 El Tribunal de Justicia y el control judicial en el espacio europeo de libertad, seguridad y justicia

El espacio europeo de libertad, seguridad y justicia se está convirtiendo en un ámbito especialmente propicio para la intervención del Tribunal de Justicia hasta el punto de que en estos momentos constituye el ámbito con un desarrollo más vertiginoso desde el punto de vista jurisprudencial. Desde la introducción por el Tratado de Maastricht del nuevo concepto de ciudadanía de la Unión se ha podido llevar a cabo una transición del mercado económico al espacio de libertad, seguridad y justicia. De este modo se interpretan armoniosamente las libertades económicas fundamentales y los derechos de los ciudadanos en el marco de una Carta de Derechos Fundamentales de la Unión que, de conformidad con el artículo 6 del Tratado de la Unión Europea, tiene el mismo valor jurídico que los Tratados constitutivos.

El punto de inflexión lo constituye precisamente el Tratado de Ámsterdam, y así lo constata el Tribunal de Justicia en las sentencias del 18 de noviembre de 2005, *Leffler*, y del 25 de junio de 2006, *Roda Golf & Beach Resort*, donde subraya:

> "el objetivo del Tratado de Ámsterdam de crear un espacio de libertad, seguridad y justicia, dando así a la Comunidad una dimensión nueva, y la transferencia, del Tratado UE al Tratado CE, del régimen que permite la adopción de medidas dentro del ámbito de la cooperación judicial en las materias civiles que tienen una incidencia transfronteriza ponen de relieve la voluntad de los Estados miembro de enraizar tales medidas en el ordenamiento jurídico comunitario y de consagrar así el principio de su interpretación autónoma".[48]

47 . Tribunal Constitucional Federal Alemán, sentencia del 30 de junio de 2009 sobre el Tratado de Lisboa, antes citada §§ 293 y 294.

48 . TJCE (Gran Sala), sentencia del 18 de noviembre de 2005, *Leffler* (C-443/03, *Rec.* p. I-9611, apartado 45); y sentencia del 25 de junio de 2006, *Roda Golf & Beach Resort* (C-14/08, *Rec.* p. I-5439, apartado 48).

En todo caso, el Tribunal de Justicia, tanto antes, con la estructura de pilares, como ahora, después de entrar en vigor el Tratado de Lisboa, ha procurado presentar el proceso de integración europea como algo coherente y gradual, y ya desde sus primeras decisiones había puesto a los ciudadanos en el centro de sus preocupaciones.

III.4 La supresión de los pilares en la jurisprudencia del Tribunal de Justicia: de Pupino a Lisboa

La estructura de la Unión Europea en pilares, iniciada por el Tratado de Maastricht, le planteó al Tribunal de Justicia problemas de competencia jurisdiccional sobre actos fronterizos del pilar intergubernamental y del pilar comunitario. No obstante, el Tribunal de Justicia impuso su jurisprudencia, conforme a la cual le correspondía en exclusiva decidir sobre la competencia para tal delimitación.

En la sentencia del 12 de mayo de 1998 el Tribunal de Justicia señalaba:

> "corresponde al Tribunal de Justicia velar por que los actos que, según el Consejo, están comprendidos en el ámbito de aplicación del apartado 2 del artículo K.3) del Tratado de la Unión Europea no invadan las competencias que las disposiciones del Tratado CE atribuyen a la Comunidad. De ello se deduce que el Tribunal de Justicia es competente para proceder al examen del contenido del acto a la luz del artículo 100 C) del Tratado CE con el fin de comprobar si afecta a la competencia de la Comunidad en virtud de dicha disposición y para anularlo si resultara que debería haberse basado en el artículo 100 C del Tratado CE".[49]

De hecho y en este asunto el Tribunal de Justicia desestimó el recurso de anulación planteado por la Comisión Europea contra la acción común del 4 de marzo de 1996, adoptada por el Consejo sobre la base del artículo K.3 del Tratado de la Unión Europea, sobre el régimen del tránsito aeroportuario, dado que el titular del visado de tránsito aeroportuario "permanece en la zona internacional de ese aeropuerto sin autorización para circular por el territorio del Estado miembro de que se trate" (apartado 30).

En el mismo sentido se repite esta doctrina en la sentencia del 13 de septiembre de 2005, en la que el Tribunal de Justicia enjuiciaba la competencia del Consejo para adoptar la decisión marco 2003/80/JAI del Consejo, del 27 de enero de 2003, relativa a la protección del medio ambiente a través del derecho penal. Para ello, el Tribunal de Justicia subraya que le corresponde "velar por que los actos que, según el Consejo, están comprendidos en el ámbito de aplicación del referido título VI no invadan las compe-

49 . TJCE, sentencia del 12 de mayo de 1998, Comisión / Consejo (C-170/96, *Rec.* p. I-2763, apartados 16 y 17).

tencias que las disposiciones del Tratado CE atribuyen a la Comunidad".[50] En este caso el Tribunal comunitario anuló la decisión marco porque consideraba que sus artículos 1 a 7 tienen como objetivo principal la protección del medio ambiente y podrían haber sido adoptados válidamente sobre la base del artículo 175 CE (apartado 51).

En fin y por las mismas razones, la sentencia del 23 de octubre de 2007 anula la Decisión marco N° 2005/667/JAI del Consejo, del 12 de julio de 2005, destinada a reforzar el marco penal para la represión de la contaminación procedente de buques.[51] A juicio del Tribunal de Justicia:

> "en la medida en que los artículos 2, 3 y 5 de la Decisión marco 2005/667 tienen como finalidad garantizar la efectividad de las normas adoptadas en el ámbito de la seguridad marítima, cuya inobservancia puede tener consecuencias graves para el medio ambiente, imponiendo a los Estados miembro la obligación de sancionar penalmente determinadas conductas, debe considerarse que esos artículos tienen fundamentalmente por objeto la mejora de la seguridad marítima, así como la protección del medio ambiente, y habrían podido ser adoptados válidamente con arreglo al artículo 80 CE, apartado 2" (apartado 69).

También antes del Tratado de Lisboa el Tribunal de Justicia supo aproximar los pilares intergubernamentales en función de la naturaleza fundamentalmente supranacional de la integración europea. Este paso se observa claramente en la sentencia del 16 de junio de 2005, *Pupino*, donde el Tribunal de Justicia pone de manifiesto el carácter integrador de la Unión Europea, sean cuales fueren sus vías de acción: la intergubernamental o la supranacional comunitaria.[52]

En este sentido, el Tribunal de Justicia hace una comparación entre el sistema de fuentes del Tratado de la Comunidad Europea y el del Tratado de la Unión Europea, procurando una equiparación entre las directivas y las decisiones marco. A tal efecto, el Tribunal de Justicia explica:

> "El carácter vinculante de las decisiones marco, formulado en términos idénticos a los del artículo 249 CE, párrafo tercero, supone para las autoridades nacionales y, en particular, para los órganos jurisdiccionales nacionales, la obligación de interpretación conforme del derecho nacional" (apartado 34).

50 . TJCE, sentencia del 13 de septiembre de 2005 Comisión/Consejo (anulación de la Decisión marco relativa a la protección del medio ambiente a través del derecho penal) (C-176/03, *Rec.* p. I-7879, apartado 39).
51 . TJCE (Gran Sala), sentencia del 23 de octubre de 2007, Comisión/Consejo (anulación de la decisión marco destinada a reforzar el marco penal para la represión de la contaminación procedente de buques) (C-440/05, *Rec.* p. I-9097, apartado 53).
52 . TJCE (Gran Sala), sentencia del 16 de junio de 2005, *Pupino* (C-105/03, *Rec.* p. I-5285).

Esta conclusión resulta avalada, a juicio del Tribunal de Justicia, por la propia naturaleza de la Unión Europea:

> "El artículo 1, párrafos segundo y tercero, del Tratado de la Unión Europea dispone que dicho Tratado constituye una nueva etapa en el proceso creador de una unión cada vez más estrecha entre los pueblos de Europa y que la misión de la Unión, que tiene su fundamento en las Comunidades Europeas completadas con las políticas y formas de cooperación establecidas por dicho Tratado, consiste en organizar de modo coherente y solidario las relaciones entre los Estados miembro y entre sus pueblos. Sería difícil que la Unión cumpliera eficazmente su misión si el principio de cooperación leal, que supone concretamente que los Estados miembro han de adoptar todas las medidas generales o particulares apropiadas para asegurar el cumplimiento de sus obligaciones con arreglo al derecho de la Unión Europea, no se impusiera también en el ámbito de la cooperación policial y judicial en materia penal que, por otra parte, se basa íntegramente en la cooperación entre los Estados miembro y las instituciones, como señaló acertadamente la abogado general en el punto 26 de sus conclusiones" (apartados 41 y 42).

Y, al mismo tiempo, el Tribunal de Justicia insistía en que la diferencia jurídica entre lo que simplificadamente llamaríamos intergubernamental (en aquel momento el título VI del Tratado UE sobre cooperación policial y judicial penal) y lo supranacional del entonces vigente Tratado CE no era de naturaleza sino de grado. En palabras del Tribunal de Justicia en la misma sentencia *Pupino*:

> "La circunstancia de que las competencias del Tribunal de Justicia, en virtud del artículo 35 UE, sean menores en el marco del título VI del Tratado de la Unión Europea que con arreglo al Tratado CE y el hecho de que no exista un sistema completo de recursos y de procedimientos destinado a garantizar la legalidad de los actos de la instituciones en el marco de dicho título VI no se oponen a esta conclusión. En efecto, con independencia del grado de integración que el Tratado de Ámsterdam pretende que se alcance en el proceso creador de una unión cada vez más estrecha entre los pueblos de Europa en el sentido del artículo 1 UE, párrafo segundo, es perfectamente comprensible que los autores del Tratado de la Unión Europea hayan considerado necesario prever, en el título VI de dicho Tratado, el recurso a instrumentos jurídicos que produzcan efectos análogos a los previstos en el Tratado CE, con objeto de contribuir eficazmente a la consecución de los objetivos de la Unión"(apartados 35 y 36).

Y a continuación el Tribunal de Justicia se refiere en la sentencia *Pupino* a la importancia que también en el ámbito de la cooperación policial y judicial sigue manteniendo la competencia prejudicial:

"La importancia de la competencia prejudicial del Tribunal de Justicia con arreglo al artículo 35 UE viene confirmada por el hecho de que, en virtud del apartado 4 de este, cualquier Estado miembro hubiere realizado o no una declaración con arreglo al apartado 2 de dicho artículo, estará facultado para presentar memorias u observaciones por escrito ante el Tribunal de Justicia en asuntos de los contemplados en el apartado 1 de la misma disposición. Dicha competencia se vería privada de la esencia de su efecto útil si los particulares no tuvieran derecho a invocar las decisiones marco a fin de obtener una interpretación conforme del derecho nacional ante los órganos jurisdiccionales de los Estados miembro" (apartados 37 y 38).

Esta orientación jurisprudencial fue confirmada por la sentencia del 3 de mayo de 2007 *Advocaten voor de Wereld*, donde el Tribunal de Justicia precisó que la facultad reconocida al Consejo de adoptar decisiones marco en los ámbitos que antes estaban regulados mediante convenios internacionales se vería privada sustancialmente de su efecto útil. En este caso el Tribunal de Justicia aplica una interpretación generosa de lo que supone el espacio de libertad, seguridad y justicia:

"De conformidad con el artículo 2 UE, párrafo primero, cuarto guión, el desarrollo de un espacio de libertad, seguridad y justicia figura entre los objetivos perseguidos por la Unión y el artículo 29 UE, párrafo primero, prevé que, con el fin de ofrecer a los ciudadanos un alto grado de seguridad en dicho espacio, se elaborará una acción en común entre los Estados miembro, en particular en el ámbito de la cooperación judicial en materia penal. Según el párrafo segundo, segundo guión, del mismo artículo, una 'mayor cooperación entre las autoridades judiciales y otras autoridades competentes de los Estados miembro [...] de conformidad con lo dispuesto en los artículos 31 [UE] y 32 [UE]' ayudará a lograr este objetivo".[53]

Precisamente sobre las restricciones impuestas al reenvío prejudicial, primero en el pilar JAI y luego en la cooperación policial y judicial penal, aunque también en el pilar comunitario en lo que tenía que ver con el espacio de libertad, seguridad y justicia, el Tribunal de Justicia no se ha sujetado estrictamente a tales limitaciones.

La sentencia de 28 de junio de 2007, *Dell'Orto*, se refiere al antiguo artículo 35 TUE y lo compara con el artículo 234 Tratado CE llegando a la conclusión de se aplican las mismas reglas sobre la admisibilidad de las peticiones de decisión prejudicial planteadas al Tribunal de Justicia:

53 . TJCE (Gran Sala), sentencia del 3 de mayo de 2007, *Advocaten voor de Wereld* (C-303/05, *Rec*. p. I-3633, apartado 33).

"De lo anterior se desprende que la presunción de pertinencia de que disfrutan las cuestiones planteadas con carácter prejudicial por los órganos jurisdiccionales nacionales sólo puede destruirse en casos excepcionales, cuando resulte evidente que la interpretación solicitada de las disposiciones del derecho de la Unión mencionadas en dichas cuestiones no tiene relación alguna con la realidad o con el objeto del litigio principal, o cuando el problema sea de naturaleza hipotética o el Tribunal de Justicia no disponga de los elementos de hecho o de derecho necesarios para responder de manera útil a las cuestiones planteadas".[54]

El Tribunal de Justicia ha reconocido un carácter expansivo a su propia competencia y así lo revela, por ejemplo, la sentencia del 9 de noviembre de 2010, B, conforme a la cual:

"cuando las cuestiones planteadas por los órganos jurisdiccionales nacionales se refieren a la interpretación de una disposición de derecho comunitario, en principio el Tribunal de Justicia debe pronunciarse. En efecto, ni del tenor literal de los artículos 68 CE y 234 CE ni de la finalidad del procedimiento establecido por este último artículo se desprende que los autores del Tratado CE hayan pretendido excluir de la competencia del Tribunal de Justicia las peticiones de decisión prejudicial referentes a una directiva en el caso concreto en que el derecho nacional de un Estado miembro se remita al contenido de las disposiciones de un convenio internacional reproducidas por dicha directiva para determinar las normas aplicables a una situación puramente interna de aquel Estado. En ese caso existe un interés manifiesto de la Unión en que, con el fin de evitar futuras divergencias de interpretación, las disposiciones tomadas de dicho convenio internacional por el derecho nacional y el derecho de la Unión reciban una interpretación uniforme, cualesquiera que sean las condiciones en que tengan que aplicarse".[55]

II.5 Los derechos fundamentales como sustancia de la jurisprudencia sobre el espacio de libertad, seguridad y justicia

Si algo caracteriza de manera decisiva la construcción judicial del espacio de libertad, seguridad y justicia es la dimensión decisiva que adquieren los derechos fundamentales, ahora convenientemente codificados por la Carta de los Derechos Fundamentales de la Unión, primero en Niza en 2000 y ahora en Estrasburgo desde 2007, hasta cotas antes insospechadas en el derecho comunitario europeo.

Por eso cada vez es más frecuente la vinculación entre la regulación de las libertades de la Unión y los derechos fundamentales, por lo que adquiere el concepto de ciudadanía

54 . TJCE, sentencia del 28 de junio de 2007, *Dell'Orto* (C-467/05, *Rec.* p. I-5557, apartado 40).
55 . TJUE, sentencia del 9 de noviembre de 2010, B (C-101/09 y C-57/09, *Rec.* p. I-, apartado 71).

de la Unión un lugar relevante. Así, lo constata, por ejemplo, la sentencia del 7 de octubre de 2010, *Lassal*, conforme a la cual:

> "la ciudadanía de la Unión confiere a todo ciudadano de la Unión un derecho fundamental e individual a circular y residir libremente en el territorio de los Estados miembro, con sujeción a las limitaciones y condiciones previstas en el Tratado FUE y en las disposiciones adoptadas para su aplicación, y que la libre circulación de las personas constituye, por otra parte, una de las libertades fundamentales del mercado interior, que además ha sido reafirmada en el artículo 45 de la Carta de los Derechos Fundamentales de la Unión Europea".[56]

La realización del espacio de libertad, seguridad y justicia y la implicación de derechos fundamentales de los ciudadanos han obligado a introducir un procedimiento de urgencia para las peticiones prejudiciales formuladas al Tribunal de Justicia y relativas al espacio de libertad, seguridad y justicia.[57]

Pero también y de modo manifiesto se observa que la interpretación de los derechos fundamentales por el Tribunal de Justicia ya no es algo esporádico, sino que constituye el núcleo de la interpretación del espacio de libertad, seguridad y justicia. Ésta es la razón de que el Tribunal de Justicia haya desarrollado muy recientemente cuestiones relativas a los derechos fundamentales de los menores[58] o de las familias,[59] el principio *ne bis in*

56 . TJUE, sentencia del 7 de octubre de 2010, *Lassal* (C-162/09, *Rec.* p. I-, apartado 29).
57 . El artículo 23bis.1 del Protocolo Nº 3 sobre el Estatuto del Tribunal de Justicia de la Unión Europea dispone: "El Reglamento de Procedimiento podrá establecer un procedimiento acelerado y, para las peticiones de decisión prejudicial relativas al espacio de libertad, seguridad y justicia, un procedimiento de urgencia". Por ejemplo, la sentencia del 5 de octubre de 2010, McB (C-400/10 PPU, *Rec.* p. I-) la adoptó el Tribunal de Justicia después de haber recibido el reenvío prejudicial adoptado por el Tribunal Supremo irlandés el 30 de julio de 2010 relativo a la restitución a su padre de tres menores de 3, 7 y 9 años que se hallaban en Inglaterra con su madre.
58 . La sentencia del 1° de julio de 2010, *Povse* (C-211/10 PPU, *Rec.* p. I-) señala: "Uno de los derechos fundamentales del menor es el de mantener de forma periódica relaciones personales y contactos directos con su padre y con su madre, derecho establecido en el artículo 24, apartado 3, de la Carta de los Derechos Fundamentales de la Unión Europea, proclamada en Niza el 7 de diciembre de 2000 (DO C 364, p. 1), cuyo respeto se confunde incontestablemente con un interés superior de todo menor (véase la sentencia del 23 de diciembre de 2009, Detiček, C-403/09 PPU, Rec. p. I-0000, apartado 54). Pues bien, debe señalarse que el traslado ilícito de un menor, como consecuencia de una decisión adoptada unilateralmente por uno de sus progenitores, priva a menudo a dicho menor de la posibilidad de mantener de forma periódica relaciones personales y contactos directos con el otro progenitor (sentencia *Detiček*, antes citada, apartado 56)" (apartado 64).
59 . TJUE, sentencia del 4 de marzo de 2010, *Chakroun* (C-578/08, *Rec.* p. I-), argumenta: "las disposiciones de la Directiva y, en particular, el artículo 7, apartado 1, letra c), deben interpretarse a la luz de los derechos fundamentales y, más concretamente, del derecho al respeto de la vida

idem,[60] el principio de legalidad de los delitos y las penas[61] o el derecho de defensa;[62] pero también cuando es preciso elaborar conceptos autónomos del derecho de la Unión Europea, como es el caso de un "documento extrajudicial",[63] o de manera insospechada es relevante la interpretación de la prohibición de la tortura.[64]

---

familiar consagrado tanto por el CEDH como por la Carta. Procede añadir que, según el artículo 6 TUE, apartado 1, párrafo primero, la Unión Europea reconoce los derechos, las libertades y los principios enunciados en la Carta, tal como se adoptó en Estrasburgo el 12 de diciembre de 2007 (DO C 303, p. 1), la cual tiene el mismo valor jurídico que los Tratados" (apartado 44).

60 . TJCE, sentencia del 11 de febrero de 2003, *Gözütok y Brügge* (C-187/01 y C-385/01, *Rec.* p. I-1345) donde se precisa: "el principio *ne bis in idem*, consagrado en el artículo 54 del CAAS [Convenio de Aplicación del Acuerdo de Schengen], se aplica también a procedimientos de extinción de la acción pública, como los controvertidos en los litigios principales, por los que el ministerio fiscal de un Estado miembro ordena el archivo, sin intervención de un órgano jurisdiccional, de un proceso penal sustanciado en dicho Estado, una vez que el imputado haya cumplido determinadas obligaciones y, en particular, haya abonado determinado importe fijado por el ministerio fiscal" (apartado 48).

61 . TJCE (Gran Sala), sentencia del 3 de mayo de 2007, *Advocaten voor de Wereld* (C-303/05, *Rec.* p. I-3633, apartado 46). Más adelante, el Tribunal de Justicia puntualiza: "El principio de legalidad de los delitos y las penas (*nullum crimen, nulla poena sine lege*), que forma parte de los principios generales del derecho en que se basan las tradiciones constitucionales comunes a los Estados miembro, ha sido consagrado asimismo en diferentes tratados internacionales y, en particular, en el artículo 7, apartado 1, del Convenio Europeo para la Protección de los Derechos Humanos y de las Libertades Fundamentales (en este sentido, véanse, en particular, las sentencias del 12 de diciembre de 1996, X, C-74/95 y C-129/95, Rec. p. I-6609, apartado 25, y de 28 de junio de 2005, *Dansk Rørindustri y* otros/Comisión, C-189/02P, C-202/02 P, C-205/02P a C-208/02P y C-213/02P, Rec. p. I-5425, apartados 215 a 219)" (apartado 49).

62 . TJCE, sentencia del 28 de abril de 2009, *Apostolides* (C-420/07, *Rec.* p. I-2571): "De los considerandos decimosexto a decimoctavo del Reglamento Nº 44/2001 se desprende que el régimen de recursos que prevé contra el reconocimiento o la ejecución de una resolución tiene por objeto crear un justo equilibrio entre, por una parte, la confianza recíproca en la justicia en el seno de la Unión, que justifica que, en principio, se reconozcan y se otorgue la ejecución de las resoluciones dictadas en otro Estado miembro, y, por otra parte, el respeto del derecho de defensa, que impone que el demandado pueda, llegado el caso, interponer un recurso que se examine con arreglo al principio de contradicción contra el otorgamiento de ejecución, si considera que se da alguno de los motivos de denegación de la ejecución" (apartado 73).

63 . TJCE, sentencia del 25 de junio de 2006, *Roda Golf & Beach Resort* (C-14/08, *Rec.* p. I-5439), donde el Tribunal de Justicia comprueba que el Reglamento Nº 1348/2000 tiene por objeto mejorar y acelerar la transmisión entre los Estados miembro de documentos judiciales y extrajudiciales en materia civil o mercantil a efectos de su notificación o traslado; aunque no llega a definir de un modo preciso y uniforme el concepto de documento extrajudicial; sin embargo, y dado que el Reglamento encarga a la Comisión la elaboración, de acuerdo con los Estados miembro, de un léxico que recoja los documentos que podrán trasladarse o notificarse, llega a la conclusión de que el concepto de "documento extrajudicial", en el sentido del artículo 16 del Reglamento Nº 1348/2000, es un concepto de derecho comunitario (apartados 46 a 50).

64 . TJCE (Gran Sala), sentencia del 17 de febrero de 2009, *Elgafaji* (C-465/07, *Rec.* p. I-921, apartado 28): "Aunque el derecho fundamental garantizado por el artículo 3 del CEDH forma

El Tribunal de Justicia ha moldeado los principios propios del espacio de libertad, seguridad y justicia, especialmente en los distintos ámbitos. Así, por ejemplo y en cuanto se refiere a la cooperación judicial civil, en la sentencia del 11 de julio de 2008, Rinau, la funda en el "principio de la confianza de los órganos jurisdiccionales de los Estados miembro".[65]

En la cooperación judicial penal el principio más afectado jurisprudencialmente ha sido el de *non bis in idem*. Así, el Tribunal de Justicia en la sentencia del 9 de marzo de 2006, *Van Esbroeck* y en las sentencias del 28 de septiembre de 2006, *Gasparini* y *Van Straaten*, se expresa en estos términos:

> "El principio *ne bis in idem*, consagrado en este último artículo, implica necesariamente que exista una confianza mutua de los Estados contratantes en sus respectivos sistemas de justicia penal y que cada uno de los referidos Estados acepte la aplicación del derecho penal vigente en los demás Estados contratantes, aun cuando la aplicación de su propio derecho nacional conduzca a una solución diferente (sentencia *Gözütok y Brügge*, antes citada, apartado 33). De ello se deriva que la eventual divergencia entre las calificaciones jurídicas de los mismos hechos en dos Estados contratantes diferentes no es obstáculo para la aplicación del artículo 54 del CAAS".[66]

Pero también la interpretación judicial de la cooperación penal se ha enfrentado a viejos mitos de la soberanía y de la protección de los propios nacionales en relación, por ejemplo, con la aplicación de la orden europea de detención.[67]

---

parte de los principios generales del derecho comunitario cuyo respeto garantiza el Tribunal de Justicia y aunque la jurisprudencia del Tribunal Europeo de Derechos Humanos se toma en consideración al interpretar el alcance de este derecho dentro del ordenamiento jurídico comunitario, el artículo 15, letra b), de la Directiva [2004/83/CE del Consejo, del 29 de abril de 2004, por la que se establecen normas mínimas relativas a los requisitos para el reconocimiento y el estatuto de nacionales de terceros países o apátridas como refugiados o personas que necesitan otro tipo de protección internacional y al contenido de la protección concedida] corresponde, en esencia, a dicho artículo 3. En cambio, el artículo 15, letra c), de la Directiva es una disposición cuyo contenido es distinto del contenido del artículo 3 del CEDH y cuya interpretación, por tanto, debe realizarse de forma autónoma, si bien dentro del respeto de los derechos fundamentales garantizados por el CEDH".

65 . TJCE, sentencia del 11 de julio de 2008, *Rinau* (C-195/08 PPU, *Rec.* p. I-5271, apartado 47).

66 . TJCE, sentencia del 9 de marzo de 2006, *Van Esbroeck* (C-436/04, *Rec.* p. I-2333, apartados 30 y 31); sentencia del 28 de septiembre de 2006, *Gasparini* (C-467/04, *Rec.* p. I-9199, apartados 30 y 31), y sentencia del 28 de septiembre de 2006, *Van Straaten* (C-150/05, *Rec.* p. I-9327, apartados 43 y 44).

67 . TJCE (Gran Sala), sentencia del 6 de octubre de 2009, *Wolzenburg* (C-123/08, *Rec.* p. I-9621, apartado 74).

A pesar del Tratado de Lisboa, persiste un límite al control por el Tribunal de Justicia tanto en la cooperación judicial penal como en la cooperación policial, tal como lo establece el artículo 276 TFUE, conforme al cual:

> "En el ejercicio de sus atribuciones respecto de las disposiciones de los capítulos 4 y 5 del título V de la tercera parte relativas al espacio de libertad, seguridad y justicia, el Tribunal de Justicia de la Unión Europea no será competente para comprobar la validez o proporcionalidad de operaciones efectuadas por la policía u otros servicios con funciones coercitivas de un Estado miembro ni para pronunciarse sobre el ejercicio de las responsabilidades que incumben a los Estados miembro respecto del mantenimiento del orden público y de la salvaguardia de la seguridad interior".

Ahora bien, los límites expresos del Tratado de Lisboa al Tribunal de Justicia quedan minimizados por una atribución jurisdiccional general al Tribunal de Justicia y por el sometimiento de éste, una vez que entre en vigor la adhesión de la Unión Europea al Convenio Europeo de Derechos Humanos, al Tribunal Europeo de Estrasburgo.

Bibliografía

Borrás Rodríguez, A. (dir.): *Cooperación jurídica internacional en materia civil. El Convenio de Bruselas,* Cuadernos de Derecho Judicial IV/2001, Consejo General del Poder Judicial, Madrid, 2002.

Cassese, S.: *Oltre lo Stato*, Laterza, Bari, 2006.

Guiraudon, V.: "European Integration and Migration Policy: Vertical Policy-making as Venue Shopping", en *Journal of Common Market Studies*, vol. 38, Nº 2, junio de 2000, págs. 251-271.

Jacqué, J.P.: "*Du Traité constitutionnel au Traité de Lisbonne (Tableau d'une négociation)",* en *Revue du droit public*, Nº 3, 2008, pp. 822-831.

— "La traité de Lisbonne. Une vue cavalière", en *Revue trimestrielle de Droit européen*, Nº 44 (3), julio-septiembre de 2008, pp. 439-483.

Labayle, H.: "Le Traité d'Amsterdam: Un espace de liberté, de sécurité et de justice", en *Revue trimestrielle de Droit européen* 33 (4) octubre-diciembre de 1997, pp. 813-881.

Lindahl, H.: "Finding a Place for Freedom, Security and Justice: the European Union's claim to territoriality unity", en *European Law Review* vol. 29, agosto de 2004, pp. 461-484.

Louis, J.V. : "Bilan d'une réforme. De l'Acte unique européen à la CIG 2007", en *Cahiers de droit européen* N° 5-6, 2007, pp. 559-571.

Mariscal, N. *Teorías políticas de la integración europea*, Tecnos, Madrid, 2003.

Martín y Pérez De Nanclares, J.: *La inmigración y el asilo en la Unión Europea. Hacia un nuevo espacio de libertad, seguridad y justicia*, COLEX, Madrid, 2002.

Navarro Batista, N.: *El espacio de libertad, seguridad y justicia en la Unión Europea. Textos fundamentales*, Tecnos, Madrid, 1999.

Ordóñez Solís, D.: *Diferencias de integración y cooperación reforzada en la Unión Europea*, Instituto de Estudios Parlamentarios Europeos, Junta General del Principado de Asturias, Oviedo, 1998.

— "El espacio judicial de libertad, seguridad y justicia en la Unión Europea", en *Revista de Estudios Políticos (Nueva Época)*, Centro de Estudios Políticos y Constitucionales, N° 119, enero-abril de 2003, pp. 447-483.

— "Los nacionales no comunitarios en el espacio de libertad, seguridad y justicia en la Unión Europea", en *Boletín de Información del Ministerio de Justicia* N° 1983, año LIX, 15 de febrero de 2005, pp. 441-476.

— "El espacio de libertad, seguridad y justicia en la Constitución Europea: los desafío de la Unión", en *Actualidad Jurídica Aranzadi* N° 658, del 24 de febrero de 2005, pp. 1-7.

— *El estatuto administrativo de los extranjeros en España en clave judicial*, Editorial Reus, Madrid, 2008.

— *El cosmopolitismo judicial en una sociedad global. Globalización, Derecho y Jueces*, Thomson-Aranzadi, Navarra, 2008.

— "Lo que se salvó en Lisboa y su significado en la pequeña historia constitucional de la Unión Europea", *Cuadernos Europeos de Deusto* N° 40/2009, pp. 109-148.

Peers, S.: "Implementing equality? The Directive on long-term resident third-country nationals", en *European Law Review* vol. 29, agosto de 2004, pp. 437-460.

Van Raepenbusch, S.: "La réforme institutionnelle du Traité de Lisbonne: l'émergence juridique de l'Union européenne", en *Cahiers de droit européen* N° 5-6, 2007, pp. 573-621.

Capítulo X

El Tribunal General (TG), los Tribunales Especiales (TE) y los abogados generales como integrantes del Tribunal de Justicia de la Unión Europea (TJUE)

Calogero Pizzolo *

I. El TJUE como un conglomerado de órganos jurisdiccionales

La mayor novedad en relación con los anteriores proyectos de unificación de Europa que ha supuesto la Unión Europea (en adelante UE) reside en el hecho de que para lograr este objetivo ésta emplea exclusivamente el *poder del derecho*.

Se ha escrito al respecto que el derecho comunitario –antecesor del derecho de la Unión–, reducido a lo esencial, consiste en un conjunto de reglas y de jueces. En Europa la segunda mitad del siglo XX pasará a la historia como la "era de los jueces". El desarrollo de la integración europea, en un sentido amplio, ha sido acompañado de un reforzamiento de la función judicial, y es difícil exagerar la importancia de cuánto ha contribuido la jurisprudencia del entonces Tribunal de Justicia de las Comunidades Europeas (TJCE) en el proceso de integración.[1]

La existencia de un Tribunal de Justicia, sostiene Molina del Pozo, es fundamental para el proceso de integración europea, así como, en general, su necesidad, como forma eficaz de resolución de conflictos, en cualquier proceso de integración que podamos considerar. Su presencia supone que tanto los Estados como las instituciones soportan un control dirigido a las competencias que respectivamente tienen atribuidas. El hecho de encontrarse sometidos a normas comunes debe complementarse con el de que se

* Catedrático de Derecho de la Integración en la Facultad de Derecho de la Universidad de Buenos Aires y doctor en Derecho por la misma universidad. Su última obra publicada es *Derecho e integración regional* (EDIAR-2010).

1 . Véase Kemelmajer de Carlucci, Aída: *Nuevamente sobre el juez nacional frente al derecho comunitario*, en *La Ley* del 11 de julio de 1997, Buenos Aires, p. 2.

mantenga la uniformidad en su aplicación. Así pues, concluye el jurista y maestro español, el Tribunal de Justicia ejerce la función básica de garantizar el cumplimiento del derecho comunitario en la interpretación y aplicación de los Tratados. En el desarrollo de esta doble función el Tribunal de Justicia ha llevado a cabo una gran labor; por un lado, consiguiendo que la aplicación de este derecho fuese uniforme, y por otro, en virtud de ser el máximo intérprete de aquél ha venido a rellenar lagunas y a delimitar sus caracteres.[2]

El Tratado de Funcionamiento de la Unión Europea (TFUE) –que reemplaza al Tratado de la Comunidad Europea (TCE) a partir de la entrada en vigor del *Tratado de Lisboa* (2007), el 1° de diciembre de 2009– dispone como una de sus innovaciones más notorias el cambio de nombre del Tribunal con sede en Luxemburgo. Así, el TJCE pasa a denominarse TJUE.

El Tratado de la Unión Europea (TUE, art. 19) –después de su última modificación por el citado Tratado de Lisboa– establece, por su parte, que el TJUE:

> "comprenderá el Tribunal de Justicia, el Tribunal General y los tribunales especializados. Garantizará el respeto del derecho en la interpretación y aplicación de los Tratados. Los Estados miembro establecerán las vías de recurso necesarias para garantizar la tutela judicial efectiva en los ámbitos cubiertos por el derecho de la Unión".

Como vemos, el TJUE aparece como un *conglomerado de órganos jurisdiccionales* específicos, lo que ha permitido, en parte, superar las ambigüedades de redacciones anteriores, donde se hacía referencia, por ejemplo, a Salas Jurisdiccionales, que fueron el fundamento para establecer el Tribunal de la Función Pública (2004), que convirtió, en ciertos casos, al ex Tribunal de Primera Instancia en una "segunda instancia". Ahora, el Tribunal de Justicia constituye la cabecera de un auténtico poder judicial integrado por el TG –que sucede así al Tribunal de Primera Instancia y que, entre otras competencias, actúa en los recursos interpuestos contra las decisiones de los TE– y estos últimos –antiguas Salas Jurisdiccionales–, como el citado Tribunal de la Función Pública.

Lo primero para destacar –siguiendo la redacción del citado art. 19 (TUE)– es que el TJUE no es el *intérprete* exclusivo del derecho de la Unión, sino que comparte tal labor con los órganos jurisdiccionales nacionales, previéndose la *cuestión prejudicial* de interpretación como mecanismo de cooperación entre ambas jurisdicciones, la de la Unión y la nacional. Sin embargo, el TJUE sí es el *intérprete supremo*, quien tiene la palabra final sobre el derecho de la Unión, por lo que quedan, en consecuencia, las jurisdicciones nacionales vinculadas por la doctrinas de Luxemburgo.

El control en la *aplicación* del derecho de la Unión llevado a cabo por el TJUE alcanza tanto a la actividad desarrollada por las instituciones europeas como por las

2 . Molina del Pozo, Carlos: *El Tribunal de Justicia de la Unión Europea en el Tratado Constitucional,* en AFDUA, 2006, p. 132.

autoridades nacionales en los ámbitos cubiertos por el ordenamiento de la UE en su conjunto, arbitrándose a tales efectos una serie de recursos que habilitan el acceso al juez de la Unión. Esos recursos deben cumplir con un requisito de idoneidad preciso, que es garantizar la "tutela judicial efectiva".

En lo que hace al Estatuto del TJUE, el artículo 281 (TFUE) dispone que

> "se fijará en un protocolo independiente. El Parlamento Europeo y el Consejo, con arreglo al procedimiento legislativo ordinario, podrán modificar las disposiciones del Estatuto, a excepción de su título I y su artículo 64. El Parlamento Europeo y el Consejo se pronunciarán bien a petición del Tribunal de Justicia y previa consulta a la Comisión bien a propuesta de la Comisión y previa consulta al Tribunal de Justicia".

En consecuencia, el Estatuto en cuestión se encuentra a continuación del TFUE como Protocolo N° 3.

El artículo 275 (TFUE), por otra parte, refiriéndose al TJUE, establece que

> "no será competente para pronunciarse sobre las disposiciones relativas a la política exterior y de seguridad común ni sobre los actos adoptados sobre la base de éstas".

No obstante, el TJUE es competente para controlar el respeto del artículo 40 (TUE)[3] y para pronunciarse sobre los recursos interpuestos en las condiciones contempladas en el párrafo cuarto del artículo 263 (TFUE) y relativos al control de la legalidad de las decisiones adoptadas por el Consejo en virtud del capítulo 2 del título V del TUE por las que se establezcan medidas restrictivas frente a personas físicas o jurídicas.

El TFUE (art. 276) también dispone que en el ejercicio de sus atribuciones respecto de las disposiciones de los capítulos 4 y 5 del título V de la tercera parte relativas al espacio de libertad, seguridad y justicia, el TJUE

> "no será competente para comprobar la validez o proporcionalidad de operaciones efectuadas por la policía u otros servicios con funciones coercitivas de un Estado miembro, ni para pronunciarse sobre el ejercicio de las responsabilidades que incumben a los Estados miembro respecto del mantenimiento del orden público y de la salvaguardia de la seguridad interior".

3 . Esta norma dice: "La ejecución de la política exterior y de seguridad común no afectará la aplicación de los procedimientos y al alcance respectivo de las atribuciones de las instituciones establecidos en los Tratados para el ejercicio de las competencias de la Unión mencionadas en los artículos 3 a 6 del Tratado de Funcionamiento de la Unión Europea".

El TUE (art. 19.3), a su vez, sostiene que el TJUE se pronunciará, de conformidad con los Tratados: a) sobre los recursos interpuestos por un Estado miembro, por una institución o por personas físicas o jurídicas; b) con carácter prejudicial, a petición de los órganos jurisdiccionales nacionales, sobre la interpretación del derecho de la Unión o sobre la validez de los actos adoptados por las instituciones; c) en los demás casos previstos por los Tratados.

II. Estatuto de los jueces y abogados generales: el comité de idoneidad

El Tribunal de Justicia se encuentra integrado por *jueces* y *abogados generales*

> "elegidos entre personalidades que ofrezcan absolutas garantías de independencia y que reúnan las condiciones requeridas para el ejercicio, en sus respectivos países, de las más altas funciones jurisdiccionales o que sean jurisconsultos de reconocida competencia",

los cuales son designados, de común acuerdo, por los gobiernos de los Estados miembro por un período de seis años (*cfr.* art. 253.1, TFUE).

Ahora bien, de *modo previo* a esa designación, el artículo citado prevé consultar al llamado *comité de idoneidad* creado por el artículo 255 (TFUE).[4] Este comité se constituye con el fin de que se pronuncie

> "sobre la idoneidad de los candidatos para el ejercicio de las funciones de juez y abogado general del Tribunal de Justicia y del Tribunal General, antes de que los gobiernos de los Estados miembro procedan a los nombramientos" respectivos.

Este comité está compuesto por siete personalidades elegidas de entre antiguos miembros del Tribunal de Justicia y del TG, miembros de los órganos jurisdiccionales nacionales superiores y juristas de reconocida competencia, uno de los cuales debe ser propuesto por el Parlamento Europeo. El Consejo es quien –mediante decisión– establece las normas de su funcionamiento y la designación de sus miembros, debiéndose pronunciar por iniciativa del presidente del Tribunal de Justicia.

En la práctica, Molina del Pozo destaca la poca variación que se produce en la composición de los órganos judiciales de la Unión –producto de las reformas propuestas por

4 . El comité de idoneidad ya figuraba en el frustrado Tratado Constitucional Europeo (art. III.262).

el malogrado Tratado de la Constitución Europea, heredadas y puestas en marcha en gran parte por el Tratado de Lisboa (2007)–, manteniéndose bastante tiempo el mandato de los jueces y abogados generales que los componen, lo que provoca, entre otras muchas consecuencias, "la escasa oscilación de la jurisprudencia comunitaria", es decir, que el TJUE en su conjunto, sobre la base del mantenimiento prolongado en el tiempo de los jueces y abogados generales que lo componen

> "da lugar a una línea jurisprudencial inalterable durante mucho tiempo, originando la aparición de criterios y principios de elaboración jurisdiccional, implantados y respetados en el ámbito del derecho comunitario, que se incardinan en este orden jurídico y que logran una interpretación y una aplicación uniforme y homogénea del derecho comunitario".[5]

El Estatuto de los jueces y los abogados generales se encuentra desarrollado en el Título I del Estatuto TJUE. Ese título, como vimos, no puede sufrir modificaciones ulteriores por parte del Parlamento Europeo y el Consejo (*cfr*. art. 281, TFUE).

Todo juez, antes de entrar en funciones, debe prestar juramento ante el Tribunal de Justicia, en sesión pública, de que "ejercerá sus funciones con toda imparcialidad y en conciencia y de que no violará en modo alguno el secreto de las deliberaciones" (art. 2, Estatuto TJUE). La obligación de guardar secreto, en opinión de la doctrina, tiene su razón en que contribuye a repotenciar la "independencia de los jueces" de modo que sólo se conoce la decisión de la mayoría y nadie sabe –al menos formalmente– cómo votó su representante en un asunto en que el país estaba involucrado.[6]

Los jueces (*cfr*. art. 3, Estatuto TJUE) gozan de *inmunidad de jurisdicción*: aun después de haber cesado en sus funciones, continúan gozando de esa inmunidad respecto de los actos realizados por ellos con carácter oficial, incluidas sus manifestaciones orales y escritas. El Tribunal de Justicia, reunido en pleno, puede levantar esa inmunidad. Cuando la decisión se refiera a un miembro del TG o de un TE, el Tribunal de Justicia debe decidir previa consulta al tribunal de que se trate. En el caso de que, una vez levantada la inmunidad, se ejercite una acción penal contra un juez, éste sólo puede ser juzgado, en cada uno de los Estados miembro, por la autoridad competente para juzgar a los magistrados pertenecientes al órgano jurisdiccional supremo nacional.

Sin perjuicio de las disposiciones relativas a la inmunidad de jurisdicción de los jueces ya expuestas, los artículos 11 a 14 y el artículo 17 del Protocolo sobre los Privilegios y las Inmunidades de la Unión Europea son aplicables a los jueces, abogados generales, secretario y ponentes adjuntos del TJUE.

5 . Molina del Pozo, Carlos: *op. cit.,* p. 137.
6 . Ver Kemelmajer de Carlucci, Aída, *op. cit.*, p. 2.

Los jueces (*cfr.* art. 4, Estatuto TJUE) no pueden ejercer ninguna función política o administrativa. Salvo autorización concedida con carácter excepcional por el Consejo, por mayoría simple, no pueden ejercer ninguna actividad profesional, retribuida o no. En el momento de asumir sus funciones, se comprometen solemnemente a respetar, mientras dure su mandato y aún después de finalizar éste, las obligaciones derivadas de su cargo y, en especial, los deberes de honestidad y discreción en cuanto a la aceptación, una vez terminado su mandato, de determinadas funciones o beneficios. En caso de duda, "el Tribunal de Justicia decidirá". Cuando la decisión se refiera a un miembro del TG o de un TE, el Tribunal de Justicia también decide previa consulta al Tribunal de que se trate.

El *mandato* de los jueces concluye individualmente, aparte de los casos de renovación periódica y fallecimiento, por dimisión. En este caso, la carta de dimisión debe ser dirigida al presidente del Tribunal de Justicia, quien la transmite al presidente del Consejo. Esta última notificación determina la vacante del cargo. Salvo los casos en que sean aplicables las sanciones previstas que determinen el relevo, los jueces continuarán en su cargo hasta la entrada en funciones de su sucesor (art. 5, Estatuto TJUE).

Los jueces sólo pueden ser relevados de sus funciones o privados de su derecho a pensión o de cualquier otro beneficio sustitutivo cuando, a *juicio unánime* de los jueces y de los abogados generales del Tribunal de Justicia, dejen de reunir las condiciones requeridas o incumplan las obligaciones que se derivan de su cargo. El interesado no toma parte en tales deliberaciones. Cuando el interesado es un miembro del TG o de un TE, el Tribunal de Justicia decide previa consulta al Tribunal de que se trate. El secretario debe comunicar la decisión del Tribunal de Justicia a los presidentes del Parlamento Europeo y de la Comisión y notificarla al presidente del Consejo. Cuando se trate de una decisión que releve a un juez de sus funciones, esta última notificación determina la vacante del cargo (art. 6. ETJUE).

Los jueces que cesen en sus funciones antes de la expiración de su mandato son sustituidos por el tiempo que falte para terminar ese mandato (art. 7. Estatuto TJUE).

Las disposiciones citadas de los artículos 2 a 7 (Estatuto TJUE) son también aplicables a los abogados generales.

III. Tribunal General (TG). Integración. Organización y funcionamiento. Competencias

El TG es la "instancia intermedia" del TJUE, cuya denominación ya sabemos ha establecido *ex novo* el Tratado de Lisboa (2007), ya que esta instancia se llamaba anteriormente Tribunal de Primera Instancia.[7] Se ha escrito que esta denominación ya no era adecuada, porque el TG conoce muchos asuntos en primera instancia, pero es tribunal de apelación respecto de las sentencias de los TE.[8]

El TUE (art. 19.2) establece que el TG "dispondrá al menos de un juez por Estado miembro", mientras que el TFUE afirma que el número de jueces del TG "será fijado por el Estatuto del Tribunal de Justicia de la Unión Europea. El Estatuto podrá disponer que el Tribunal General esté asistido por abogados generales" (art. 254, primer párrafo). El Estatuto TJUE, consiguientemente, prevé en veintisiete el número de jueces (art. 48). Además, dispone que los propios miembros del TG puedan ser llamados a desempeñar las funciones de abogado general (art. 49). Como vemos, a diferencia del Tribunal de Justicia, el TG carece de abogados generales como cuerpo técnico-jurídico específico (ver punto VI).

Los miembros del TG son elegidos entre personas que

> "ofrezcan absolutas garantías de independencia y que posean la capacidad necesaria para el ejercicio de altas funciones jurisdiccionales. Serán designados de común acuerdo por los gobiernos de los Estados miembro por un período de seis años, tras consultar al comité a que se refiere el artículo 255. Cada tres años tendrá lugar una renovación parcial. Los miembros salientes podrán ser nuevamente designados" (*cfr*. art. 254, TFUE).

Los jueces eligen de entre ellos al presidente del TG por un período de tres años. Su mandato es renovable. El TG nombra a su secretario y establece el Estatuto de éste. También establece su Reglamento de Procedimiento de acuerdo con el Tribunal de Justicia. El Reglamento requiere la aprobación del Consejo. Finalmente, salvo disposición en contrario del Estatuto TJUE, las disposiciones de los Tratados relativas al Tribunal de Justicia son aplicables al TG.

El Estatuto TJUE (art. 50) dispone que el TG actué en salas compuestas por tres o cinco jueces. Los jueces eligen de entre ellos a los presidentes de sala. Los presidentes de las salas de cinco jueces son elegidos por tres años. Su mandato puede renovarse una vez. La composición de las salas y la atribución de asuntos a éstas se regulan por el aludido Reglamento de Procedimiento. En determinados casos previstos en ese Reglamento, el

7 . El Consejo, mediante Decisión N° 88/591 del 24/10/1988, agregó al sistema judicial comunitario un Tribunal de Primera Instancia para mejorar la protección jurisdiccional de los justiciables y permitir que el entonces TJCE se concentrara en su misión esencial de garantizar una interpretación uniforme del derecho comunitario.

8 . Véase Mangas Martin, A. y Liñán Nogueras, D. J.: *Instituciones y Derecho de la Unión Europea*, Tecnos, Madrid, sexta edición, 2010, p. 423.

TG puede actuar en pleno o como *órgano unipersonal*.[9] Asimismo el Reglamento puede disponer que el TG se constituya en gran sala en los casos y las condiciones que estipule.[10]

El TG es "competente para conocer en primera instancia" de los recursos de anulación (art. 263, TFUE), por omisión (art. 265, TFUE), la acción de indemnización (art. 268, TFUE), en los litigios entre la UE y sus agentes (cfr. art. 270, TFUE) y en virtud de una cláusula compromisoria contenida en un contrato de derecho público o de derecho privado celebrado por la Unión o por su cuenta (art. 272, TFUE), con excepción de los que se atribuyan a un TE creado en virtud del artículo 257 (TFUE) y de los que el Estatuto reserve al Tribunal de Justicia. Asimismo, ese Estatuto podrá establecer que el TG sea competente en otras categorías de recursos. Contra las resoluciones dictadas por el TG,

> "podrá interponerse recurso de casación ante el Tribunal de Justicia limitado a las cuestiones de derecho, en las condiciones y dentro de los límites fijados en el Estatuto" (*cfr*. art. 256.1, TFUE).

El Estatuto TJUE (art. 51), por su parte, afirma que, no obstante lo expuesto, quedan reservados a la competencia del Tribunal de Justicia los recursos de anulación y por omisión interpuestos por un Estado miembro y que vayan dirigidos contra un acto o una abstención de pronunciarse del Parlamento Europeo o del Consejo, o de ambas instituciones conjuntamente, excepto: a) las decisiones adoptadas por el Consejo con arreglo al párrafo tercero del apartado 2 del artículo 108 (TFUE), b) los actos del Consejo adoptados en virtud de un Reglamento del propio Consejo relativo a medidas de protección comercial con arreglo al artículo 207 (TFUE), y c) los actos del Consejo mediante los que éste ejerza competencias de ejecución de conformidad con el apartado 2 del artículo 291 (TFUE). O bien aquellos recursos de anulación o incumplimiento contra un acto o una abstención de pronunciarse de la Comisión con arreglo al apartado 1 del artículo 331 (TFUE), y los que haya interpuesto una institución de la Unión contra un acto o una abstención de pronunciarse del Parlamento Europeo, del Consejo, de estas dos instituciones conjuntamente o de la Comisión, o que haya interpuesto una institución de la Unión contra un acto o una abstención de pronunciarse del Banco Central Europeo.

El TG es competente, además, para conocer de los recursos que se interpongan "contra las resoluciones de los tribunales especializados". Lo resuelto aquí por el TG puede ser *reexaminado* con "carácter excepcional" por el Tribunal de Justicia, en las condiciones y dentro de los límites fijados en su Estatuto, "en caso de riesgo grave de que se vulnere la unidad o la coherencia del derecho de la Unión" (*cfr*. art. 256.2, TFUE).

9 . Véase artículo 11 del Reglamento citado.

10 . El artículo 10 del citado Reglamento establece en trece el número de jueces que integran la gran sala.

Por último, el TG es competente para conocer de las *cuestiones prejudiciales*, planteadas en virtud del artículo 267 (TFUE), en materias específicas determinadas por el Estatuto.[11] Cuando el TG considere que el asunto requiere una resolución de principio que "pueda afectar a la unidad o a la coherencia del derecho de la Unión, podrá remitir el asunto ante el Tribunal de Justicia para que éste resuelva". Las resoluciones dictadas por el TG sobre cuestiones prejudiciales

> "podrán ser reexaminadas con carácter excepcional por el Tribunal de Justicia, en las condiciones y dentro de los límites fijados en el Estatuto, en caso de riesgo grave de que se vulnere la unidad o la coherencia del derecho de la Unión" (*cfr*. art. 256.3, TFUE).

El ejercicio de esta competencia, se ha señalado, "queda diferido temporalmente" en razón de que el Estatuto TJUE guarda un "sepulcral silencio" sobre ella y no identifica ningún tipo de cuestión prejudicial resoluble por el TG. Con ello, "se mantiene la situación actual en la que el monopolio de la competencia prejudicial está reservado al Tribunal de Justicia".[12]

El procedimiento ante el TG está regulado por el mismo Título III (Estatuto TJUE) que regula el procedimiento ante el Tribunal de Justicia.[13]

IV. Tribunales Especializados (TE). Tribunal de la Función Pública de la Unión Europea. Funcionamiento y organización

El desarrollo de contenciosos especiales resultantes de la aplicación de una normativa sectorial específica y con una relación sólo indirecta con el conjunto del derecho de la Unión, como es el caso de la función pública o del contencioso generado por los títulos europeos de protección de determinados derechos de propiedad industrial y comercial, ha planteado un importante problema en el sistema jurisdiccional de la UE, por su capacidad para generar un gran volumen de recursos y por la necesidad de que intervengan jueces especializados. La competencia para conocer de estos recursos se atribuyó inicialmente

11 . El Tratado de Niza (2001) ya había acabado con el monopolio atribuido al TJCE para conocer de las cuestiones prejudiciales planteadas por órganos jurisdiccionales de los Estados miembro al reconocerle al entonces Tribunal de Primera Instancia competencias similares a las reconocidas hoy al TG.

12 . *Cfr*. Mangas Martin, A. y Liñán Nogueras, D.J., *op. cit*., p. 426.

13 . Véase artículo 53 (ETJUE).

al Tribunal de Primera Instancia, con posibilidad de casación ante el Tribunal de Justicia, pero como sabemos el Tratado de Niza (2001) modificó sustancialmente esta situación al prever la creación de tribunales autónomos denominados "salas jurisdiccionales" para conocer de este tipo de contencioso. El Tratado de Lisboa (2007) mantiene esta situación pero sustituyendo la denominación de "salas jurisdiccionales" por la de "tribunales especializados" que constituyen la *instancia inferior* del TJUE.

En consecuencia, el Parlamento Europeo y el Consejo, con arreglo al procedimiento legislativo ordinario,

> "podrán crear tribunales especializados adjuntos al Tribunal General, encargados de conocer en primera instancia de determinadas categorías de recursos interpuestos en materias específicas. El Parlamento Europeo y el Consejo se pronunciarán mediante reglamentos, bien a propuesta de la Comisión y previa consulta al Tribunal de Justicia, bien a instancia del Tribunal de Justicia y previa consulta a la Comisión" (cfr. art. 257, TFUE).

El Reglamento (*cfr*. art. 288, TFUE) que crea un TE debe fijar las normas relativas a su composición y precisar el alcance de las competencias que se le atribuyan. Contra las resoluciones dictadas por los TE vimos que podrá interponerse ante el TG recurso de casación limitado a las cuestiones de derecho (ver punto V) o, cuando el reglamento relativo a la creación del TE así lo contemple, recurso de apelación referente también a las cuestiones de hecho.

Los miembros de los TE

> "serán elegidos entre personas que ofrezcan absolutas garantías de independencia y que posean la capacidad necesaria para el ejercicio de funciones jurisdiccionales. Serán designados por el Consejo por unanimidad" (*cfr*. art. 257, TFUE).

Los TE establecen su Reglamento de Procedimiento de acuerdo con el Tribunal de Justicia. Ese reglamento requiere la aprobación del Consejo. Al igual que sucede con el TG, salvo disposición en contrario del Reglamento por el que se cree el tribunal especializado, las disposiciones de los Tratados relativas al Tribunal de Justicia y las disposiciones del Estatuto del TJUE son aplicables a los Tribunales especializados. El título I del Estatuto y su artículo 64 se aplicarán en todo caso a los tribunales especializados.

El Consejo, mediante Decisión N° 752/2004/CE (Euratom), crea el Tribunal de la Función Pública de la Unión Europea en ejercicio de las competencias reconocidas por el entonces artículo 225 A (TCE). En los considerandos de la Decisión se argumenta que la creación de

> "un órgano jurisdiccional específico para el contencioso de la función pública, encargado de ejercer la competencia de resolver en primera instancia sobre este contencioso,

competencia actualmente ejercida por el Tribunal de Primera Instancia [hoy TG], puede mejorar el funcionamiento del sistema jurisdiccional comunitario".[14]

De igual forma se resalta que con objeto de

> "garantizar la legibilidad del sistema jurisdiccional en su conjunto, conviene insertar las disposiciones relativas a las competencias, la composición, la organización y al procedimiento de la sala jurisdiccional en un anexo al Estatuto del Tribunal de Justicia".[15]

Ese Estatuto (Anexo 1, art. 1) afirma que el nombrado Tribunal

> "ejercerá en primera instancia las competencias para resolver los litigios entre la Unión y sus agentes" en virtud del artículo 270 (TFUE), "incluidos los litigios entre cualquier órgano u organismo y su personal respecto de los cuales se haya atribuido competencia al Tribunal de Justicia de la Unión Europea".

El Tribunal de la Función Pública de la Unión Europea está compuesto por siete jueces. Si el Tribunal de Justicia lo pidiese, el Consejo puede decidir, por mayoría cualificada, aumentar el número de jueces. Éstos son designados por un período de seis años, y los jueces salientes pueden ser nuevamente designados. Toda vacante se cubre mediante la designación de un nuevo juez por un período de seis años (art. 2, Anexo 1, Estatuto TJUE).

Los jueces son designados por el Consejo (*cfr.* art. 3, Anexo 1, Estatuto TJUE), entre personas que ofrezcan absolutas garantías de independencia y que posean la capacidad necesaria para el ejercicio de funciones jurisdiccionales, previa consulta a un comité compuesto por siete personalidades elegidas entre antiguos miembros del Tribunal de Justicia y del TG y juristas de reconocida competencia. El Consejo decide la designación de los miembros de este comité y sus normas de funcionamiento, previa recomendación del presidente del Tribunal de Justicia.[16]

El nombrado comité dictamina sobre la idoneidad de los candidatos para el ejercicio de las funciones de juez del Tribunal de la Función Pública de la Unión Europea y acompaña este dictamen con una lista de los candidatos que posean la experiencia de alto nivel más oportuna. Esa lista debe contener un número de candidatos equivalente, como mínimo, al doble del número de jueces que el Consejo deba designar. Al designar a los jueces, el Consejo cuidará que la composición del Tribunal sea equilibrada, atendiendo a una base geográfica lo más amplia posible entre los nacionales de los Estados miembro y en lo que se refiere a los sistemas jurídicos nacionales representados. Toda

14 . Véase punto (2) de los considerandos de la Decisión citada.

15 . Véase punto (5) de los considerandos de la Decisión citada.

16 . El Consejo mediante Decisión N° 69/2009/CE nombró a los miembros del aludido comité.

persona que posea la ciudadanía de la UE y cumpla los requisitos enunciados puede presentar su candidatura. Previa recomendación del Tribunal de Justicia, el Consejo fija las condiciones y modalidades relativas a la presentación y tratamiento de las candidaturas.

Los jueces eligen de entre ellos, por un período de tres años, al presidente del Tribunal de la Función Pública de la Unión Europea, y su mandato es renovable. Este Tribunal actúa en salas compuestas por tres jueces. En determinados casos previstos en su Reglamento de Procedimiento, el Tribunal puede resolver en asamblea plenaria, en sala de cinco jueces o de juez único. El presidente preside la asamblea plenaria y la sala de cinco jueces. Los presidentes de las salas de tres jueces se designan en las condiciones que se designa al presidente del Tribunal. Si éste es destinado a una sala de tres jueces, es él quien la preside.

Al carecer de estructura propia, el Tribunal de la Función Pública de la Unión Europea se apoyará en los servicios del Tribunal de Justicia y del TG. El presidente del Tribunal de Justicia o, cuando proceda, el presidente del TG fijan de común acuerdo con el presidente de aquel Tribunal las condiciones en las que los funcionarios y demás agentes adscriptos al Tribunal de Justicia o al TG prestarán sus servicios para garantizar su funcionamiento. Algunos funcionarios u otros agentes dependen del secretario del Tribunal de la Función Pública de la Unión Europea bajo la autoridad del presidente de ese Tribunal el cual nombra a su secretario y establece su estatuto (*cfr.* art. 6, Anexo 1, Estatuto).

El procedimiento ante el Tribunal de la Función Pública de la Unión Europea, al igual que ocurre con el TG, está regulado por el título III del Estatuto TJUE con excepción de sus artículos 22 y 23. En la medida en que sea necesario, ese procedimiento será precisado y completado por el Reglamento de Procedimiento respectivo. La fase escrita del procedimiento incluye la presentación de la demanda y el escrito de contestación, a menos que el Tribunal decida que es necesario un segundo intercambio de escritos procesales. En estos casos, el Tribunal, con el acuerdo de la partes, puede decidir resolver sin fase oral. Además, en cualquier fase del procedimiento, incluso a partir de la interposición de la demanda, el Tribunal "examinará las posibilidades de una solución amistosa del litigio y velará por facilitar una solución de este tipo". El mismo Tribunal es quien decide sobre las costas. Sin perjuicio de las disposiciones particulares del Reglamento de Procedimiento, la parte que pierda el proceso "será condenada en costas, si así se decidiera" (art. 7, Anexo 1, Estatuto TJUE).

V. Recurso de casación

Como acabamos de ver, el TJUE forma un conglomerado de órganos jurisdiccionales integrado por el Tribunal de Justicia –como cabecera– el TG y los TE. En la práctica judicial de la UE, ello se traduce en una *pluralidad de instancias*. La revisión de las sentencias por la instancia superior –dentro de una estructura judicial jerárquica– se instrumenta a través del recurso específico que tiene la particularidad de hilvanar las tres instancias mencionadas: el recurso de casación.

En el sentido expuesto, el Estatuto TJUE (art. 56) establece que, contra las resoluciones del TG

> "que pongan fin al proceso, así como contra las que resuelvan parcialmente la cuestión de fondo o pongan fin a un incidente procesal relativo a una excepción de incompetencia o de inadmisibilidad, podrá interponerse recurso de casación ante el Tribunal de Justicia en un plazo de dos meses a partir de la notificación de la resolución impugnada".

Ese recurso de casación puede ser interpuesto por cualquiera de las partes cuyas pretensiones hayan sido total o parcialmente desestimadas. Sin embargo, los coadyuvantes que no sean Estados miembro o instituciones de la UE sólo pueden interponer el recurso de casación cuando la resolución del TG los "afecte directamente".

Salvo en los litigios entre la UE y sus agentes, el recurso de casación puede ser interpuesto también por los Estados miembro y las instituciones de la UE que no hayan intervenido en el litigio ante el TG. Esos Estados miembro e instituciones "estarán en una posición idéntica a la de los Estados miembro o instituciones que hayan intervenido en primera instancia".

Cualquier persona, de acuerdo con el Estatuto TJUE (art. 57), cuya *demanda de intervención* hubiere sido desestimada puede también interponer un recurso de casación ante el Tribunal de Justicia contra la decisión del TG que desestime su demanda de intervención, en un plazo de dos semanas a partir de la notificación de la resolución desestimatoria. Las partes en el procedimiento pueden interponer un recurso de casación contra cualquier resolución del TG adoptada en virtud de los artículos 278, 279 o del párrafo cuarto del artículo 299 (TFUE) o en virtud del artículo 157 o del párrafo tercero del artículo 164 (Tratado de la Comunidad Europea de Energía Atómica, TCEEA), en un plazo de dos meses a partir de la notificación de la resolución.

El recurso de casación ante el Tribunal de Justicia

> "se limitará a las cuestiones de derecho. Deberá fundarse en motivos derivados de la incompetencia del Tribunal General, de irregularidades del procedimiento ante éste que lesionen los intereses de la parte recurrente, así como de la violación del derecho de la Unión por parte del Tribunal General. La imposición y la cuantía de las costas no constituirán por sí mismas un motivo de interposición del recurso de casación" (art. 58, Estatuto TJUE).

El procedimiento ante el Tribunal de Justicia en un recurso de casación contra una resolución del TG consta de una *fase escrita* y una *fase oral*. El Tribunal de Justicia, después de haber escuchado al abogado general y a las partes, puede pronunciarse sin fase oral, en las condiciones determinadas por el Reglamento de Procedimiento (art. 59, Estatuto TJUE).

El recurso de casación "no tendrá efecto suspensivo" (art. 60, Estatuto TJUE), sin perjuicio de lo dispuesto en los artículos 278 y 279 (TFUE) o en el artículo 157 (TCEEA).

Cuando se admite el recurso de casación, el Tribunal de Justicia *anula* la resolución del TG. En tal caso, el Tribunal de Justicia puede o bien resolver él mismo definitivamente el litigio, cuando su estado así lo permita, o bien devolver el asunto al TG para que este último resuelva. En caso de devolución, el TG

> "estará vinculado por las cuestiones de derecho dirimidas por la resolución del Tribunal de Justicia".

Cuando se estime un recurso de casación interpuesto por un Estado miembro o una institución de la Unión que no haya intervenido en el litigio ante el TG, el Tribunal de Justicia, si lo estimare necesario, puede indicar cuáles son los efectos de la resolución del TG anulada que deben considerarse definitivos respecto de las partes en el litigio (art. 61. Estatuto TJUE).

La doctrina, al analizar las modificaciones que introdujo el Tratado de Niza (2001) a la "arquitectura judicial comunitaria", resaltaba en relación con el recurso de casación frente al Tribunal de Justicia que involucraba al ex Tribunal de Primera Instancia (hoy TG), que

> "la conversión (potencial) del TPI en órgano jurisdiccional comunitario de derecho común comporta la transformación correlativa del TJCE en un verdadero órgano supremo de la jurisdicción comunitaria. En la medida en que el TPI asuma el papel de juez de derecho común, en primera instancia, de los recursos directos, así como competencias en materia prejudicial, el TJCE quedará configurado, en lo esencial, como un genuino tribunal de casación (revisor de resoluciones previas del TPI), situado en la cúspide jerárquica de la jurisdicción comunitaria. Cuando llegue ese momento, el TJCE sólo actuará como órgano de primera (y única) instancia en aquellas ocasiones en que conozca de recursos por incumplimiento, de cuestiones prejudiciales cuyo conocimiento no competa al TPI o ejerza las competencias que el TUE atribuye a la Institución jurisdiccional comunitaria en el ámbito del tercer pilar de la UE (art. 35 TUE)".[17]

17 . Bacigalupo Saggese, Mariano: "La reforma del sistema jurisdiccional de la Unión Europea: de Niza al proyecto de constitución europea", en *Revista de Derecho de la Unión Europea*, N° 6, primer semestre 2004, p. 187.

Volviendo al Tratado de Lisboa (2007), el TFUE (art. 257) dispone, además, que contra las resoluciones dictadas por los TE

"podrá interponerse ante el Tribunal General recurso de casación limitado a las cuestiones de derecho o, cuando el reglamento relativo a la creación del tribunal especializado así lo contemple, recurso de apelación referente también a las cuestiones de hecho".

Ahora bien, las resoluciones dictadas por el TG virtud del recurso de casación interpuesto frente a las resoluciones del TE,

"podrán ser reexaminadas con carácter excepcional por el Tribunal de Justicia, en las condiciones y dentro de los límites fijados en el Estatuto, en caso de riesgo grave de que se vulnere la unidad o la coherencia del derecho de la Unión" (*cfr*. art. 256.2, TFUE).

En consecuencia, contra las resoluciones del Tribunal de la Función Pública de la Unión Europea (un TE, ver punto V) que pongan *fin al proceso*, así como contra las que *resuelvan parcialmente* la cuestión de fondo o pongan *fin a un incidente procesal* relativo a una excepción de incompetencia o de inadmisibilidad,

"podrá interponerse recurso de casación ante el Tribunal General en un plazo de dos meses a partir de la notificación de la resolución impugnada".

Ese recurso puede interponerse por cualquiera de las partes cuyas pretensiones hayan sido total o parcialmente desestimadas. Sin embargo, los coadyuvantes que no sean Estados miembro o instituciones de la UE sólo pueden interponer el recurso de casación cuando la resolución del Tribunal los afecte directamente (art. 9, Anexo 1, Estatuto TJUE)

Cualquier persona cuya demanda de intervención hubiere sido desestimada puede interponer un recurso de casación ante el TG contra la decisión del Tribunal de la Función Pública de la Unión Europea que desestime su demanda de intervención, en un plazo de dos semanas a partir de la notificación de la resolución desestimatoria (art. 10.1, Anexo 1, Estatuto TJUE). Las partes en el procedimiento pueden interponer un recurso de casación contra cualquier resolución de ese Tribunal adoptada en virtud de los artículos 278, 279 o del párrafo cuarto del artículo 299 (TFUE) o en virtud del artículo 157 o del párrafo tercero del artículo 164 del (TCEEA), en un plazo de dos meses a partir de la notificación de la resolución (art. 10.2, Anexo 1, Estatuto TJUE). El presidente del TG puede decidir sobre estos recursos de casación mediante un *procedimiento abreviado* (art. 10.3, Anexo 1, Estatuto TJUE).

El recurso de casación ante el TG debe limitarse a las cuestiones de derecho. Además, debe

> "fundarse en motivos derivados de la incompetencia del Tribunal de la Función Pública, de irregularidades del procedimiento ante el mismo que lesionen los intereses de la parte en cuestión, así como de la violación del derecho de la Unión por parte del Tribunal de la Función Pública".

La imposición y la cuantía de las costas no constituyen por sí mismas un motivo de interposición del recurso de casación (art. 11, Anexo 1, Estatuto TJUE).

El recurso de casación ante el Tribunal General no tiene efecto suspensivo, sin perjuicio de lo dispuesto en los artículos 278 y 279 (TFUE) o en el artículo 157 (TCEEA).

El procedimiento ante el TG en un recurso de casación contra una resolución del Tribunal de la Función Pública de la Unión Europea consta de una fase escrita y una fase oral. El TG, después de haber oído a las partes, puede pronunciarse sin fase oral, en las condiciones determinadas por su Reglamento de Procedimiento (art. 12, Anexo 1, Estatuto TJUE).

Cuando es admitido el recurso de casación, el TG anula la resolución del Tribunal de la Función Pública de la Unión Europea y resuelve él mismo el litigio. Cuando el estado del litigio no lo permita, devuelve el asunto a ese Tribunal para que este último resuelva. En este último caso, el Tribunal de la Función Pública de la Unión Europea está vinculado por las cuestiones de derecho dirimidas por la resolución del TG (art. 13, Anexo 1, Estatuto TJUE).

De igual modo, cuando el TG considere que el asunto requiere una resolución de principio que pueda afectar a la unidad o a la coherencia del derecho de la Unión, "podrá remitir el asunto ante el Tribunal de Justicia para que éste resuelva". Las resoluciones dictadas por el TG sobre cuestiones prejudiciales

> "podrán ser reexaminadas con carácter excepcional por el Tribunal de Justicia, en las condiciones y dentro de los límites fijados en el Estatuto, en caso de riesgo grave de que se vulnere la unidad o la coherencia del derecho de la Unión" (*cfr.* art. 256.3, TFUE).

El primer abogado general puede proponer al Tribunal de Justicia que reexamine la resolución del TG cuando considere que existe un *riesgo grave de que se vulnere la unidad o la coherencia del derecho de la Unión*. La propuesta debe presentarse en el plazo de un mes a partir del pronunciamiento de la resolución del TG. El TJUE decide, en el plazo de un mes a partir de la propuesta que le haya presentado el primer abogado general, si procede o no reexaminar la resolución (art. 62. Estatuto TJUE).

En 2009 se ha producido la primera aplicación positiva de este procedimiento en un asunto de función pública,[18] aunque la vulneración de la unidad y coherencia del derecho quedaba referida a principios de naturaleza procesal (el principio de contradicción).[19]

VI. El abogado general

El TUE (art. 19) afirma que el Tribunal del Justicia "estará compuesto por un juez por Estado miembro. Estará asistido por abogados generales". La misma norma estipula que cada tres años tenga lugar una *renovación parcial* de los jueces y abogados generales, en las condiciones establecidas en el Estatuto TJUE. Ese Estatuto, en su artículo 9, confirma que esa renovación

> "afectará alternativamente a catorce y trece jueces. Mientras que la renovación parcial de los abogados generales, que también tiene lugar cada tres años, afectará cada vez a cuatro abogados generales" (*cfr*. art. 253, TFUE).

El TFUE, por su lado, dispone que el Tribunal de Justicia estará asistido por ocho abogados generales. Si el Tribunal de Justicia lo solicitare, el Consejo, por unanimidad, "podrá aumentar el número de abogados generales" (art. 252, primer párrafo). En virtud de un compromiso intergubernamental de naturaleza política existente entre los Estados miembro, corresponde un abogado general a cada uno de los "cinco grandes Estados"

18 . Tribunal de Justicia (sala tercera), *M. c. Agencia Europea para la Evaluación de Medicamentos (EMEA)*, sentencia del 17 de diciembre de 2009, asunto C 197/09.

19 . El Tribunal de Justicia, mediante Resolución del 24 de junio de 2009, aceptó el reexamen de la sentencia del ex TPI en casación solicitado al primer abogado general, afirmando que procedía reexaminar esa sentencia y que el reexamen versaría sobre si la sentencia del 6 de mayo de 2009 vulnera la unidad o la coherencia del derecho comunitario. Ello en la medida en que el Tribunal de Primera Instancia, como órgano jurisdiccional de casación, interpretó el concepto de "litigio cuyo estado permite su resolución definitiva" en el sentido de los artículos 61 (Estatuto TJUE y 13, apartado 1, del anexo a ese Estatuto), de modo que le permitía examinar un asunto y pronunciarse en cuanto al fondo, a pesar de que el recurso de casación del que conocía versaba sobre el examen del tratamiento que se había dado en primera instancia a una excepción de inadmisibilidad y de que no había tenido lugar ningún debate contradictorio ante el propio Tribunal de Primera Instancia ni ante el Tribunal de la Función Pública como órgano jurisdiccional de primera instancia sobre el aspecto del litigio que fue objeto de examen.

(Alemania, España, Francia, Italia y Reino Unido); los tres restantes se reparten por rotación entre los demás Estados.[20]

Los jueces y los abogados generales no pueden participar en la resolución de ningún asunto en el que hubieran intervenido anteriormente en calidad de agente, asesor o abogado de una de las partes, o respecto del cual hubieran sido llamados a pronunciarse como miembros de un Tribunal, de una comisión investigadora o en cualquier otro concepto. Si, por una razón especial, un juez o un abogado general estima que no puede participar en el juicio o en el examen de un asunto determinado, informará de ello al presidente. Si el presidente estima que, por una razón especial, un juez o un abogado general no deben participar o presentar conclusiones en un determinado asunto, debe advertir de ello al interesado. En caso de dificultad, es el Tribunal de Justicia quien decide. Una parte no puede invocar la nacionalidad de un juez o la ausencia en el Tribunal de Justicia o en una de sus salas de un juez de su nacionalidad para pedir la modificación de la composición de ese Tribunal o de una de sus salas (art. 18, Estatuto TJUE).

En concordancia con el citado artículo 19 (TUE), el artículo 252, segundo párrafo (TFUE, antiguo artículo 222 TCE), establece que:

> "La función del abogado general consistirá en presentar públicamente, con toda imparcialidad e independencia, conclusiones motivadas sobre los asuntos que, de conformidad con el Estatuto del Tribunal de Justicia de la Unión Europea, requieran su intervención".

Formalmente, las conclusiones del abogado general son parte de la fase oral del procedimiento, pero la práctica del Tribunal de Justicia ha evolucionado y esas conclusiones se sitúan en un estadio posterior del procedimiento. Salvo casos excepcionales, los abogados generales sólo indican en la vista la fecha de presentación de sus conclusiones, las cuales se redactan por escrito y se distribuyen entre los miembros del Tribunal antes de ser leídas en una vista posterior por el propio abogado general presente, que no es necesariamente su autor. La lectura de las conclusiones supone la terminación del proceso y la entrada del asunto en la fase de deliberación por parte de los jueces, con objeto de dictar sentencia.[21]

20 . Al respecto debe tenerse presente la Declaración N° 38 aneja al Acta Final de la Conferencia que adoptó el Tratado de Lisboa relativa al número de abogados generales, donde se lee que: "(1) La Conferencia declara que si, en virtud del párrafo primero del artículo 252 del Tratado de Funcionamiento de la Unión Europea, el Tribunal de Justicia solicita aumentar el número de abogados generales en tres personas (es decir, once en vez de ocho), el Consejo, por unanimidad, dará su acuerdo sobre dicho aumento. (2) En ese caso, la Conferencia acuerda que Polonia, como ya ocurre con Alemania, Francia, Italia, España y el Reino Unido, tendrá un abogado general permanente y no participará ya en el sistema rotatorio. Por otra parte, el actual sistema de rotación afectará a cinco abogados generales en vez de a tres".

21 . *Véase* Mangas Martin, A. y Liñán Nogueras, D.J., *op. cit.*, p. 432.

¿Qué es un abogado general? El nombre llama a la confusión porque no se trata de un abogado –en el sentido de que no aboga para una parte– ni es general. Para algunos autores la figura tiene alguna similitud con el comisario de gobierno francés ante el Consejo de Estado.[22] No se parece al *amicus curiae*.[23]

En opinión de Alonso García, las conclusiones del abogado general –obviamente no vinculantes– suelen incorporar un extenso análisis de la doctrina y de la jurisprudencia desde una perspectiva tanto nacional como comunitaria, que no sólo facilita el trabajo de los jueces, sino una comprensión más completa de las decisiones finalmente adoptadas por éstos (en muchas ocasiones escuetas, producto de la necesidad de alcanzar un consenso con las menor cantidad de contradicciones posible en un contexto en el que no caben votos particulares). Además, concluye el autor citado, inciden en la doctrina del Tribunal, reforzándola si coinciden con ella o debilitándola (o incluso combatiéndola) en caso contrario, pudiendo también actuar a modo de guía para los operadores jurídicos allí donde el Tribunal ha guardado silencio al respecto.[24]

Ruiz Jarabo Colomer[25] sostiene que las conclusiones del abogado general tienen un componente doctrinal importante, al exponer motivadamente una posición científico-jurídica sobre un litigio. La sentencia, en cambio, es el fruto de un compromiso entre diferentes jueces que intervienen en la deliberación. Por ello, para algunos –concluye el reconocido jurista español– la existencia de este abogado general es la contrapartida de la prohibición que tienen los jueces para formular voto disidente, pues ya sean las conclusiones contrarias o conformes con la sentencia, ésta podrá aclararse e interpretarse a la luz de esas conclusiones, bien por analogía o bien por oposición.

Con relación a la determinación de los asuntos que requieren su intervención, el Estatuto TJUE asume ésta como *regla general*, con la salvedad de que

> "si considerare que el asunto no plantea ninguna cuestión de derecho nueva, el Tribunal podrá decidir, una vez oído el abogado general, que el asunto sea juzgado sin las conclusiones de este último" (art. 20).[26]

22 . Una institución con el mismo nombre se encuentra en el Tribunal de Casación o Tribunal Supremo holandés.

23 . Kemelmajer de Carlucci, Aída, *op. cit.*, p. 2.

24 . Alonso García, Ricardo: *Sistema jurídico de la Unión Europea,* Thomson-Civitas, 2007, p. 146.

25 . Ruiz Jarabo Colomer, Dámaso: *El juez nacional y la adopción de medidas provisionales en virtud del derecho comunitario,* Editorial de la Comunidad de Madrid, Madrid, 1994, p. 29.

26 . El Tratado de Niza (2001) introdujo esta modificación en el funcionamiento del entonces TJCE. El párrafo segundo del artículo 222 (TCE) remitía al Estatuto la determinación de los asuntos que requieran la intervención del abogado general. De este modo, se suprimía la anterior exigencia prevista en el Tratado de que el abogado general interviniera en *todos* los asuntos promovidos ante el TJCE.

Asimismo, en el caso de un procedimiento acelerado o de urgencia pueden omitirse las conclusiones del abogado general.

Finalmente ya observamos que, en el caso del TG, son los propios jueces que lo integran los que cumplen con la función de abogados generales. En este caso, según el Estatuto TJUE (art. 49), la función de éstos

> "consistirá en presentar públicamente, con toda imparcialidad e independencia, conclusiones motivadas sobre determinados asuntos sometidos al Tribunal General, con la finalidad de asistir a este Tribunal en el cumplimiento de su misión".

Los criterios para la selección de tales asuntos, así como las modalidades de designación de los abogados generales, son fijados por el Reglamento de Procedimiento del Tribunal General.[27] El miembro del TG llamado a desempeñar la función de abogado general en un asunto no puede participar en su resolución.

Cada año el Tribunal de Justicia designa de entre los abogados generales un primer abogado general al que le incumbe distribuir los asuntos entre los mismos abogados generales, después de que el presidente haya destinado al juez ponente.

Finalmente cabe señalar que el Tribunal de Justicia[28] es de la opinión de que el artículo 6, apartado 1, del Convenio Europeo para la Protección de los Derechos Humanos y de las Libertades Fundamentales relativo al derecho de toda persona a que su causa sea oída equitativamente en un procedimiento contradictorio –cabe recordar aquí que los derechos fundamentales forman parte de los principios generales del derecho de la Unión cuyo respeto garantiza el Tribunal de Justicia– no se opone a que el Tribunal de Justicia "desestime la solicitud de una parte para presentar observaciones escritas en respuesta a las conclusiones del abogado general".

Ello en virtud de dos razones centrales. Por una parte, en el sistema de organización judicial establecido por el Tratado y por el Estatuto del Tribunal de Justicia y precisado por su Reglamento de Procedimiento –se afirma–, las conclusiones del abogado general, a diferencia de una opinión destinada a los jueces o a las partes que emana de una autoridad ajena al Tribunal de Justicia o que toma su autoridad de la de un Ministerio Público, constituyen la opinión individual, motivada y expresada públicamente, de un miembro de la propia Institución que participa pública y personalmente en el proceso de elaboración de la decisión del Tribunal de Justicia y, por tanto, en el cumplimiento de la función jurisdiccional encomendada a este Tribunal. Por otra parte, en aras de la propia finalidad del procedimiento contradictorio, que consiste en evitar que el Tribunal de Justicia pueda verse influido por alegaciones que las partes no hayan podido discutir, el Tribunal de Justicia puede ordenar de oficio, o a propuesta del abogado general, o

27 . Véanse artículos 17 a 19 del citado Reglamento.

28 . Tribunal de Justicia, auto del 4 de febrero de 2000, *Enesa Sugar* asunto 17/98.

incluso a instancia de las partes, la reapertura de la fase oral del procedimiento, conforme al artículo 61 de su Reglamento de Procedimiento, si considera que no está suficientemente informado o que el asunto debe dirimirse basándose en una alegación que no ha sido debatida entre las partes.

Bibliografía

Alonso García, Ricardo: *Sistema jurídico de la Unión Europea,* Thomson-Civitas, 2007.

Bacigalupo Saggese, Mariano: "La reforma del sistema jurisdiccional de la Unión Europea: de Niza al proyecto de constitución europea", en *Revista de Derecho de la Unión Europea*, N° 6, primer semestre 2004, pp. 183-201.

Bacigalupo Saggese, Mariano: "Una nueva arquitectura judicial para la Unión Europea (La reforma del sistema jurisdiccional de la Unión Europea operada por el Tratado de Niza)", en *Revista de Derecho de la Unión Europea*, N° 3, segundo semestre 2002, pp. 221-242.

Kemelmajer de Carlucci, Aída: "Nuevamente sobre el juez nacional frente al derecho comunitario", en *La Ley* del 11 de julio de 1997, Buenos Aires, p. 2.

Martínez Martínez, Elíseo Manuel: "Futura configuración de la arquitectura jurídico-institucional de la UE a través de las sucesivas reformas del Estatuto del Tribunal de Justicia previstas por el Tratado de Niza", en *Revista de Derecho de la Unión Europea*, N° 3, segundo semestre 2002, pp. 425-438.

Molina del Pozo, Carlos: *El Tribunal de Justicia de la Unión Europea en el Tratado Constitucional,* en AFDUA, 2006, p. 132.

Roldán Barbero, Javier: "La reforma del Poder Judicial en la Comunidad Europea", en *Revista de Derecho Comunitario Europeo*, Año 5, N° 9, 2001 (Ejemplar dedicado al Tratado de Niza), pp. 77-116.

Ruiz Jarabo Colomer, Dámaso: *El juez nacional y la adopción de medidas provisionales en virtud del derecho comunitario*, Editorial de la Comunidad de Madrid, Madrid, 1994.

Sobrino Heredia, José Manuel: "El sistema jurisdiccional en el proyecto de tratado constitucional de la Unión Europea", en *Revista de Derecho Comunitario Europeo*, Año 7, N° 16, 2003, pp. 993-1040

Esta edición
de 500 ejemplares
se terminó de imprimir en
Al Sur Producciones Gráfica S.R.L.,
Wenceslao Villafañe 468,
Buenos Aires, Argentina,
en septiembre de 2011.